孤兒心影錄

張國柱著

東大圖書公司印行

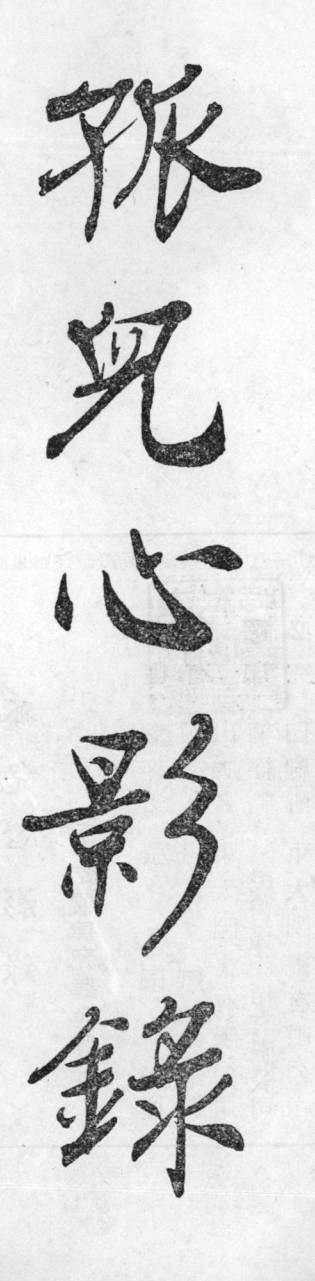

中華民國七十年十月初版

孤兒心影錄

基本定價肆元肆角肆分

著作者 張國柱
發行人 莊剛彰
出版者 東大圖書有限公司
總經銷 三民書局股份有限公司
印刷所 東大圖書有限公司
臺北市重慶南路一段六十一號二樓
郵政劃撥一〇七一七五號

行政院新聞局登記證局版臺業字第〇一九七號

民國卅八年作者(右)與監委王宣權少文在廣州觀音山國父讀書治事處紀念碑前

民國卅八年青年節作者(右立四)與梁上棟(左立三)丘念台(左立一)監委等在南京中山陵園音樂台

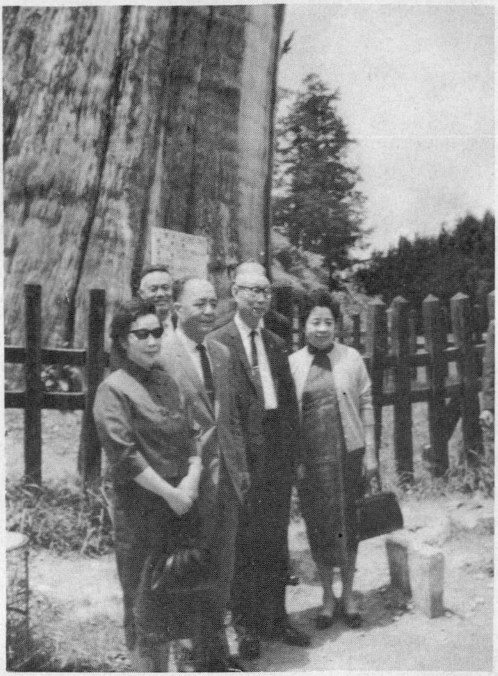

民國五十八年四月作
者（中）視察阿里山
林場於神木前留影

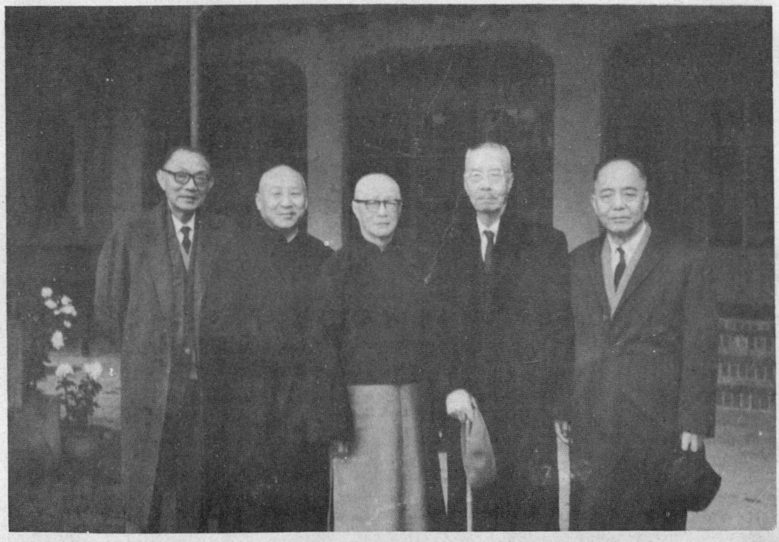

民國五十八年作者（右一）與
監委張維翰高登艇等視察僑團

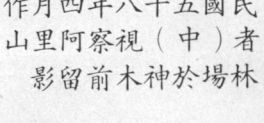

卷前語

一、本書係就拙著「一個農村孤兒的自述」補充改編而成。爲追懷　先慈先德，原序文仍予照列。

二、著者飽經戰亂，艱苦備嘗，行蹤遍冀察、平津、晉綏、豫陝、川黔、湖廣、浙贛、京滬等地。戰後遨遊日美，觀風問俗，足跡所至，輒爾略誌鴻爪。前者語焉不詳，本書加以增補，俾資參證。

三、著者膺選監察院監察委員，三十餘年來，世局詭變，而我修明內政，發展經濟，中興在望！此書指陳爲政得失，就事論事，每於個人意見之外，秉以反映各方意見。間有臧否，亦均一本客觀公正立場。不敢譁衆取寵，妄博好評。

四、著者憂患餘生，八秩在望。追懷　先祖先外祖大德懿行，先慈一門孤寡撫育之恩，未敢一日或忘！此書期以敎忠敎孝，略抒書生報國思親之忱，尚祈海內外賢達有以敎之！

中華民國六十九年十二月

張　國　柱　謹識

張維翰蒓漚先生序

「一個農村孤兒的自述」一書，為行憲第一屆監察委員吾友張君國柱之自傳。君字砥亭，察哈爾省懷安縣人（懷安原隸冀省）。張氏世有達人，如明代張俊公於弘治正德間曾為宣化、大同等處總兵官，事功彪炳，明史有傳。君六歲喪父，祖父母俱存，母氏矢志苦節，仰事俯育，備歷艱辛，飽經憂患，為鄉里矜式。君生而孝敏，幼承祖父母及母氏教誨，益以時勢怗危之激勵，堅忍勤奮，歷小學、中學而大學畢業，學有專長。其後立身社會，致力於黨政教育，效績懋著，譽望日隆，膺監察委員之選，迄今近三十年，為職司風憲同仁中堅苦卓絕之一人。此書即其七十年來艱苦奮鬥之歷程。書凡四章：第一章為家世與童年生活。第二章為讀書與從事黨政及教育。第三章為抗戰前後。第四章為柏臺紀要。全書依時為序，自幼至老，凡所經歷，敍述綦詳。其性情志節、學識、思想以至國事艱難，世局變幻，在在皆可於書中見之，不僅為一人一家之實錄，誠足以備留心志乘者采訪之資也。

砥亭耿介清剛，敢言無所憚，有強烈之責任感，崇法務實，疾惡如仇，凡友好同儕，無不知之。而其所以能有如此建樹，皆由其祖父與母氏訓誨有方之所致。故砥亭於其母氏孫太夫人百年誕辰，譔成此書以資紀念，闡揚祖德，追懷慈恩，益見其孝思不匱之可欽矣。

余與砥亭，以南北相距萬里之中國國民黨黨員，初識於民國三十七年六月行憲監察院成立之典禮中，志同道合，復為同宗，氣誼久而彌篤。遷臺以來，寓所又同在臺北縣新店市近鄰，時相過從，深獲切磋之益。余曾被同仁互選為副院長並一度代理院長，砥亭則屢任經濟委員會與教育委員會等召集人，余自開院以來，一貫參加內政、教育兩委員會迄今未改。在教育委員會中，於砥亭過去從事教育之經驗及其對當前教育改進之意見，尤深贊佩。而砥亭亦以余年事較長，以兄相視，故於書之成也，索序於余，余亦樂為之序云。

中華民國六十六年四月吉日

滇南　張　維　翰　撰

自序

余六歲喪父，賴母撫養成人。母氏劬勞，以教以育。親恩罔極，沒齒難忘。今值吾母百齡誕辰，余亦垂垂老矣。行年七十有三，愧乏建樹。幸能知恥知病，無忝所生，乾惕自勵，老而彌健。子女，亦均有以自立。爰斯衍慶，斯亦差堪告慰吾母在天之靈歟?!

慨自束髮受書以來，身歷北伐、抗戰、戡亂諸役，半生憂患，備歷艱辛。行憲後，濫竽柏臺，倏已念有八載。桴海臺瀛，無日不以廬墓為念。居恒以革新政治盡忠職守自期自勉。而於教育興革，尤多致力研究。二十餘年來，在監察院所提議案彈章，調查巡察報告，雖云難補時艱，亦盡心焉而已矣！

總統　蔣公有言：革命必先革心。一切政治革新，亦當自革心始。政府遷臺以還，勵精圖治，生聚教訓，新膽共嘗。近年致力十大建設，發展重化工業，行將躋身已開發國家之林。物阜民豐，民生樂利，四海歸心，舉世讚譽。不獨自由地區之海內外同胞精誠團結，卽在大陸陷區之億萬同胞，亦均視為自由解放之光明所寄。中共殘民以逞，多行不義，與我富強康樂之自由中國，適成對比。其間成敗興亡之勢，昭然若揭！惟以行百里者半九十，黎明在望，黑暗仍所難免！仍待同胞繼續努力，方可早日拯救大陸同胞於水火之中，重建三民主義新中國。

臺灣經濟發展，社會繁榮，國民所得年有增加，居安思危者固不乏人，而宴安酖毒，驕奢成習者，亦復所在多有。對於社會風氣、政治風氣，不無不良影響。兼以實施九年國民教育，教育日見普及，各級學校畢業生大量增加。而學校教育，與家庭教育、社會教育、經濟發展，未能相互嚴密配合。以致青少年之失業率、犯罪率逐年增高。十年樹木，百年樹人。殊堪隱憂耳！

海外兒女，長懷父母之邦。每於家報中請余為文概述家世生平，提示處世接物，自立立人之道，以代庭訓。兼可稍慰覊旅思親之念。因而不揣譾陋，整理僅存舊稿，並就記憶所及，略事增補，草成此篇。期以紀念吾母百齡冥誕，自反自勵，警惕餘生！自維不文，尚希識者有以教我。是為序。

中華民國六十六年四月十六日

張　國　柱　謹記

孤兒心影錄　目次

一、家世與童年

鄉里誌略

我家自明孝宗弘治以還，世居懷安縣城西南十二里之陽房堡。先德張俊公於弘治正德間，以軍功先後任宣府與大同總兵官，嗣授都督同知。明史列傳稱：「俊爲邊將，持廉有謀勇，其歿也，家無贏資。」（列傳見本著附錄）村東南三里許之廟山北麓張家墳（習稱張總兵墳）爲先代祖塋，塋臨廟山河畔，後人墾殖塋地。墓碑多幢，移置河邊，歷久多爲砂石埋沒，新塋在村東三里之堯河南方，始於二百五十年前上八代祖。

懷邑介於宣化大同之間，內屏幽燕，外毗邊塞，在夏商屬冀州，周屬幽州，戰國爲燕境。燕趙多慷慨悲歌之士，「風蕭蕭兮，易水寒，壯士一去兮不復還」，二千年前，荆軻刺秦王的故事，卽發生於察省一山之隔的易縣淶源，山陽爲荊軻的家鄉，山陰卽蔚縣陽原懷安一帶。秦漢隸上谷郡，漢元帝時爲夸興縣，乃安陽侯五鹿充宗食邑，城東南五里處，有高圓如岡陵的土阜四座，俗稱四疙塔坡，卽五鹿充宗父子的古冢。民國十八年縣政府興工勘掘，打開堅牢的墓門，棺槨都尙完整，發現殉葬器物多宗。有五鹿充宗及安陽公主銅質印章，古銅鏡，盥洗銅盆，雕漆「安陽侯家」的大小方匣，與各色珍貴珠寶首飾多件，南北朝時屬北魏，置懷安縣，隋稱下洛縣，唐代又改稱懷安。明代廢縣爲衞，清初改衞爲縣，均屬直隸省宣府。民國十七年北伐完成，直隸改稱河北。察哈爾特別區改建省制，乃將河北省所屬居庸關外的宣化懷安等十縣劃歸察哈爾省，縣城東距宣化與涿鹿均一百一十里，西距大同二百四十里，故有上谷咽喉，雲中鎖鑰之稱。全縣居外長城之內，轄懷安，柴溝，左衞三鎭及三百二十餘村，人口四十餘萬，面積九千方里。轄境大部是一片塞上江南的沃土。三道洋河（東洋河、西洋河及南洋河）縈繞，東流至涿鹿縣滙合桑乾河，下游跨北西南之門頭溝，爲永定河。流經天津入渤海，故農作物不僅盛產穀、麥、黍、燕麥、豆類與水果，卽稻米亦爲大宗。民風敦樸尙義，就史乘所載，明代有不少傑出人才，據邑乘與明史所載，除武功有我先世張俊公外，科第與政學堪爲後世稱讚的：㈠岳倫嘉靖丙戌科進士，官至兵部侍郎，以劾權奸張聰桂萼，並極諫世廟出巡被害。卹贈太常寺少卿著有雲石集傳世，明史有傳。㈡李綸嘉靖戊戌科進士，官浙江布政使，倭寇入侵，躬自督師敎戰，以勤事死於官，詔贈通奉大夫，明史有傳。㈢馬森嘉靖時進士，歷任江西布政使，刑部侍郎，戶部尙書，勸帝節儉，蠲免糧鹽陋規，革除太倉積弊，完成一條鞭法。卒贈太子少保，謚恭敏。㈣張士範天啓壬戌科進士，歷任翰林院侍講及江南大主考等。曾上疏籌邊，頗切事要，著有舟中記等，明史及畿輔誌載其事功與著述頗詳。㈤張士第萬歷間進士，博學多才，任陝西省米脂縣令時，勤政愛民，除暴安良，政績卓著。離任時，人民遮道攀留，如失父母，崇禎末年，闖賊李自成進犯北京，沿途殺掠甚慘，經懷安詢知爲士第家鄉，稱爲賢良官，插箭城門首，相戒勿入，縣城賴以不擾。鼎革後，閉戶著書，有感鳴草諸什行世。有清一代：學績事功足以傳世者，絕無僅有。就其值得稱道者，酌提數人：㈠安定邦，乾隆癸卯科武舉，充兵部差官，有才略，膂力過人，善挽強弓，馳奔馬；遇敵無衆寡，輒勇敢當之，有善戰之譽。時川黔間逆苗倡亂，奉旨征剿；自乾隆六十年起，至嘉慶十年止，大小百餘戰，扨賊營無算，擒獲首逆王囊仙、王抱羊、高二、韋七綹鬚、伍懷志、祁二寡等多人。奉旨奬功，列爲超等，賞戴花翎。歷任瑪納斯協副將，署巴里坤鎭總兵官，因病致仕歸里，壽八秩。㈡周夢熊，清初進士，累官山西省大同府知府，所至汰除陋規，肅清吏治。官大同時，歲歉收，設粥急濟饑黎外，復再四籲懇層峯撥款賑恤，豁免田賦，建立義學，捐俸資助清寒學子。郡境桑乾河春多病涉，發動紳商捐資建橋，以便交通，凡所設施，民多擁愛。康熙四十三年，崇祀爲大同府名宦。㈢黃大元，少家貧，受僱於延慶州富紳房氏爲侍役，日陪房公子練武，咸豐戊午年隨房公子至直隸省首府保定府同應武舉鄉試，名列榜首，癸亥考取會元（進士第一名），殿試一甲狀元，奉旨任紫禁城頭等侍衞官。嗣任廣東省虎門口直隸廳守備。中法之戰，奉調廣西省鎮南關，增援劉永福軍，重創法軍，奉旨嘉獎。㈣韓文明，明末崇禎己卯副榜，清順治二年，知浙江省浦江縣，時滿清甫行統治中國，連年兵荒馬亂，民生凋敝，文明撫以恩信，得漸蘇息。駐軍或過境部隊，不斷刼搶民財，擄掠婦女，泣聲載道，文明不虞威脅，挺身力向統師抗籲，力懇制止，人人尸祝。嗣陞江西省贛州同知，政聲卓著，致仕歸籍，年八十九歲卒於家。此外在雍正朝的血滴子，膾炙人口的小說「彭公案」等，其中傳奇人物，如善騎毛驢的賈亮等，馳騁於京西驛驛宣化大同之間，擔任特定任務，有不少可歌可泣神奇莫測之表現。辛亥革命以至對日抗戰，冒險犯難，為國犧牲者，不乏其人。最著者，如第九十八軍武軍長士敏（字勉之）出身法政專門學校，辛亥革命投筆從戎，奔走南北，民國二十五年西安事變，張學良、楊虎城等受共黨煽惑，刼持 蔣委員長介石，武公運用楊部馮欽哉與之聯名通電擁護中央，陳兵渭河北岸，威脅叛軍，張楊被迫悔罪投誠，叛亂結束，民國三十年晉南太岳山戰役，克敵致果，以身殉職。是役副軍長郭景唐被俘，武公殉職後，敵酋關伋中將將其遺體迎至長治縣城內葬於西南角的歷史性古墳，葬禮至為隆重。

陽房堡是個一百餘戶的農村，有兩條溪流，如兩臂合抱全村。村內村外林木葱茂，風光清勝，人多業農，外出經商的約佔三分之一。住戶日常守望相助，急難相扶持，固維傳統風習。家鄉生活中，有永難遺忘而不時回味的兩事：㈠每日黎明、晌午與夜深人靜時，寺廟的鐘聲。㈡每年農曆正月初八日觀音節晚間的燈火，家家門首懸掛成雙的燈籠，裝扮各種脚色古裝的秧歌隊打着彩旗燈籠火把，沿戶歌舞，道詩班跟着各出心裁，競道吉利與詼諧的五言或七言的詩句，鑼鼓喧天，鬧徹通宵，充分顯示地方昇平，民生安樂現象。村北四里，有一小湖，俗稱油方潭，潭水澄清，鬚眉可鑑，新秋月映波中，上下天光，一碧千頃，碧潭映月，饒有瀛壺景象。潭周森林密茂，我嘗稱之爲隱逸的昆明湖，村西南十八里，有虎臥山，林木茂盛，中有古刹名虎臥寺，爲漢代壽峯寺的故址，本縣八大名勝之一。寺之西南有洞一，每屆立冬後，則洞暖如蒸，遠望如倒掛匹練，邑人明末張太史士範題額曰「雪竇回春」。寺東北山麓又一洞，洞內岩乳涓涓，入夏凝凍，狀如串珠，張公題額曰「冰天傲暑」。鄉賢明代兵部侍郎岳倫詠虎窩夏冰詩「僧定秋龕冷，山靈夜虎馴。冰花三伏結，石蘇四時新。雲覆千巖雪，煙寒萬石磷。炎蒸時一過，冽冽冷侵人。」

家世與災變

我家世代耕讀相傳，高祖世傑公謝世時，家境衰落，曾祖天相公年僅十四，生母孔氏早逝，侍繼母王氏至孝。讀書未逾兩年，薄田不足百畝，親事耕作，多暇販賣煤菜，勤奮治生，不遺餘力。迨我祖父九經公成長，協承經營，家況進於小康，恤孤濟貧，不遺在遠。曾祖母安太君相夫教子，賢慈卓越，曾祖父享壽七十二歲，曾祖母七十四歲，先後棄養時，家產積至旱田五頃，楊柳樹一千餘株，房院四所，祖父係獨生子，幼時熟讀千字文，千家詩，四書，詩經，尚書等，至老猶能背誦。體魄魁梧，英姿颯爽，氣度恢宏，急公好義，望重鄉里，有雄才大略之稱。一生自奉儉約，生活規律有序，樂善好施，無論地方公益事業或紓急濟貧，無不悉力以赴。鄉中孤苦失依由其資助成家立業者，不計其數。前清光緒二十六年庚子（公元一九〇〇年），拳匪義和團肇亂，德日英法等八國聯軍攻陷北京，翌年訂立辛丑和約賠款白銀四億五千萬兩，分三十九年付清，連同利息總計九億八千二百餘萬兩，國庫奇絀，勸民輸捐。祖父竭力籌獻白銀五百兩。清末廢除科舉，興辦學校，祖父以教育為百年樹人大計，率先號召，光緒三十四年（公元一九〇八年）春創設我村初等小學堂，開辦與經臨各費悉由全村地主按所有地畝均攤。不數年，附近各村聞風陸續設校，吾鄉各村子弟就學與初小畢業後升學人數，遠勝他鄉。清末懷安縣知事王達，民國十一年縣長齊耀琛先後頒給興學報國與惠及童蒙匾額，以示褒獎。祖父嘗以勿受人憐，勿望人助，克勤克儉，毋吝毋驕，律己愛人，寬厚忍耐六語，訓誡子孫。記得先母病逝時，我痛不欲生，祖父懇切安慰的說：人生不可能是一帆風順的，碰到考驗，不管是遭遇成敗或災禍，都要面對現實，不慌不忙，毋憂毋懼。隨時準備接受最壞或最好的後果，誡我擦乾眼淚。他說：「一匹馬，其體力必以能負重荷而馳遠，不顛，不躓，方為良駒，一個人，其鬥志必以能歷險境，而奮鬥不餒，才是強者。」民國十三年暑假後，我赴北洋大學讀書啓程前夕，祖父給我下述指示，迄今記憶猶新。㈠你習工程甚適我意，工程切實利民，你的性格不適於仕途。㈡出人頭地，固須獨立奮進，也要交識好友，相誠相敬，永保友誼，道義之友，他所期望於你的和他所給予你的是無二致。㈢要常以禮待人，但絕勿逢迎諂媚，自己如無自尊心，不會得到別人的尊重。㈣無論什麼境遇要安分守身。余生平能以知足達觀，安貧樂道自持，從不怨天尤人，未始非受吾祖父日常薰陶之影響。但遇事每易激動，修養工夫甚差，有負祖父之訓誥，萬分內疚。祖父於民國十六年元月十日病逝，享年七十有八。祖母高太夫人與祖父同庚，先兩年棄養。

我父進賢府君有一兄兩姊兩妹。伯父進安公長於先父十歲，爲前清秀才出身，曾以家塾授徒，宣統元年畢業於直隸省立宣化單級師範學校，後充柳南窰及吾村初等小學教師近二十年，賦性拘介，不苟言笑，與人無爭，業餘督理農事，抗日戰爭期間，鄉土陷敵，悲憤失明，民國三十五年雙十節前後，國軍傅作義部進剿中共戰爭，地方混亂，受驚逝，享年七十七歲。伯父有三子四女，長男國榮，季子國楨均於小學畢業後業農，次男國棟經商。我父生於民國前三十二年（清光緒六年公元一八八〇年），據祖父說，吾父天資聰穎，曠達不羈，好交遊，曾從縣城名學者劉致敬先生讀詩書制藝（八股文）試帖詩等，習舉子業，而賦性淡於功名，尤不屑於當時生員的拘泥矯揉造作的生活，故未進考，所遺手錄卷本書法勁秀，非我所及，就余幼時約略所記，父親喜愛音樂，簫笛笙管與三絃的吹彈，皆所擅長。飼養了幾隻黃鶯白鴿白鴿，每天爲之添食換水，煞有興趣。他最喜愛的動物是畜養的一匹深灰色的捷驢，他外出時騎以代步，對其餵養一切，他多親自着手，此驢善體人意，對父親的使喚，十分依順，猶記父親騎着帶我到縣城趕廟會，並送我往外祖父家，驢脖頸帶着青銅串鈴，跑起來叮噹作響，頗覺有趣。

我父十五歲時與我母孫太夫人結婚，我母年十七，爲外祖父孫景公之次女。外祖父耕讀傳家，爲懷安縣城南郊孫家坊之望族。外祖父行二爲前清拔貢出身，（清制每十二年逢由各省學政選拔在學員生中文藝優異者，貢諸京師，謂之拔貢，朝考後，一等任七品小京官，二等任知縣，三等任縣學教諭，其下者罷歸，謂之廢貢。）學問道德蜚聲全縣。昆仲四人長兄孫和公與三弟均中武秀才，四弟孫昇公爲文秀才。吾舅父四人，大舅振業公，武秀才出身，二舅振鐸公爲文秀才，故有秀才之家的稱呼。外祖父壯年時曾設義塾授徒，因體弱多病，未幾而輟，前清宣統三年農曆臘月二十七日病逝，享壽六十一歲。外祖母周太夫人比外祖父長兩歲，卒於中華民國二年十月，壽六十五歲。

我母自幼以智慧厚重著於閭里，課讀女紅，幼承外祖父教讀，略通書文，曉暢事理，一姊三妹皆莫能及，故甚得外祖父母的鍾愛。婚後持家有方，侍奉姑嫜彬彬有禮。年二十三生吾姊海棠，未及周歲，而竟夭折，光緒三十年歲次甲辰（公元一九〇四年）農曆十一月十三日國柱生，是年日俄戰爭爆發，我東三省蒙受塗炭，滿清政府腐敗無能，眞相畢露，革命運動風起雲湧，袁世凱操持之北洋軍系開始形成。袁氏承淮軍餘緒，創北洋軍閥系統，影響中國命運達半個世紀之久，迨他死後，其幽靈仍圍繞於北洋軍閥之間，與當時動亂息息相關。越三年二弟國璽生，宣統元年己酉（公元一九〇九年）農曆三月四日而生三弟國彬。我父於是年農曆六月初一日因患急性肺病逝世，年僅三十歲。

這年清廷迫於全國要求立憲運動，難再敷衍，三月六日宣布於九月一日起，各省設立諮議局，在九年內立憲（次年又宣布縮短立憲預備期爲六年）。

我出生的前一年，祖父母令伯父與吾父分居另爨，各給農田一百二十畝，房院一所，父親去世時，我方六歲，一門孤寡，煢孑無依，內外施應，集於我母一身，她撫育三個不識不知的頑稚孤兒，支撐這個窨蹩的門戶，過着孤苦伶仃的淒慘生活，所謂孤臣危涕，孽子墜心，大海孤舟，孰爲彼岸，正是我們母子當時的寫照。鄉風雖稱敦厚，但在緩急之秋，更重現實，孤兒寡婦難免鄉里蔑視，戚族欺凌，我雖稚齡，已深感人情的冷暖與世態的炎涼。環境無論如何冷酷，我母總是逆來順受，坦然處之。其堅苦卓絕精神，實非我這拙筆所能勝述。諺云：婦女弱者，爲母則強，是不是天下孤兒的母親都能如此？我家經濟來源，只靠祖父母於分居時給與的百餘畝旱田收穫，我父生前，曾有幾年僱用大小兩個長工耕作，嗣後委人包種，穀物收成平均分享，全年所得麥黍豆穀等總量不過二十石左右，按當時物價，約值銀幣一百五十餘圓，尙須繳納田賦及地方差徭捐款，家庭生計捉襟見肘，我母節衣縮食，緊勒用度。不惟生活所需，勉能挹注，每年尙有節餘儲蓄，尤自我外出求學，負擔驟增，節約益甚。她嘗說：「天地無廢材，家庭無廢物」，就是碎銅亂鐵，破布廢紙，都分別積存於相當程度，作有價值的處理。據我所記，父親去世後，我母幾於從沒有添製過任何新衣。她生前僅有的享受，就是每天晚飯後沖一壺濃紅茶，邊做活邊喝茶，以為勞苦中的一點調劑。她慷爽好義，周人之急，有如不及。生活雖很刻苦，而對窮苦老弱，多與周濟，遇有地方公益徵募事項，率先輸將，不稍猶豫。我能吃苦耐勞，儉約知足，未因就業後薪入豐裕，個人生活與家庭用度，稍事浮奢，實由先母自幼培養而成。

我母仁慈和厚，而富剛氣，出言從不傷人感情，亦不受人給與人格上的侮辱，任何委屈與困阨，從不怨天尤人，向人乞憐，我平生感情豐富，凡事不喜拖泥帶水，說話開門見山，作事寫信都求精簡清晰卽可，尤其獨特的個性與強烈的責任感，可能都是由此影響。她對我們弟兄的管教，非常嚴格與周密，無論飲食起居，洒掃應對，言行讀書，無不隨時隨處諄諄指敎，我們有何過錯，從不以打罵，亦不稍予姑息，着重身敎，而不只憑口說，眞是慈愛異於常母，督導甚於嚴師。敎我寫字訣竅，坐要正，頭須端，兩臂平衡，兩足靠攏，執筆得法，置筆管於大指食指中指之尖，略以爪佐管外，使大指與食指作圓圈狀，亦卽四指駢握，大拇指直抵，掌空而灣轉，虎口對筆管，不動指而動腕。記得關於生活習慣事項：㈠吃飯必須端坐俯首手持碗筷，不得洒剩菜飯，並敎以拿筷姿勢與挾菜禮節。㈡衣襟必須扣齊，帽子不許歪戴。㈢晚睡時，須將衣服疊好，放於一定所在，褲帶與襪子要壓於枕底。㈣我自幼好多言，我母嘗誡：「話多惹怨，多言不智，會說不若沉默，是非好惡，只要自心明白卽可。」她嘗說：「聰明人耳長舌短。」敎我們多聽少說，不必說的話莫說，非說不可時才說，但我深恨未能遵從，時有言多語失之咎。㈤禁說謊話，嘗謂，說謊近於偷竊，是不可饒恕的罪惡。㈥嚴禁帶有賭博性的玩耍，以及罵人與下流野俚的邪話。她教我們刻苦，教我們節約儲蓄，敦品勵學，放學回家後，不許外出與街頭巷尾兒童相玩，免染惡習，她希望我們於日常生活中，潛移默化，養成良好習慣與堅強能力。我平生樂於埋頭苦幹，不克冒險犯難，可能與此不無關係。我十歲那年，有一次陪伴與我同年的姑表兄弟為我祖母給鄰村一家親戚送禮。遭受歧待，氣憤難忍，回家抱住我母痛哭流涕，還有一次二弟國璽與戚族小孩玩耍，發生爭吵，對方的母親不問青紅皂白，誣以錯在我弟，且云，喪父的苦命娃，還有什麼指望，我以強烈的自卑感所激，又致啜泣，我母誡我「要將眼淚向肚裏落，要忍氣吞聲，矢志自強」。她說「有志氣的人，能於牙齒打落和血吞，忍氣吞聲不是弱者的退縮，而為強者的磨鍊。媢強凌弱，世之常情。不怕受人歧視，只恐自己無志上進」。「天公落雨路滑滑，自己跌倒自己爬」，這是我們從小熟道的口頭禪。我母特請外祖父以楷書寫中屏一幅，詞曰「勤以補拙，柔以克剛，戰勝險阻，毋憂毋餒。」對聯一副，為「寶劍鋒從磨礪出，梅花香自苦寒來。」懸於堂屋正壁，使我們不時誦讀，以之自勵。古人說：「人生內無嚴父，外無良師益友，而能成立者鮮矣。」此所謂成立，蓋兼指品德而言。我們兄弟三人未至苟活敗德，尚能自立自強，得為社會國家勉盡棉薄，不得不謂為我母及祖父與外祖父悉心管教的深厚恩勤所賜。

我母飽經患難，茹苦含辛，心力交瘁，自民國三年患哮喘病，每年冬春復發，與年俱增，病切肺腑，民國八年（公元一九一九年）農曆二月二十八日病篤（是日為我母誕辰）我奉召回侍，得訊之前一日，我突有一種惶悚不安之預感，迨我抵家，時已危在旦夕，醫藥罔效，竟於三十日辰時棄我等而溘然長逝，臨終緊握我手，眼中閃耀着淚光，以微弱的聲音，頻頻囑我努力學業。這個希望是她孀居後，在淒風苦雨的艱苦環境中使她掙扎着活了近十年的重要潛力。我時年十六，二弟國璽年十四歲，三弟國彬僅十一歲，我於兩年前與先室柳夫人映環結婚，她十九歲，全家四人，頓若晴天霹靂，天翻地覆，大禍臨頭，世界到了末日，一切都失依恃，我尤椎心泣血，痛不欲生，我們何辜，上蒼懲創，何以如此殘酷！念及我母彌留時所囑「勿過哀傷，娘雖去，還有你祖父母會呵護你們，要堅強發憤，毋負娘的願望」。與其一再給我「擦盡苦難的眼淚，迎向勝利」的訓誨。又鑒於兩弟哀惶失措，狀極慘憐，爲了維持這個瀕墜的門戶，不得不忍痛面對這悲慘而無法挽回的現實，勉抑哀情，仰承祖父指示，爲母治喪，安排家庭善後。母親靈櫬於農曆三月初八日出殯，與我父合葬。我於十一日離家到校上課，行前馳詣母墓哭祭，深念自幼失怙，幸而有我偉大的慈母撫育，又何不幸而天奪我母！痛心入骨，實非身受其苦者所能想像。古人云：「椎心不再承慈訓，泣血何足報親恩」，從此乃得了解其眞實意義。兩弟都在本村小學就讀，此後他倆飲食衣着與家中瑣事，悉賴先室映環全力擔當，伊於歸寧時，兩弟到祖父母家食宿，先室爲鄰村柳南窰柳如福公次女（如福公業農，家道小康，人極溫厚，樂善好施），十二歲時喪母，兩兄一姊乃父對伊特別鍾愛，自幼養尊處優，肩此重負，竟能應付裕如，無稍隕越，能不感謝其賢淑有爲！我赴校前夕，她安慰我說「我幼喪母，兄嫂撫愛逾恒，我對兩弟亦必如吾兄嫂等待我，望你放心。」啓程告別祖父母時，祖父慮我憂傷太過，並惦念兩弟，剴切告諭我說「天下很多失去父母的孤兒，往往更知手足情深，力爭上游」，使我途次恍如突然長大，堅強起來，決心力學上進，報答我母的深恩厚望，不再似以前的晦暗昏瞑，迷茫無措。但數十年來，每屆我母忌辰，我的魂魄總如飛到她的墓上，言念及此，不禁涕零。

這一年內，我家災禍頻煩，爲我塵緣紀錄中最稱晦氣之段落，亦卽一生難忘的悲慘際遇。農曆正月中旬，我患白喉症，幾於不治，病愈後，二十一日準備赴校註册，家中以雙騾車載運行李送我先到縣城，回程接我堂姊（伯父長女）月桂，途次兩騾吃驚，帶車狂奔，誤將街頭玩耍年約三歲的男孩輾斃，央人調解，賠償其家屬銀幣千元，祖父以禍端肇於伯父與我家兩門，賠款悉自祖父支付，我母的劇病，自係由此刺激。七月初旬，暑假將屆，我染重傷寒症，力疾應付期考後，回家休養，賴先室護侍妥善，月餘而愈，但傳染全家，纏綿數月，眞是災連病接，禍不單行。言念及此，不勝心悸。

童年回憶

我的學校教育是九歲入本村初等小學堂時開始，在未進學校就讀以前，已熟讀三字經、弟子規、大學中庸。年四歲開始識字，我母以紅紙裁成小方塊，每塊寫一字，一個字一個字的教我，至認熟爲止，每日認四個生字，還將已認過的字，復習一遍，由簡漸繁，例如上古大人，孔氏一己，化及三千，七十二士，爾等小生，共同立志，以及一去二三里，沿村四五家，亭臺六七座，八九十枝花等等。我到五歲已識一千多字。五歲那年讀完三字經與弟子規，我母接着教我讀大學。我父逝世後，至上小學前，我常住外祖父家，外祖父家人口衆多，孫男女與外孫男女即有十五人以上。外祖父對我與二舅的獨子孫仁表弟特別偏愛，我倆都是孤兒都肯認字讀書，又喜常在外祖父身邊聽講故事，外祖父在他的書房，爲我倆特加放書桌一個，供我倆相對而坐，每日上午讀書，下午玩耍，讀書時，先將昨天讀熟的復習背誦，再念生書，該念多少，都先予劃定，經常由外祖父親自課讀，有時四舅父振動公得暇或我母來外祖父母家時，接替照管。住外祖父家約近三年，將大學中庸和論語首册的前三章熟讀後，還讀了幾首千家詩。晚飯後，外祖父一面品茶，一面給我們講西遊記，三國演義，隋唐演義，水滸傳等故事，聽得興高采烈，樂不思睡，他說三國演義的作者爲了贊揚孔明，不惜貶抑周瑜，特將周瑜說爲量小忌才，蓄謀殺害孔明，所謂既生瑜而莫生亮，既生亮而莫生瑜，都是揑造的，又說三國演義描繪的關雲長是孟子所發揮義字的化身，我的求知慾日益增強，實由此啓發。外祖父對我們從不呵責，只是引徵事例，曉以是非損益，深入淺出，我們感受很深。外祖父家是個祖孫三代同居的大家庭，舅媽們與大表嫂輪流掌厨，每餐外祖父母與么舅振魁公另吃小竈，有葷菜與酒（么舅大於我七歲，因外祖母的嬌縱，游手好閒生活浪漫，外祖父母去世，與大舅四舅析產分居後，年未四秩，傾家蕩產，頽廢以死）。其餘都是大鍋的粗菜淡飯，大家同在厨房圍着一條長方飯桌共食，我們小孩挨坐一起，狼吞虎嘛，有說有笑，其樂融融，我童年愉快的回憶，就是住於外祖父母家三年的生活，每年最使我們企盼而興奮的兩事，是四月初旬的禱醮，和十二月初八日的吃臘八粥，外祖父家信佛，每年農曆四月初旬要請僧道在家設壇誦經祈禱，一連兩晝兩晚，鐘鼓鐃鈸與笙簫笛管，更番演奏以及悠揚清逸的誦經聲韻，無不使人心曠神怡，這時近親多來參拜聚餐茹素，少長咸集，熱鬧非常。臘八粥是以稻米、小米、薏仁米、紅豆、扁豆、菉豆、栗子、桃仁、白果、紅棗、紅絲、青梅、花生仁、葡萄乾等混合，煮成稠粥，吃時加上白糖，闔家大小當作早餐，飽食應節，四舅母擅長烹飪，她做的臘八粥，作料調配適當最爲可口。

我受外祖父講小說故事的影響，喜懽看戲，其時地方昇平，縣城春夏秋三季各寺廟幾乎經常演戲（山西梆子或直隸梆子），隔幾天於下午休閒時間，么舅帶我們進城看戲，劇目多屬忠孝節義的歷史故事，回來經請外祖父再將劇情詳予講評，趣味深切，永難忘懷。回憶我的童年快樂，這可說是最精采的一頁。我上小學時，學校課程還沒有珠算。我學珠算，也是九歲前在外祖父家由四舅振動公所教的，我母說，外祖父對我與孫仁弟期望很大，他希望我倆努力讀書，都能於科考獲勝，至低要由秀才而至舉人，補償他考取拔貢而未應鄉試取得中式舉人的缺憾。他給我倆所命乳名成舉與重舉，意卽在此。我記得外祖父常戴一頂黑緞瓜形便帽，在老式的眼鏡後深黑的雙眸，閃耀着睿智的光輝，微笑的雙唇，畫出他的熱情慈愛，他辭世已六十多年，但是他的音容笑貌，他發人心智的啓示，却深銘我心，無時或忘。

辛亥（公元一九一一年）武昌起義推翻滿清之次年，民元春（壬子公元一九一二年，是年國父就任臨時大總統，發布開國宣言，定國號爲中華民國，並改用陽曆。）我入村立初等小學堂，教師是我伯父，課程爲國文、算術、經書、習字。這是每天必修的科目，每週上體操兩次，每次一小時，每兩週有唱歌一小時，沒有圖畫與手工。星期天不休息，除寒暑假外，從無其他休假。伯父特別致力於算術的教學，因此同學們的算術成績多稱優異，全縣分區抽考，迭受優獎。我的數學基礎，卽由此奠立。我肄業初等小學三年又半，白天上學，晚飯後，我母嚴課夜讀，至寺廟撞了三更時分的定夜鐘才睡。在這期間熟讀了全部論語、孟子、詩經與書經第一卷。當時囫圇吞棗的死啃，感到十分的困惑與難解。然而逐漸成長之後，才體會到自幼的苦讀，對後來的學問是怎樣的裨益。

清帝宣統（溥儀）於民國元年二月十二日宣布退位，清政告終，國父於十三日向臨時參議院辭臨時大總統，並薦袁世凱自代，爲鞏固民國，附提三項條件：㈠臨時政府設於南京，不能更改。㈡新總統須到南京受職。㈢臨時約法及臨時政府所頒一切法制章程，新總統必須遵守。參議院於十五日舉袁世凱爲第二任臨時總統，政府仍設南京。二十日參議院選黎元洪續任臨時副總統。袁世凱於三月十日在北京就任臨時大總統。民國二年三月二十日，國務院秘書洪述祖受袁世凱命嗾使應桂馨在上海以重金僱兇手武士英（卽吳銘福）於上海火車站刺死代理國民黨理事長宋教仁。四月八日中華民國第一屆國會開幕，參衆兩院議員中，國民黨籍議員均超過半數。十一月四日袁世凱下令解散國民黨，撤消國民黨籍之國會議員資格者三百五十餘人（衆院一百九十四人，參院六十一人），中華民國國會自此停頓。袁世凱於民國三年一月十日明令解散國會。五月廢止臨時約法，公布新約法。

二、苦學生活

從小學到中學

十二歲（乙卯民國四年公元一九一五年第一次世界大戰爆發之次年）暑假後進入縣城高等小學，在校食宿，每隔兩週的星期天回家一行，當時一般人升學讀書的風氣尚未盛行，能入縣城高小讀書的，大多數爲士紳與富商的子女，依常情與我的家庭環境來講，我只可在家務農或到店舖學商，我以一個農村的孤兒厠身其間，衣着粗敝，舉止恧縮，難免遭致同學們的奚落取笑，頗感自卑。但我壯己之計，只有努力用功，憑學業成績，爭取教師的愛護，扭轉同學們的觀感，我母嘗對我說「憑信心和耐心奮鬥勿懈，什麼困辱都可衝破。」第一年級我們全班同學四十五人。不到半年，我每試名列前茅，三年中我與好友唐壽榕兄一連穩保着全班第一與第二兩個名次，這是我生平自強自信的很大關鍵。我母得悉我的成績優良，未使她失望，很感快慰，我嘗自深憾，既不及承歡奉養，以報我母撫孤志節之深恩於萬一，又未能立德樹業，有負我母報國與家之期望，每讀及書報所載感念親恩的鴻文，內心震撼，不禁眼眶充滿淚水。如竟自解或對我母九泉之下稍贖愆咎者，只此些微表現。我因讀過古書多本，算術基礎又好，高小的課程，在我毫不費力，只是不曾開筆作過文章，每星期三有綴句，星期六下午兩小時的作文，開始不無惶悚，第一次的作文題目是說勤學，題義雖很明白，而着筆困難，因係做文言文，造句布局都無所措，勉強寫了一百多字繳卷。國文兼歷史的教師是韓仲先生字繼由，清末秀才，畢業於直隸省立宣化師範學校，學識淵博，文筆卓越，風骨魁奇，誨人不倦，桃李衆多，咸以昌黎再生贊仰。他以循序漸進，深入淺出的方法教學，進步很快，對我們幾個努力用功的同學，除正課讀本外，另為選授顧亭林、黃梨洲、王船山、顏元、李塨等的文章，並特別指導自行選讀古文觀止，左傳句解，史記菁華，涉獵明夷待訪錄，以及袁了凡、王鳳洲所編綱鑑，以此粗知朝代起伏治亂的輪廓。別的教師，多以少看小說為誡。韓師則以不影響功課與心神，課餘閱讀正當小說對文史研習與了解世故，不無裨益。因此我於寒暑假中，將西遊記、東周列國志、三國演義、隋唐演義、聊齋誌異、水滸傳、紅樓夢、西廂記、儒林外史、鏡花緣等說部，都曾涉獵。我視之為補充讀物，或課餘的消遣，因而增益了我的求知樂趣。我閱讀了這些小說，引致我對中國所有正史偏重朝代的嬗遞與帝王的興衰，而忽視了一個時代的人民生活、思想演變與社會動態；而且除了左傳、史記文筆精練，涵義深遠外，大多數史書都是平鋪直敘，感覺乾燥乏味，不如西洋史籍那麼生動活潑，引人入勝。他還強調鄒容所著革命軍與嚴復譯的天演論，必須閱讀。我們班中有二十餘人到第三年級就能作策論（史論與政論的文章），例如秦皇漢武好勤遠略，魯仲連義不帝秦，藺相如完璧歸趙，士先器識而後文藝，明清以八股文取士致敗士風等，隨時將我們的作品，擇優複印多份，分發全班索閱，或他自撰示範。孔子家語說，孔子殺少正卯的故事，韓師根據種種考證，認為不足置信，他說宋代朱熹與清代崔述既均詳加辯駁，且查魯國士大夫中，從未見有少正卯其人，以孔子之仁德怎會這樣濫殺？孔子曾為魯司寇，雖屬當時六大夫之一，不過相當於現在的司法部部長。其以大夫身份作齊魯兩國國君夾谷之會的魯君之相，亦並非後世所謂當朝一品的宰相，而只是會議期間作國君顧問類的佐輔人員，譽以為司寇三月而魯國大治，不無恭維過甚。孔子受魯國朝野的敬重，非由其官威，而基於他的道德與學問。他說盡信書，不如無書。韓師最推崇孟子，對孟子所說「民為貴，君為輕，社稷次之」，「君之視臣如草芥，則臣視君為寇仇」，「道不同，不相為謀」，詳予闡發，顧亭林的「行己有恥，天下興亡，匹夫有責」，黃梨洲的「知行合一，即知即行」，尤為韓師講學談話，嘗喜引徵的道理。他講太平天國史事時，深恨曾國藩、胡林翼、李鴻章等昧於民族大義，延長清廷專制政權，妨礙革命維新，以致喪權辱國，陷國命於垂危之境，把他們與洪承疇並論。民國四年，袁世凱為籠絡知識份子，通令各省舉行俊士特考，我縣教育界人士報考者不乏其人，韓師恥之。

民國四年五月九日，袁世凱爲做皇帝對付國民黨的反抗，與日本勾結被迫簽訂所謂二十一條的苛酷密約，激起了全國學生民衆的公憤，發起五九國恥的國民警覺運動。韓師向我們詳加說明，認爲是亡國條約，聲淚俱下，發動全校師生抵制日貨，六月初旬全縣各城鎭男女高等小學與縣立師範講習所掀起反日救國運動，結隊分赴街頭演說，印發傳單標語，誓雪五九國恥，一致抵制日貨。十二月杪袁世凱正式宣布竊號稱帝，申令明年改爲洪憲元年，我撰了一首打油詩歌，諷其必敗。歌曰「年號洪憲國號梁，僭位兩月必敗亡」，韓師聞之，便說「這似民謠，從來民謠是具有預言作用的。縣城高小的校訓爲「砥節礪行」。韓師詳釋含義，引證史實，勉以深體力行。我的文字修養，受他的教益很大，而立身處世與革命思想，亦深受其影響。諺云「經師容易人師難」，韓師好古敏求，誨人不倦，守道固窮，耿介脫俗，不僅是永深感佩的經師，也是值得景仰的人師。

是年十二月二十五日蔡鍔、唐繼堯在雲南起義，反對袁世凱背叛中華民國，分路由四川湖南廣西進軍討袁，粵桂黔各省先後宣告獨立，袁世凱遂於五年三月二十三日宣布廢止洪憲年號，撤銷帝位，六月八日憂憤以死，黎元洪繼任總統。

我在高小肄業三年，鬧過一次全校罷課兩週，同學集體離校的大風潮，是我從事學生運動的創舉。民國六年（公元一九一七年）暑假後甫行開學上課，縣長管尙勳（江蘇省吳縣人日本帝國大學法科畢業全國第一次縣長考試及格）突以不洽輿情爲由，將發展校務譽望昭著的康校長萬全明令撤職（康校長爲保定優級師範學校畢業），另委本校地理兼圖畫手工教員李煥瀛接充（此公畢業於宣化師範，嗣充本縣教育會長，勸學所長，商會會長，抗日戰爭時，任僞萬安縣縣長，僞察南省長）。康校長得訊，立即離校，同學們既以康校長之無辜被撤，深感憤激，復由李師之教學與爲人，在大家心目中素無好感，消息一出，各班班長十餘人交換意見後，咸認縣署的亂命，肇因於地方派系的傾軋，基於良知與正義，不得不起而抗暴護校，隨卽召集全體同學開會，一致決議公推我與唐壽榕、張志立、梁壽增、任贊欽等爲代表晉謁縣長，請求收回成命。管縣長諭以學生只應埋首讀書，不應干政，令我們先行回校，他將到校曉諭同學。旋邀勸學所長李瓚陪同到校，向全體同學訓話，剴切曉以成命難收，守規勿躁。縣長離校後，李所長奉命駐校暫管校務，疏導同學繼續上課，大家不予置理，午飯後，各携簡單衣被及盥漱用品，集隊離校，馳赴縣城東北隅之三官廟駐紮，會商進行步驟，我以初生之犢不畏虎的勇氣，與不平則鳴幾近反叛的性格，仍與唐壽榕（直隸省立法政專門學校修業後歷任察哈爾省立第一師範學校教員懷安縣財政局長）、張志立（朝陽大學畢業後，歷任河北省高邑縣陝西省靖邊縣縣長）、楊玉璇（中學畢業後任本縣建設局課員及縣議會議員）、柳鳳巢（北洋大學預科肄業，歷任本縣實業局建設局勸業員及塞北中學事務主任等職）等被推爲全權代表，一面負責籌辦伙食事宜，一面四出奔走，分向各界有力士紳請求支援，由他們出面協調，歷時兩週，結果以維持康校長撤職成命，繼任校長改委李永清（天津師範畢業，時任本縣師範講習所所長），罷課學生不予處分之條件，風潮始行平息。

民國六年（一九一七年）五月至七月北京政府因對德參戰案發生政潮，督軍團叛變，解散國會，張勳妄擁清廢帝溥儀復辟，旋爲段祺瑞誓師討平，八月十四日對德奧宣戰。先是國務總理段祺瑞指使安徽省督軍倪嗣沖、河南省督軍趙倜、福建省督軍李厚基等各省督軍集會，聯銜通電勒逼黎元洪總統解散國會（因國會不同意對德宣戰），段祺瑞與黎元洪公開衝突，長江巡閱使張勳趁機率其所部辮子軍步馬炮兵共十營約五千餘人，由徐州開入北京，（張勳爲表示始終忠於滿清，鼎革後，上下一致，仍保留辮髮）協同康有爲、張鎭芳、瞿鴻機、梁敦彥、陳寶琛、朱家寶等（都是前清遺老）逼黎元洪退位。於七月一日擁廢帝宣統復辟。七月四日段祺瑞奉黎總統密令，在天津馬廠誓師以討逆軍總司令名義通電討伐張勳，不過六日，卽行平復。可見督軍團搗亂，宣統復辟，都是段祺瑞爲解散國會，驅逐黎元洪所玩弄的把戲。

十一月七日，俄國共產黨列寧建立蘇維埃政府（十月革命），自是世界出現共產國際。民國七年（一九一八年）六月高小畢業，商懇祖父同意繼續升學，爲了省錢，先往天津投考直隸省立第一師範，我與唐壽榕、楊玉璇、黃萃煦、杭沂一行五人搭京綏鐵路的慢車。經北京城的豐臺，轉搭京津鐵路火車，連在車站候車，先後歷一晝夜到了天津，下榻於新車站附近河北大街的復昌客棧。五人擠住一室。食宿包計，每人每日約爲銀幣四角。第一師範設於河北公園內，建築相當宏偉壯觀，我們幾個初出茅廬的同學看到這樣的場面，眞像劉姥姥進了大觀園，感到難以言喻的興奮，報名的考生約一千餘名，考取兩班，計八十名，分初試複試兩次，初試國文（包括解答與作文）算學兩科，初試合格後，才能參加複試。複試爲歷史、地理、格致（卽博物、理化）三科，結果只我一人倖蒙錄取，榜示揭曉，限三日內，繳納保證金及制服等費銀幣十五元，並檢具在津長期居住之法定資格人士的保證書，辦理註册手續，逾期除名，由備取生遞補。關於保證人，我們帶有李校長給省議員張鏡淵先生的介紹信，原欲持信謁請保證，孰料省議會休會期間，張先生離津他往。此外無人可找。同時，我於初試之後，我的右臂肘部至手腕突發紅腫，忍痛勉應複試後，由客棧茶房陪至中華醫院就診，云係中毒發炎（因小旅館的臭蟲很多，可能被咬抓破傳染毒菌），經與開刀治療，膿血交流，傷口面積達一方寸疼痛難忍，其時尚無痲醉劑及特效的內服消炎藥品，手術後只給些外敷藥膏，而索費很多，囊資幾盡，不但註册需費無着，卽旅館食宿用費，亦非向唐、楊、黃、杭四同學借湊不可，他們帶款亦無多餘，且均急於回里，迫於一籌莫展中，我不得不含着眼淚，放棄註册亦作歸計。在家臥病月餘，無何醫藥，每日只以乾艾與茄梗煮水用白布浸敷傷口周圍，傷口痊癒後，右手腕轉動不利至一年之久，疤痕迄今猶存。八月中旬，力疾趕赴張家口考入察哈爾特別區立第一中學。臨行時母親諄諄叮嚀務必注意寒暖，珍重健康，她說我一遠行，我的一切，卽時刻縈繞其心懷，這話使我永難忘記。回憶母親無微不至的滋潤，與連綿不斷的無條件犧牲，我一出生她就註定成爲一個永遠無法償還得盡的債務人。宋末學者宋思肖所著「鐵函史」中有兩句話「父母恩異於他人，父母恩非數可算」。迨我爲了人父，對兒女的一切，關懷備至，益感親恩的深厚，眞是難以形容。

我的一再升學惹動了閭里間的很大疑異，有些戚族也向我母婉言勸阻，或在背後議議，認爲望子成龍，乃屬妄想。旣非豪紳子弟，書縱讀好而無人事背景，出路難找，所爲何來？放棄自家田地不管，委人包種，遭受虧損，捨近求遠，未免失計。母親雖恐使人難堪，婉言予以應付，而其內心絲毫不予理會。我們考入張垣察區第一中學（簡稱張中）的爲我與唐壽榕、楊玉璇、李應隆、黃萃煦、杭洐共計六人。該校於民國四年成立，學雜費免繳，只需膳費（膳費因無晨餐，月僅銀幣二元餘）與書籍文具費用，連同寒暑假回家往返火車費全年我只需銀幣六十元，較之設於宣化的直隸省立第十六中學（簡稱宣中）一年至少約省銀幣四十餘元。故報考張中者，多爲清寒學子，我們同年升學，家境富裕的康萬化、張志立、吳大成等則考宣中。

察哈爾係蒙古語，其北境爲內蒙古之一部，古代先後稱玁狁、匈奴、鮮卑、突厥。明代稱插漢，爲元裔小王子後，嘉靖間，布希駐牧察哈爾之地，因以名其部落。四傳至林丹汗，侵暴諸部，爲清太祖討平後，感於蒙古民族慓悍，部落起伏可怕，將滿洲創建的八旗制度，行之於蒙古部落，建立了蒙古的盟旗制度，小部落編爲旗，大部落編爲數旗或十數旗，以分散強大部落之勢。清聖祖康熙帝因察哈爾部衆從征準噶爾有功，詔贈軍餉，並與來降之喀爾喀厄魯特部落編爲旗，各設佐領主之。其正黃、鑲黃、正紅、鑲紅四旗，駐張家口以北，正白、鑲白、正藍三旗，駐獨石口外，鑲藍旗駐殺虎口外，俱由察哈爾都統所統治，都統署設於張家口。民國二年改爲察哈爾特別區，並轄明安、商都、左翼、右翼牧羣，習稱十二旗羣，各署總管主持軍政事務，隸領前隸宣化府之口外三廳，卽張北沽源多倫等十一縣。張家口在外蒙古未獨立之前，爲對外蒙及俄國通商要埠，工商業繁盛，幾比於津滬。張家口至庫倫大道駱駝、牛車、卡車運輸，絡繹不絕，張垣大境門外元寶山一帶，貨積如山，停車里許。前清在外蒙古首府庫倫設辦事大臣，民國成立後，改稱都護使，內地人在外蒙從事農礦工商者甚衆，外蒙貿易多掌握於山西省人之手。內地商人常以賒帳方式引誘蒙人，卽不需付現款交易，可將其所需要的貨物，先行買到，規定一個時期付債。蒙人交易，都以羊隻，或牛皮羊皮代替貨幣，如買時貨價爲一百隻羊，到期還賬，內地商人卽要收取一百四十隻羊，他說：大羊要生小羊，以前的一百隻，現在當然多生四十隻。蒙人認有道理，那知此乃重利剝削？辛亥年，帝俄曾經煽動外蒙活佛哲布尊丹巴獨立自治。民國八年因我政府的運用壓力，宣布撤消自治，民國十年十一月，俄國趁我我國北洋軍閥互相火併，無暇他顧之際，而與外蒙簽約密謀合作。迨蘇俄十月革命後，蘇俄紅軍攻入庫倫，將我少數駐軍驅散，迫使外蒙建立共產政府，將內地人經營的農工商業財產沒收，人被扣押，悉充終身勞役，從此外蒙政治經濟，完全爲蘇俄壟斷，張家口的經濟貿易自此甚受打擊。但在交通方面，北通庫倫與恰克圖，西北通烏里雅蘇臺、科布多、新疆；東北通熱河，在軍事上與政治上，對於內外蒙古仍有操縱威脅之勢。

張家口爲平綏鐵路線的最大車站。有機車與車輛製造廠、材料廠等。北蔽長城，南還洋河。

清水河自北而南，縱貫全市，南下與洋河滙合而入永定河，東西兩山對峙，形勢險要。張家口外，內蒙各旗羣的馬習稱口馬，馳名全國，昔於每年陰曆六月六日至九月九日，有三個月的馬會，馬匹來自蒙古、洮南、青海、寧夏、新疆等數千里之外。馬市之盛，為西北之冠。當地勝景最著者，為市區西南郊的賜兒山，風光優美。雲泉寺在山麓，循山勢向上建築，寺宇巍峩，有殿廡數十楹。寺佔地甚廣，四面環以圍牆。寺側有靈泉，潛流噴湧，景色顯麗。寺內有一地下水洞，夏至結冰，入多化水，稱為奇蹟。其次，西郊永豐堡有龍泉寺，建於危岩之上，岩下有泉，峭壁奇峯，倒映清流，恍若仙界。天氣晴朗時，攀登山巔，遠望平林淺岫，崗巒起伏，河流如帶，左屏右廻，令人有超塵絕世之想。古蹟值得紀念者，為大境門外山巔有長城的地方，有不少的狼煙臺，亦稱烽火臺，古語有「狼煙四起，烽火連天」之說。因烽火臺是用以報警的，古代如有緊急情況，須加戒備的消息，在臺上燃起晒乾的狼糞，狼糞的煙，直線騰升，別處卽可看到這種烽煙，有所準備防範，這等於今日的訊號臺。

世界第一次大戰於民國七年（公元一九一八年）十一月結束，全國各地慶祝公理戰勝，舉行各種活動。八年一月十八日巴黎和會開幕，顧維鈞代表發表中日各項密約，四月三十日巴黎和會允許日本繼承德國在山東權利。五月四日北京學生反對北京政府簽字和約及對日外交政策，遊行示威，憤毆曹汝霖、章宗祥、陸宗輿釀成全國罷課、罷工、罷市風潮，世稱五四運動。先是中國參加巴黎和會的代表陸徵祥、顧維鈞等於得悉和會中列強會商決定山東問題時，一再向北洋政府請示辦法，我駐各國的外交使節亦多電呈意見，應審愼考慮，北京安福系國會兩院議長王揖唐等及前國務總理段祺瑞，交通總長曹汝霖，錢幣局總裁陸宗輿，駐日公使章宗祥均認爲簽字較爲有利。此訊一出，羣情憤不可遏，各界紛紛致電巴黎我代表團，請其拒絕簽字，而北京各大專院校學生更是情緒激烈，故有五月四日北京天安門萬餘人集會的壯舉。「五四運動」開始於「外爭主權，內除國賊」的學生愛國運動（領導人爲北京大學段錫朋、傅斯年、羅家倫等），其後發展爲高舉「民主、科學」旗幟的新文化運動，這一思想的發展，正與　國父革命思想的發展相同。國父領導國民革命，在思想與行動上啓發了全民的愛國情操與民族精神，是引發五四運動最主要的動力，如無推翻滿清，建立民國的國民革命，能否發生如此轟轟烈烈的運動？是一疑問。而五四運動的發生，促成了全國人民的覺醒，喚起了全民對國事的關懷與參與，亦壯大了國民革命的陣容，使國民革命日益發展。

張中直轄於察哈爾區都統署，以駐張家口之興和道道尹爲監督，校長多爲候補縣長，不時更易，各科敎師陣容雖好，而圖書標本，理化儀器等設備甚差，校長官僚氣盛，管訓鬆弛，學生程度參差不齊。民八與民九兩年第一、第二兩屆畢業同學，升學成績很不理想，考入國立大專學校者不過百分之十，我以前程所關，不得不爲警覺，而作未雨綢繆之計，爰於民國九年（公元一九二〇年）暑假，決定轉向宣化中學插班，其時適値北洋軍閥曹錕領導的直系與段祺瑞的皖系戰爭在北京與天津間之琉璃河楊村一帶爆發（不數日皖軍大敗，段祺瑞下野），京綏鐵路軍運擁擠，張宣兩地大軍雲集，我於兵慌馬亂中，攜帶張中兩年各學期的學業成績單，單人獨馬，馳赴宣中，親謁教務主任蕭順卿先生，央懇收容，初遭峻拒，我以此行秉着「棄燕雀的小志，慕鴻鵠以高翔」的壯志，也卽是「男兒當有沖霄志，絕頂高峯唱凱旋」的雄心，不達願望，誓不甘休。在旅社裏耐心逗留了一週，鼓着勇氣，三度驅前陳情，承予垂憐，姑准於開學前一週考試國文、英語、數學三科，酌依成績，決定取捨，另有張中同班同學王詩𡒄（其父爲宣化鎮守使譚慶林部騎兵營長）、李應隆分別以譚鎮守使及省議員張鏡淵等的介紹信，亦請轉學，我們同時應試，結果我以成績較優，承編入第三年級（入該校第十七班）他倆都降級錄取，入第二年級。我一向奮鬥的準則，是由困難裏克服困難，從逆境中突破逆境，由於此一奮鬥的教訓，益知只有從苦難與折磨中成長的青年，才能經得起考驗。宣化中學成立於民國前七年（光緒三十一年），由柳川書院舊址擴充改建，校舍以一街之隔，分南北兩部，學生宿舍設於北部。各種教室，學生自習室，圖書標本儀器理化實驗等室，禮堂、體育場、飯廳、校園與校務辦公各部門均在南部，規模設備相當完善，管訓教學極爲嚴格，同學研讀精神很盛，每年升大專院校實績甚優，與天津的南開、保定的育德兩中學，並駕齊驅，譽震華北。冀南晉北察綏各地負笈遠來投考者年有多人。民國八年，直隸省教育廳長王章祜來校視察時，許爲全省中學之冠，民國十一年增設女生班，爲華北中等學校男女合校開其先河，其時華南，亦只有浙江第一師範與湖南第一師範創行男女合校。校長李大本先生（字培元，直隸省樂亭縣人國立北洋大學師範科第二屆畢業）慘淡經營，達十餘年，民國十二年採行道爾頓制教學，因受幾個保守派教師之消極掣肘，行之兩年，未符理想，憤而辭職，應邀籌辦張家口察哈爾特別區立實業中學（察哈爾省立農業專科學校前身）。培元先生每星期日上午在大禮堂爲全體學生作專題講演，闡揚顏元（字習齋）學以致用，反靜習動，崇尙功利的學說，及民主與科學（Democracy and Science）的眞諦，引證社會進化史批判馬克思主義的謬誤，而於杜威的實驗主義哲學，甚表讚許，他於春冬常着藍布長袍，夏秋着白帆布或白斜紋布制服，光頭布鞋，從未見其穿過綢袍緞褂，或西服革履。威嚴之中，而有慈祥之慨，他講話時，陳事析理，深入淺出，寓微言於詼諧之中，托至理於幽默之內，使我們如坐春風，悠然神往，茅塞開於自然，聞道而不自知，大家認爲他的訓話，不是一般說教式的官腔，而是無比的精神享受。

我轉學於宣中的頭一學期，數學一科甚感吃力，因張中的教學進度慢而落後很多，代數課本雖然都是溫德華氏代數學，但張中爲華文譯本，而宣中是英文原本，有此兩項差距，進修自費工夫，由於特別用功，期末考學業總成績倖列甲等，第二學期獲免學雜費二分之一計銀幣六元。第四學年每學期均享免繳全部學雜費之待遇（學校規定操行甲等，學業成績八十分至八十五分者免繳學雜費半數，八十五分以上學雜費全免），第十六與第十七兩班爲雙軌制的同年級，至第四學年同學合計七十餘年，數學、理化課程兩班綜合分爲文理兩組教學，我被編列理組，理組人數較少，數理化教材較深，均用英文課本。文組免受三角，我自幼有泛讀羣書之癖，在張中時，曾將王夫之的讀通鑑論，顧祖禹的讀史方輿紀要摘要瀏覽，到宣中後，雖列理組，仍於文史書刊覓暇嗜讀，胡適的哲學史大綱，康有爲的不忍雜誌，梁啓超的庸言報，以及林琴南所譯之西洋小說，都是我課餘消遣的讀物。因此有些同學贈與我一個雜學家的綽號。民國十一年（公元一九二二年）六月畢業，我們理組的同學孫仲箎、張志立、王錦、王之恕、陸汝祥、王進修等考入天津國立北洋大學，陳煥彩、阮維屏考入北京大學，宋冠軍、宋之翰、張榜金、閻峻鐘考入直隸省立工業專門學校，朱景昌、張玉樓考入北京高等師範學校，（張志立因於民國十三年前季，北洋大學全體學生罷課驅逐校長馮熙運風潮擔任代表被開除，轉入朝陽大學。閻峻鐘於民國十四年入莫斯科中山大學參加共產黨）。

我因於家境，當年未卽升學，暑假後應聘爲懷安縣城高等小學教員，月薪銀幣二十元。期以兩年爲期，藉集升學資斧，校長爲我讀高小時教我國文與歷史的韓繼由師。與我同時新聘任教的有張中畢業的唐壽榕，直隸省立第五師範畢業的李鳳林，河北大學肄業的李維洲，都是讀高小時的同班或上班同學。我們四位新人佔了全校教席的三分之一，其他都是在校有年的老教師。唐兄與我都擔級主任，我還另兼一班二年級的算學。兩李分任圖畫手工與體育課程。我與唐兄志同道合，相約酌就國文課程配合課外作業，實施設計教學，這種教學方法其時只在天津附近各地試行。韓校長對此全力支持，但其他極端保守的同仁不無詫異，我們鼓勵學生除做好學校規定課業外，要自動學習，輔導他們課外活動，每週編製壁報，輯布時事摘要，漫畫及文藝寫作等，並組織話劇社，在課外活動時間與假日定時演習，劇情都是古今男女青年忠勇愛國故事，民國十二年暑假期間在縣城舉行全縣各城鎮高小學生作業成績展覽會時，特別公演兩晚，招待各界博得稱讚，爲本縣教育界放一異彩。

懷安縣教育行政向由兩大紳派更番把持，（本縣豪紳勢力在清季與民初有所謂宗、馮、徐、劉四大宗族，繼而東西北三李聯合崛起爭衡對抗）特立獨行人士與大專畢業新進人才，非屬各該派勢力範圍，絕難插足。民國十二年全國各縣勸學所改制爲教育局，局長資格與待遇提高，我與唐壽榕、李鳳林等幾位青年同志爲期地方教育革新，聯合就讀北京天津各大專院校同學焦樹藩、岳濬川、岳環、李孟雄、張達三、岳璇、郭濬哲、焦樹滋等發起組織懷安縣青年改進社，分向縣公署及直隸省教育廳陳情籲請恪遵規定，遴派合格人士充任教育局長，以期革新，反對換湯不換藥而以現任勸學所所長李煥瀛接充，縣長齊耀琛雖爲應付輿情，於遴薦兩名中，列有保定高等師範畢業歷任中學與師範學校教師有年之鍾業豐（字向南），而第一名爲李煥瀛，只以鍾業豐作陪件而已。幸承時任北京市京師學務局局長及國立北京師範大學教授之鄉先輩焦瑩先生（字斐瞻）予以運用，鍾業豐得蒙任命，實出縣長與地方豪紳等意料之外。青年改進社之創組，教育局人事之刷新，與中國國民黨在本縣之秘密發展，影響很大。我與唐李諸友好都是方在二十歲左右的青年，熱腸好進，勇氣十足，所謂初生之犢不畏虎，恰巧當時省令組織鄉農會，全縣五區各設鄉農會一所，會長與副會長由全區農民選舉，他們慫恿我競選西區鄉農會會長，選舉結果，我以得票過半數當選，縣公署與實業局全力支持之候選人，竟然落選，豪紳派不無驚詫與嫉忌。

民國十二年（一九二三年）春，二弟國璽（字寶書）結婚。弟妹為本縣魏寗莊曹氏。與璽弟同庚。

是年六月十三日，直系軍閥曹錕逼迫黎元洪總統離京去職，十月五日以每票銀幣五千元之代價賄賂部份舊國會議員吳景濂等當選總統（黎總統是民國十一年第一次直奉戰爭安福系國會所選總統徐世昌下野後，於六月十二日再度復位的）。賄選案係由衆議院議長吳景濂、內務總長高凌霨、交通總長吳毓麟、司法總長程克、山東省長熊炳琦、直隸省議會議長邊守靖、京兆尹、劉夢庚等多方運用所促成。選舉會簽到議員五百九十人（按兩院全數為八百七十人），王正廷、呂復、王法勤、郝仲青、白雲梯、張我華、景定成等國民黨籍多人均未出席，浙江省籍衆議員邵瑞彭出席取得五千元賄款支票後，複印正反兩面，而於京師地方檢察庭告發，並通電全國揭露賄選經過。

我任高小教員兩年，月薪銀幣二十元，除個人生活必需費用外，節餘共計三百餘元。有此基金，乃於十三年（公元一九二四年）七月辭職，赴天津投考國立北洋大學及直隸省立工業專門學校，均蒙錄取，兩校投考者均約兩千餘人，均錄取九十名，前者為我第一志願，當然放棄後者，我註冊後於九月一日開學入預科第一年級受課，邁入夢寐以求的大學教育領域。

國立北洋大學的回顧

一、中國最早的大學堂

國立北洋大學誕生於前清光緒二十一年（公元一八九五年）。甲午之役，中國敗於日本，朝野憤激，益以歐美東漸，咸感興學救國，刻不容緩，津海關道盛宣懷倡議由津海關劃撥解部庫款籌設大學於津沽，以培植濟世人才，經北洋大臣王文韶轉奏，於是年陰曆八月十四日（公曆十月二日）奉准於天津海大道小營門外創設本校。九月間正式開辦，定名爲北洋大學堂（英文名稱爲Tien Tsin Unive Rsity）爲中國最早之大學。由伍廷芳與蔡紹基分任總辦，而聘美國名教育家丁家立博士(DR. Chas. D. Tenney)爲總教習。

光緒二十六年（一九〇〇年）庚子，義和團亂起，八國聯軍進犯天津，校舍悉爲德軍強佔，絃歌中輟，學生星散，僅有鐵路科四班及預科班二十餘人到上海南洋公學附讀，翌年簽訂辛丑和約，將天津小營門外劃爲德國租界，校舍淪爲租界之一部份。美籍總教習丁家立博士仗義親赴柏林，向德國政府力爭賠償，索得海關銀五萬兩，直隸總督署並撥武庫廢銅折銀二千七百七十五兩，至二十八年（一九〇二年）乃就津郊西沽武庫舊址重行建設，翌春落成，昔日武庫，一變而爲巍然學府。自此歷年添置設備，增建校舍，教學內容，日益充實，校譽蒸蒸日上，而爲全國學子所嚮往。丁家立博士奉命代辦美國駐華使館館務後，由王劭廉氏接任總教習。光緒三十四年以應時事需要，迭次資送尙未畢業之學生全班分赴美國與日本留學，深造不少專才。

民國元年更名爲北洋大學校，將保定的直隸省立高等學堂併爲本校預科，並分爲第一部與第二部，前者畢業後升入法科，以法文爲必修之第二外國語。後者畢業後升入工科，以德文爲必修之第二外國語。預科三年畢業。本科爲工科三年，法科四年畢業。民國四年趙天麟長校，以實事求是爲校訓。

趙校長於民國十年辭職，直魯豫巡閱使曹錕、直隸省長曹銳昆仲憑其軍閥威勢，擅以天津馮熙運繼任，惹起校內外同學維護校格風潮。民國十三年暑假馮氏去職，乃由教育部派劉振華接任。民元以來，國事蜩螗，教育頗受影響，本校雖處艱苦風暴之中，而傳統優良校風，並未稍墮。

民國十七年，國民政府試行大學區制，本校隸北平大學區，改名爲北平大學第二工學院，由茅以昇任院長。十八年春，校中主要大樓及高峙津沽之樓頂四面鐘塔不幸失火，工鑛及地質等重要設備，悉成灰燼，演成難以補償之損失，乃由庚款會撥款補助，另行建置。是年大學區制廢止，各院校恢復獨立，本校暫稱北洋工學院。十九年蔡遠澤長院，二十一年秋辭職，由李書田接充。二十二年完成工程學館（卽南大樓），與九個學術及水利機關合辦第一水工試驗所於天津。土木工程學系增收雙班，分爲土木工程組與水利工程組，同時停辦預科，以集中力量於本科各系之改進。二十三年與中央地質調查所，中國礦冶工程學會及中華民國鑛業聯合會共同舉辦全國礦冶地質聯合展覽會，琳琅滿目，搜集豐富，實開國內學術觀摩之先河。會後各種標本模型等，多留贈本校，以此火災損失，賴以恢復泰半。二十四年開辦工科研究所，先成立鑛冶工程部，分置採鑛工程、冶金工程及應用地質三門，開始招收研究生。首屆研究生於二十六年畢業，授予碩士學位。二十五年工程實驗館（卽北大樓）落成。二十六年完成恢復大學計劃及概算，同時就火後大樓遺址，籌建可容四百人同時閱覽之圖書館，藏書五十萬卷，其費用大部份來自校友捐贈。該館工程進行方及一半，而七七事變爆發，七月二十八日津沽淪陷，本校奉令遷陝，此本校第二度遭受帝國主義侵略之災害。

二十六年九月奉令與遷陝之北平大學、北平師範大學合組國立西北臨時大學，二十七年春，臨時大學遷陝南漢中，七月奉令將西北臨時大學工學院與東北大學工學院及私立焦作工學院合併改組爲國立西北工學院，於工科研究所之外，增設工程學術推廣部，至十二月齊集陝南城固縣屬古路壩，開學上課。

三十年十月，北洋校友藉中國工程師學會及各專門學會在貴陽集會之便，舉行臨時校友大會，一致主張復校，爲顧及政府困難，李書田提議先以私立名義實行復校，當經通過。輾轉接洽，於三十二年春經行政院准將浙江省立英士大學改爲國立，而將其工學院劃出獨立，依舊設置土木、電機及應用化學三系，以北洋校友捐款補助該院增加設備，定名爲國立北洋工學院，是爲泰順北洋工學院。並決定於戰後學生移赴天津北洋大學，設備則留交英士大學，俾恢復其工學院。

三十三年春，呈准於西安籌設北洋工學院分院，設土木工程與水利工程兩學系，十二月招生上課。各界捐贈圖書機械及建築材料，以是校舍及設備，乃略具規模。

抗戰勝利後，教育部於三十五年五月派茅以昇爲北洋大學校長，並將北平大學理學院撥歸本校。斯時泰順北洋工學院及西安分院員生均不辭千里跋涉，陸續來集天津本校。三十六年夏恢復研究所，並賡續進行圖書館之未完工程，進而籌劃法學院之恢復與管理學院之增設。三十八年初，因茅以昇校長久延不來，而教務長秉代校長金問洙堅請辭職，乃以校友張含英充任校長，其時華北局勢阽危，張氏到校後，已無可爲。

二、校園廣濶建築宏偉

本校初設校址，原在天津海大道的小營門外（卽梁園門外），庚子之亂後，前清光緒二十八年就西沽武庫全址三百五十餘畝，及所有房屋重建新校舍，校園廣濶，建築宏偉，峨軒曲廊，花木掩映。前臨北運河，後帶桃花堤，柳岸桃林，相夾成蔭，蔚爲津沽名勝之巨擘。整個校區，可以說處處有景，步步有花。校園的喬木灌木，藤木草花，乃至草坪苔蘚，均經匠心選擇安排。適物適所，花繁葉密，欣欣向榮。春天桃堤盛開的桃花，秋季無邊的楓葉，尤其姹紫嫣紅，絢爛使人陶醉，艷麗使人昏迷。北運河岸的槐花垂柳，桑榆紫荊，亦均配合成五光十色，相映生姿。從校前河堤沿環繞校園的小徑穿過遮天蔽日的茂密林木，雨天不見積水泥濘，雪天絕無積雪滑冰。兩層樓高的學生宿舍，圍繞着更高的蒼椿翠柏，星斗像掛在樹梢，日月光總經篩羅，校區景色，與國內各大學相比，別具形勢。且距天津市區較遠，有自然之風景，無都市之煩囂。同學課餘散步，假日野餐，或河邊垂釣，隨興所至，都屬幽境。置身其間，心曠神怡，實爲最理想的學術研究環境。人傑地靈，地靈人傑，相應而生。

三、學制與學科沿革

本校開辦時，全校分設頭等學堂與二等學堂，頭等學堂爲大學本科，二等學堂爲大學預科。以某等年級最高者爲某等第一班，以次爲第二班第三班第四班。每等四年合計修業八載。頭等學堂習專門課程，分設法律、土木工程、採礦冶金及機械工程四學門。課程編排與教材內容，悉以美國東方最著名之哈佛、耶魯等大學爲標準，故畢業生自第一屆起，即可逕入美國各著名大學之研究院。光緒二十四年（一八九八年）應京奉鐵路之請，增設鐵路專科，因庚子之亂，未及畢業，至新校舍落成，乃招集舊生及前水師學堂學生，補習普通學科，二年畢業，升入法律、土木、及採礦冶金三科。光緒二十九年（一九〇三年）爲應外交需要，附設德文班、法文班及俄文班。同時爲造就中等學校師資，招收師範班。外文各班四年畢業後停辦。師範班亦僅二年，即行裁撤，而增設機械與電機兩學門。光緒三十四年釐定課程，仍分法律、土木、採礦、冶金等學門。民國五年改正學年，以九月一日爲學年度開始。

民國六年，蔡元培先生出長北京大學，以德、法兩國大學編制，夙無工科，而北京大學與本校相距不遠，法工兩科互相重複，請准教育部於是年起，北京大學工科預科學生畢業悉入本校工科；本校法科預科畢業生悉升北京大學法科。民國九年，北京大學工科與本校法科卽先後停辦，此後本校遂專辦工科。此一變動，影響本校精神匪淺。蓋本校法科自有其專精之處，而法科圖書館藏書之豐富，並有名於時。我國法學外交與土木鑛冶工程各界名宿如王寵惠、王正廷、施肇基、徐謨、王世杰、金問泗、王寵佑、王正黻、徐世大、李晉、曾仰豐、周宗蓮、陳立夫、馬寅初等，均爲本校最早之高材生。

本校成立伊始，學制悉倣美國，自光緒三十四年以迄民國六年，工科本科改爲三年，法科仍爲四年，乃採日本東京帝國大學制度。民國六年復恢復美制，本科均增爲四年，而預科減爲二年。因法科之停止招生，遂將礦冶工程學門分爲採礦工程與冶金工程兩學門。民國九年暑假招生，因所定錄取名額限制（預科招收兩班共計九十名），而考生程度頗優，堪予造就者不少，另設補習班一班，肄業一年後，編入預科一年級。民國十四年，補習班停辦。採鑛工程與冶金工程復合，添設機械工程系。二十三年礦冶工程系再度分爲採礦冶金兩組，並增設電機工程系。二十四年，機械工程學系分設機械工程組，與航空工程組。二十七年本校遷陝南改組爲國立西北工學院後，本校原有水利工程及航空工程兩組各擴充爲系，計合各校員生編成土木、水利、鑛冶、機械、航空、電機、化工及紡織等八系。三十六年春，奉令於理學院停辦原有之化學、地質兩系，而維持數學與物理兩系。工學院則置土木、水利、建築、採礦、冶金、機械、航空、電機、化工及紡織等十系。就中除建築紡織兩系，係新增設者外，其餘均爲泰順與西安兩部份之原有基礎。

四、教學嚴格設備完善

本校教學以嚴格著稱。創設之始，卽有敎學謹嚴之風範，管訓亦極精簡。總教習丁家立博士始終以重質不重量之作風，慘淡經營，使校譽蒸蒸日上。繼其任之王劭廉博士學識淵博，蕭規曹隨，治校嚴明，貫澈始終，不惟學生敬畏若神明，卽中外教授亦莫不心悅誠服。各科系教授悉爲英美碩學權威及國內學術界大師，不但講授認眞，教學方法，尤具有創導性，自預科起全係英語直接講授。招收學生素質既高，各人咸能自覺自制，自信自重，研讀精勤，而對實事求是之校訓，篤實踐履，所謂蓬生麻中，不扶自直。以是本校不僅爲全國最早之大學，且自創始時卽躋於世界名大學之林，而爲全國學子所嚮往，從第一屆畢業生起，政教交通各界及工鑛事業機構，紛紛先期預約聘任，除就業出路甚廣外，每年總有不少人獲得公費或獎學金出國留學深造。民國七年國家三種考試之第一名，皆爲本校畢業生所獲得（外交官考試第一名徐謨，淸華留學考試第一名康時淸，法官考試第一名勵平）。

本校以工科肇基，各系教學以培養工鑛業所需工程人才爲主，鼓勵學生養成勞動與合作觀念，並培養其領導能力。十七年以後，尤側重於配合國家經濟成長，工礦事業發展需要，盡量與工鑛界合作，以期提高其技術與品質。

設備方面，本校創設原旨，側重工科，故理工設備，最稱充實，凡關理化地質鑛冶、土木、機械等科系所需圖書標本儀器以及各種探測分析實驗等器材，都是參照美國各名大學所有設備，盡量自美購置，並連年陸續補充，可云應有盡有；卽西文雜誌一項，經常保持一百餘種，且均爲世界理工權威等學術期刊。民國十八年未遭火災前爲全國工科設備之最完者。

五、北洋大學譽滿瀛寰

北洋大學聲譽滿天下，絕非誇張之詞，其所以享此盛名的原因，除其校史悠久外，無論校區環境，教學制度，學生習業等，都樹立了許多與國內其他大學不同的特殊風格，以實現其作育英才之崇高教育理想。

(1)北洋大學的精神，在其校訓中完全表達出來。本校以實事求是爲校訓。實事求是四字，起源於西漢時河間獻王（景帝之子名德）。事卽事物，是乃眞理，朱子所謂卽物窮理，亦卽科學家探求眞理的精神。本校的一貫精神，是以踐履篤實培養學生治學治事，努力弗懈，精益求精的至善風格，故全校師生不尙空談，春風化雨式的自然學習，修道鍊身式的深入硏討，說到做到，學以致用，身體力行，寧靜致遠。

(2)本校以樸實無華，刻苦節約著稱，這種質樸風氣，表現於學生們的衣食起居等日常生活，一般同學均衣著樸素，而怡然自得，絕無競逐時髦講求服飾的陋習。同學品評人物的標準，是德行學問如何，對於浮奢表現，反有不屑一視之意向。新生入學，間有少數衣履稍涉浮華，必爲大衆歧視，而受到精神上的制裁，藍布長袍爲多數同學的常服，西裝革履者甚少，在平津學生界北洋大學同學有藍衫隊之稱，崇樸尙儉，蔚然成風。

(3)本校建校精神，富有民主自治的傳統特色。民國八年五四運動學潮，本校在天津各校中實居於領導地位，全校同學激於愛國熱忱，曾與北京各校相爲呼應，在全國偌大風潮中，愛國表現，毫未落後，而校內讀書精研之自動啓發，無稍疏懈，以是風潮起伏，而良好學風，並未受到任何影響。

傳記文學第一八三期所載，陶希聖先生在蔡元培先生座談會中曾說：「北京、北洋、中國三個大學學風不同，學生態度也就不一樣。下課休息時，北京大學學生大家在一起，有說有笑，北洋大學的學生讀書用功，下課十分鐘，仍然在課堂內，中國大學的學生則吊兒郞當。」這種特色的形成，不能不說是多少年來，集中了許多國籍的學人，羣策羣力所致百花齊放，智慧與品德的結合，科學與民主的調和，自然與人力的調和，古今的調和，世界的調和，都能恰到好處。

(4)本校對學生的生活，特別注意，一向以師生共同住校爲原則，除學生一律住校外，擔任主要課程的中外敎授亦均有建設完善的眷屬住宅。校園部署分爲學校中心區，學生宿舍區，敎授住宅區，職工宿舍區，以及體育活動與其他學生福利設施區。學生宿舍每室兩人，有書架衣橱盥漱設備等，特設舍監負責學生日常生活輔導事宜，對於宿舍的整潔秩序風紀等，管理甚嚴，夜不歸宿，必須請假。伙食團就各地食習，分別組織，自由參加。每日三餐。早餐稀飯饅頭，午晚兩餐米飯或饅頭均四菜一湯（三葷一素），每桌六人，膳費每月最低銀幣四元五角，最高不過六元。沐浴理髮均有安排外，並設有相當充實的醫務室，照顧學生健康。

教科書每學年均由學校整批向國外訂購，學生有的付價購買，亦可照價酌繳押金，按期貸書應用，用後歸還。如願購留，則以八折付價，此對清寒學生濟助很大。

六、我讀本校時的瑣憶

我是個農村的孤兒，家境寒苦，能讀中學，已感幸運，再想深造，煞費掙扎。當時平津各大專院校除北京高等師範係純官費，本校與直隸省立工專費用較省外，其他年非三四百銀圓莫辦。我不甘落伍，且志於學工，當以本校與工專爲升學志願。爲了措湊資斧，於民國十一年夏由直隸省立宣化中學畢業後，任懷安縣立高等小學教師兩年，月薪銀幣二十元，剩餘近四百元。十三年暑期赴津投考本校與工專，均蒙錄取。本校預科報考者兩千餘人，僅收兩班共計九十名。（宣化中學畢業同學十餘人報考，只有我與李枝洪、馬旋濟、趙述四人考取）註册時，我以家伯父任小學教師十五年以上，免納學費，膳宿書籍等費，每年約需二百元左右，懷安縣政府年給獎助金一百元，自己負擔不過百元之譜。其時直隸省口北道宣化等十縣同鄉就讀本校者不下二十餘人，其中應屆畢業者爲王德滋、馬旋吉、臧贊鼎、蘇承蔭四人，肄業於預科二年級及本科二三年級者有王錦、孫仲箎、趙承基、曹鉉、吳凱、陳士驤、王之恕、王進修、柳鳳堂、李光蔭、李境、郭珠、陸汝祥、劉石生等，多屬宣化中學畢業之高材生，他們畢業於本校後，在工鑛界俱有相當貢獻與地位，我能厠身其間，不勝興奮。我讀本校期間，據記憶所及，有數事足述。

(1)驅逐馮熙運校長風潮

趙天麟校長辭職後，馮熙運以直系軍閥曹錕弟兄之支持，接充校長，聲望作風俱無足取，校內外同學莫不憤恨，民國十三年夏，發生全校罷課驅馮風潮，學生集體晉京請願，佔據教育部禮堂多日，非達目的不止，暑假後馮氏被迫去職，教育部派劉振華繼任，風潮乃息。學生總代表王天元、張志立奉部令開除學籍，王天元四川省灌縣人，改名元輝，入廣州黃埔軍校，畢業後，歷充北伐剿共軍職，抗戰期間，曾任四川省保安處長。張志立直隸省懷安縣人，轉學北京朝陽大學改習法律，歷任河北省高邑縣及陝西省靖邊縣縣長，民國三十年因靖邊縣保安隊投共叛變殉職。兩人品學兼優，才思敏捷，言語犀利，領導天才，尤稱卓越。如非爲護校犧牲，而竟其學工原志，其事業之成就，當不止此。

(2)張作霖召集天津大專學生訓話

民國十三年十月，直奉第二次戰爭，直系馮玉祥與奉軍預有默契，突自古北口班師回京，幽禁總統曹錕，組織國民軍，自任總司令兼第一軍軍長，胡景翼、孫岳分任第二第三軍長，以黃郛暫攝內閣（並將滿清廢帝溥儀驅離紫禁城）。直系變生肘腋，不戰而潰，奉軍入關，長驅南下，囊括直魯蘇皖等省，飲馬長江。張作霖親臨天津，駐蹕曹家花園（曹錕在津私邸，範圍廣濶，建築豪華），其時學生激於軍閥爭橫，兵連禍結，政局混亂，革命思潮，洶湧澎湃。張作霖特在其行轅露天體育場召集津市大專學生訓話。學生們在司令臺前列成方形的隊伍（男女分列）各校人數來的很多，並非對他表示熱烈歡迎，而是想一睹這個威風凛冽人物的廬山眞面目，因爲像他這樣顯赫的人物，在當時是一般人很難看到的。我以體格較低，列於隊前，他登司令臺後，大家遵照司儀官的喊聲，一齊立正，他以軍禮相答。他身穿長袍馬褂，頭戴黑緞紅頂瓜帽，前額帽緣鑲着一顆中指頭大的珍珠，那時還未設有擴音機，他講話聲雖不高，大家都能聽到。大家聽說他是綠林出身（或謂地方保衞團隊起家）一定粗魯驃悍，及見之後，不意長相非常清秀，身材不高，北人南像，頗有恂恂儒雅之風，沒有糾糾武夫之氣，那裏像長白山發跡之健兒，他的講話，主要是抨斥共產主義，他對共產主義並無深切的研究，他的反共，是直覺上的感應。他說共產主義是洪水猛獸，共產黨人言行都是騙人害人的，共產黨倡行共產公妻，沒收人民資財，廢除婚姻制度。言外他對蘇聯亦有反感（其時蘇俄正派加拉罕竭力拉攏，未得結果）。

張作霖於清末民初，以綠林豪傑崛起關外，際會風雲，寖假而綰領封疆，爲一方重鎭，當有過人的才智與不尋常的機緣。他最大成功的因素是用人唯才，不分畛域，寬厚馭衆，無間新舊，具有領袖條件。苟能始終善爲利用其所處特殊地理環境，聽從王永江、郭松齡等懇勸，保境安民，休養生息，專力發展東北經濟，不捲入關內政爭漩渦，陷入泥沼，進而順應趨勢與國民革命軍南北呼應，何至兵敗身殉，而名不彰，東北九一八事變或不至發生，整個中國局勢，亦或改觀。

(3)歡迎　國父

第二次直奉戰爭，直系失敗後，奉軍與馮玉祥軍會師京津，張作霖與馮玉祥電請　國父孫中山先生北上，共商國是，段祺瑞並派許世英赴廣州歡迎。國父原有莫斯科一行之議，至是放棄。於十三年十一月十日發表北上宣言，主張召開國民會議，及廢除不平等條約，十三日自廣州經上海順道訪日本，在神戶向歡迎他的新聞記者及政學各界與旅日歐美人士數千人講演大亞洲主義，希望說服日本朝野，使其相信強大統一的中國是對日本有利的。十二月四日抵天津，這個一代巨人的到達，使北方的革命志士與各界民衆興奮無比，以是津市工商各界及青年學生赴碼頭歡迎者約計兩萬餘人。國父立於船頭，脫帽與羣衆相見，羣衆高聲歡呼，登岸後下榻於日本租界張園行館。各界代表原擬於次日在法租界國民飯店正式召開歡迎大會，而以駐津法國領事嫉忌國父倡廢除不平等條約運動。多方阻擾，乃改在南開中學舉行。國父以病體不支，遵醫堅囑，未克蒞臨作政治演說，當派汪精衞、孫科等代表到會，由汪精衞致詞，說明　國父北來旨在討論統一國家計劃，促成全國統一，合力抵抗帝國主義的侵略，廢除不平等條約，建設民有民治民享的新中國，並謂　國父所創的三民主義，就是平等自由博愛的社會主義。汪氏擅長演說，態度懇摯，措詞神動，聽者無不深受感動。段祺瑞於　國父未到之前，已於十一月二十四日入京先就臨時政府執政，改組政府，利用張馮矛盾，坐收漁人之利。國父在津只與張作霖互相訪晤，十月三十一日扶病入京，所乘專車抵北京前門車站時，各界列隊歡迎，人山人海，約計有十萬之衆。

國父發表入京宣言及公開書面談話，主張召集以工農商敎及實業等人民團體代表爲主的國民會議。解決國是及廢除不平等條約。段祺瑞就職後，表示外崇國信，尊重對外條約，同時主張召開善後會議，並於十二月二日制訂以軍閥官僚爲主體的善後會議條例，與國父主張的精神，背道而馳。國父先寓北京飯店，因延外國醫生克利等多人診斷爲羅肝癌，乃入協和醫院作手術治療，不幸挽救無術，於十四年三月十二日逝世。政局爲之一變，三角同盟於焉告終。

(4)馮張戰役同學遭殃

民國十三年十月直系失勢，直隸省軍務督辦兼首長王承斌去職。奉系軍長李景林接任。十四年冬，馮玉祥與張作霖決裂，馮趁張作霖所部郭松齡軍出山海關反戈北攻，無暇南顧，揮師進襲天津，雙方激戰於楊村北倉間，李景林軍敗退至西沽本校附近的最後陣地。學生宿舍西大樓距桃花堤邊的散兵戰壕甚近，住西大樓宿舍的同學某君（忘其姓名）因中流彈死亡，另有兩人受傷，幸不嚴重。

(5)褚玉璞派兵搜捕黨籍同學

民國十五年四月杪，段祺瑞離職後，張作霖於十一月就安國軍總司令，入京組織軍政府，出任海陸軍大元帥，十六年三月六日突派軍警搜查北京交民巷蘇俄駐華使館，捕獲國共兩黨李大釗、路友予、高仁山等二十人，李大釗、路友予、高仁山均予絞殺，餘判刑有差，同時通飭所屬冀察魯各地軍政官署嚴緝黨籍嫌疑份子，直隸省軍務督辦兼省長褚玉璞遵派保安隊將本校包圍，指名搜捕，本校同學參加國民黨者約三四十人，周宗蓮、譚炳訓、程明陞等十餘人被捕，我剛入黨，適在南二樓製圖室製圖，承該室工友密告，見樓後四下無人，急由後窗爬出，滑下樓後葦塘，潛赴津市轉避北京，其他逃脫者，有張金鍔、劉玉書、曾廣志、楊鴻林、郎月蘭等，多被迫休學，人心惶惶，教學甚受影響。

(6)粗聆相對論學說

說到我讀本校，想起愛因斯坦（一八七九——一九五五），這個原籍德國猶太裔的物理學者，相對論發明者，早年學於瑞士，回德意志大學講學，被選為德國皇家學會會長，一九〇五年創相對論，世人側目，莫名其妙，一九二三年得諾貝爾獎物理學獎金，時年四十三歲，因納粹獨裁者希特勒排斥猶太人，一九二三年（民國十二年）應聘到美國普林斯敦大學講學（一住三十二年，終老於斯校，曾譏希特勒像一個觸電的猴子，但他不知什麼是電，也不知人和猴子的區別），他的後期著作，都是先在美國發表，美國的物理核子研究，領先世界，是與其歸化為美人有大關係。愛因斯坦於民國十一年（一九二二年）避難東來到上海，我國大學竟無一請其講演者，只有北京大學教授夏元瑮譯出了他的相對論淺說（民國十一年商務印書館出版），他自上海到日本，有不少大學請其講演，且譯其相對論原理講話，愛因斯坦全集四卷，不久也出版。

北洋大學化學教授美籍福拉爾博士（Harry Vic Tor, Fuller）亦學於瑞士（一九一二年至一九二七年任教本校），對愛因斯坦的相對論深有研究，愛因斯坦逗留上海期間與之過從甚密，他到美國普林斯敦大學執教後，彼此通信來往，不斷論道，我讀本科一年級第一學期時，福拉爾博士特於課餘選定了幾個小時，專力講解相對論原理，使我們的科學思想領域，頓然改觀，愛因斯坦一生不斷尋求眞理，他不僅鑽研科學，也常熱心探討哲學，強調宇宙自然界有森嚴的秩序存在，這種森嚴協和神秘不可能的秩序，亦卽一切宗教情緒的來源，相對論的影響，不只是物理上的學說，而在人生複雜的社會上有多方面啓示作用。奮鬥中的和協，抗拒中的規律，大自然界的森嚴規律與人生規律，冥合無間，也許成爲相對論的一部份。有些學人，去世越久，光芒越照耀，相距愈遠，聲色愈動人。他的勞心果實，永不磨滅，反抗暴力的勇氣，亦將長久不衰，實足代表人類史上一顆光芒巨星。愛因斯坦去世已二十三年（一九五五年四月十八日病逝，世稱原子之父），相對論問世已六十三年，我國近年也有了不少人和書介紹他與他的學說，民國六十四年（一九七五年）臺北編印的全國圖書總目錄，收有田渠著相對論（正中書局出版），潘石玉譯相對論是什麼（水牛出版社版），李榮章、王華譯的什麼是相對論（中華書局版），林爾康、魏元勳合譯狹義相對論（徐氏基金會版），吳大猷著狹義及廣義相對論（中華書局版），龔慶華譯狹義相對論（中華書局版），潘傑譯通俗相對論（幼獅文化事業公司版），相對論速成（王家出版社版），相對論入門（王家出版社版），張君勱譯德利希著愛因斯坦氏相對論及其批評（此係民國十三年譯本，初以中德文對照印行，原譯者杜里舒），邦第著林天生譯相對論常識，以上總計譯本在臺灣印行的有十二種通俗本重譯不少。今年（一九七八）三月北平宣稱愛因斯坦全部著作中文譯本共分三卷出版（據中共科學院副院長周培源在其所作的前言中說，四人幫當年稱他爲反動學術權威，相對論是一面黑旗）。中國對愛因斯坦的理解，比美國遲了五十年，不能不說是我國學術上的很大不幸。

(7)拉鐵摩爾教授的俄裔養子

北洋大學英文教授先後有兩個拉鐵摩爾，他們是同胞弟兄（記得他們是猶太裔美國人），故同學們稱之爲大拉鐵摩爾與二拉鐵摩爾（忘記那一個叫 David Lattimore）。他們都不熟諳中國語文，大拉鐵摩爾曾編有一部高級英文法（High English Grammar），商務印書館出版，內容着重造句圖解分析（Diagram）此書盛行一時，華北各地中學英文教師與高年級學生幾於人手一部。他於一九二一年（民國十年）暑假後，離北洋大學而到保定河北大學任教，年近五十歲。

二拉鐵摩爾獨身未婚，倡無政府主義，思想左傾，收養流亡天津之白俄孤兒，取名 Owen Lattimore（他的白俄父母生前於蘇俄十月革命成功後，隨帝俄將領謝米諾夫部隊被迫竄入外蒙古庫倫一帶，迨蘇聯紅軍追至外蒙擊潰謝米諾夫部衆後，逃離外蒙經東三省至天津度流浪生涯，習稱白俄），民國十三年至十五年間，他約二十歲左右，與我同班受英文課程，能操簡單華語，粗識華文。同學們都以小拉鐵摩爾呼之。在校與同學中左傾份子程明陞（河南省人）等頗爲接近。並聞與共黨份子天津工業專門學校之閻峻鐘、法政專門學校之王序青亦有交往（兩人均余同鄉，民國十五年多赴蘇俄）民國十四年至十七年間東北軍張宗昌部編有白俄騎兵旅，西北軍馮玉祥所部武萬義旅（武爲蒙古人）是由蒙軍與白俄混合編組的騎兵隊伍，小拉鐵摩爾常於寒暑假期分赴東北與歸綏寧夏各地旅遊，據說是訪問白俄親友。他的養父二拉鐵摩爾於一九二八年至一九二九年間患癱瘓症辭卸北洋大學教職，嗣離天津回美病逝。他回美國多少年，不得而知。

一九三三年至一九三七年，我國對日抗戰開始前。據悉他曾居留北平，與共黨份子國立北平大學法商學院教授阮銘琦（字慕韓察省懷安縣人，文化大革命前任內蒙厚和市長）、北平市立第二女中教員張更生（察省蔚縣人化名張蘇先後任僞察哈爾省政府主席僞最高檢察長與僞第一屆人大會常委兼秘書長）、清華大學學生康西恩（我的鄉戚，任中共國務院副總理及石油工業部長）等過從甚密（彼等爲作者同鄉同學，故得知之），他常往張家口及內蒙各地旅行，多由察哈爾省建設廳科長陳鳳桐（河南省內鄉縣人日本留學時與阮銘琦字慕韓同時加入共黨）陪導，並經該廳廳長張礪生（大陸變色後投靠共黨任中蘇友好協會會長僞政協會委員）介識內蒙盟旗卓王德王等。潛伏綏遠省府之烏蘭夫（蒙籍共黨任僞國務院副總理）及先後由西北軍馮玉祥部與孫殿英部掩護之共黨要員韓麟符即於此期與之結識。

民國三十一年（一九四二年）我在重慶中央訓練委員會服務時，有曾在張家口傳教多年兼主持基督教博愛醫院之美籍魏好仁者（Rev. Harace S. Williams）參加美國援華工作配屬於軍事委員會商震將軍主持之外事處辦公，抗戰前我在張垣任中學校長與之相識，在渝邂逅相會，不無他鄉遇故知之感。有次晤談中，他特意提及拉鐵摩爾言論偏激，態度失常，與反政府人士時相接觸（記得我曾向有關方面據情反映，未承重視），在渝訪問過周恩來和喬木（冠華）數次，及離渝返美對我政府有種種不利表現。此外，據我所知：

㈠拉鐵摩爾專研中國邊疆地區興趣不在歷史，而在現狀，摘譯中國人及日本人有關著作及文件，並於旅遊中摭採當地風土人情，寫成六本書，他絕非眞正研究學術專家。雖懂蒙古文，但不能寫作。

㈡一九三六年美國太平洋學會組團訪問蘇聯，拉鐵摩爾爲三位團員之一，受第三國際的幹部渥丁斯基要求他主編的「太平洋事季刊」支持蘇俄對亞洲問題的立場。太平洋學會蘇俄分會主持人莫提萊夫（V. E. Motylev）對「太平洋事務季刊」的編輯方針及內容也有種種提示，拉鐵摩爾則請俄國人多多投稿。

㈢拉鐵摩爾在莫斯科時，外蒙古宣布獨立，成立「蒙古人民共和國」蘇俄並即與之簽訂互助協定，拉鐵摩爾聞訊，欣喜若狂，立請美國駐蘇俄大使蒲立德建議美國政府承認「外蒙古人民共和國」。第二次大戰將近結束，拉鐵摩爾兩本小書和無數的論文及講演，反覆說明他對戰後亞洲形勢的見解，認爲亞洲各國人民，對於戰後政治經濟制度勢將景慕蘇俄，以蘇俄爲戰後建設的榜樣。國杜認爲他親俄如此狂熱，是否基於思想的左傾和其潛在的血濃於水的蘇俄民族意識。

㈣居里（羅斯福總統的行政助理，思想左傾）於一九四一年推薦拉鐵摩爾爲蔣委員長政治顧問，破例瞞過我駐美大使胡適而逕向宋子文洽辦，可能顧慮胡氏熟悉他的究竟，恐予阻礙。（國杜按胡適知拉鐵摩爾的底蘊，不只是以充太平洋學會中國分會主持人關係，而拉鐵摩爾於抗戰前在北平活動情形，他亦曉其梗概。）

㈤「一九四一年七月拉鐵摩爾晉謁蔣委員長之後，指定由時任立法院編審處長的謝保樵負責與之聯絡」。查謝處長是廣東省人。曾於民國十四年及十五年任北洋大學英文教授。與二拉鐵摩爾及其白俄養子小拉鐵摩爾熟識。蔣公委謝聯絡，是由於拉鐵摩爾的請求。

大學生活中的曲折片段

我在天津數年，天津街頭，使我觸目驚心的慘狀，就是流浪的白俄生活。猶太人流亡，是世界史上最動人的悲劇，白俄的流亡比猶太人更淒慘更曲折了。安土重遷的斯拉夫地主紳商，產業被共產黨沒收，親屬被殺戮，拚命逃跑，東來的，跑過我國黑龍江，從我東北原野到了北平天津，有的到了上海，或轉往美洲各地，他們逃脫了同族的階級鬥爭迫害，重新受種族、風習、語言、文字不同的歧視，饑寒交迫等種種痛苦。他們因爲祖先是資產階級，正如印度的吠陀與其他賤民一樣，永遠成爲賤民。（據傳民國三十八年中共佔領了平津後，流亡多年的白俄都由蘇俄押解回國，押入勞動集中營，過那終身不能自由的奴隸生活。）

民國十三年（一九二四年）元月二十日中國國民黨第一次全國代表大會在廣州開幕，　國父孫中山先生以總理身份任主席，出席代表一百六十五人，三十日閉幕，通過「中國國民黨總章」及對內對外政綱。設立國民政府，主張聯俄容共。共產黨李大釗在第一次全國大會中代表共產分子提出聲明：共產黨員之加入國民黨乃以個人資格加入國民革命事業，絕非欲將國民黨化爲共產黨，或藉國民黨名義作共產黨運動。

九月十六日第二次直奉戰爭爆發，直系統帥吳佩孚在山海關督戰，十月二十三日雙方戰爭正在激烈之時，直系馮玉祥部自古北口與胡景翼部潛行班師回京，聯合警衞京師之孫岳部發動首都革命，囚禁賄選總統曹錕於北京團城，迫使直系軍隊潰敗，吳佩孚經海路南逃，馮胡孫三部合作成立國民軍，由馮玉祥任國民第一軍軍長，兼國民軍總司令，胡景翼爲國民第二軍軍長，孫岳爲國民第三軍軍長。控制北京與冀豫兩省，推黃郛以攝國務總理攝行總統職權。清廢帝溥儀被逐出宮，馳往天津。

十一月十三日，　孫中山先生應段祺瑞、馮玉祥、張作霖等各方邀請離粵取道日本北上，發表宣言，主張召集國民會議及廢除不平等條約。十五日張作霖、馮玉祥推段祺瑞爲臨時執政。十二月四日，　中山先生抵天津，因肝疾復發，稍事休養，扶病入京就醫。因段祺瑞承認尊重列強不平等條約，　中山先生痛斥段氏代表。

祖母高太夫人於是年初夏逝世，享年七十六歲，詹於農曆十月十三日開弔，十五日出殯，我以戰事影響，交通阻滯，開弔之日，始行返里，祖父恐我難以趕回怦怦爲慮，見我回來，欣慰無似。

民國十四年（一九二五年）一月二十六日，孫中山先生病危入協和醫院接受手術治療，三月十一日病危，簽字於遺囑（按遺囑爲國父口授大意由汪精衛執筆）。十二日上午九時三十分逝世，享年六十歲。中外震悼，移靈中山公園，公祭數日後，靈櫬暫厝西山碧雲寺（北伐完成後，民國十八年五月二十八日奉安於南京紫金山之陽，卽今之中山陵）。

三弟國彬（字質生）於十四年（一九二五年）六月高級小學畢業後，遵祖父命到縣屬柴溝鎭習商，十五年春結婚，三弟妹任氏，長於三弟兩歲。從此家人增多，同居共爨，幸以先室柳氏爲人宏厚沉着因應得宜，二弟妹亦甚和善，至民國二十五年冬季分居，其間近二十年全家相處融洽，從無爭吵，博得鄉里稱道，實爲祖先陰隲之所賜。

國父孫中山先生於前清光緒二十年甲午（公元一八九四年創立興中會於檀香山號召革命，以「驅除韃虜，恢復中華，建立民國，平均地權。」主張民族革命，政治革命，社會革命，這是後來三民主義的張本。然而我們前一代的革命黨人深恨滿清政府的喪權辱國，急於完成興中會宗旨的前兩句，不惜毀家捨身，前仆後繼的以打倒滿清爲唯一志願，甚少深切研究其時中國社會的底蘊，而建立民國竟欲將新黨與舊派揉成一體，因之革命果實，爲帝制餘孽的舊軍閥袁世凱所竊取，毀法亂紀，摧殘革命勢力，民國徒具虛名，造成北洋軍閥十餘年的割據混亂。民國五年至十五年間對舊勢力深惡痛絕的有志青年，有的遵循　國父壯志，再謀革命，有的胸中雖尚餘有革命先烈爲國犧牲偉蹟的崇拜，而對殘存的革命黨力量，能否再起救國救民作用，發生懷疑，從而厭惱與躲避實際政治，趨向於新文化運動，如文字解放，家庭解放，婦女解放等。更向西方循求風範，由是一九二〇年來自英國提倡個人主義的社會哲學家比特林羅素，一九一九年至一九二一年來自美國灌輸實驗主義的教育哲學家約翰杜威，一九二二年來自德國闡揚生機主義進化論的理科哲學家翰斯杜里舒，他們都在南北各大學講學一年或兩年，對當時的大學生思想上發生了相當影響力量，同時中國一向根深蒂固的老莊式的無政府思想，在民國十年（公曆一九二一年）左右，也大爲流行。因而連類以及的將俄國巴枯寧與克魯泡特金的無政府的社會主義，也引來中國，有了信徒。蘇俄於一九一七年十月革命成功後，組立第三國際，輸出馬克斯主義的世界革命思想，北京大學教授新潮派陳獨秀於民國十年創立中國共產黨，一如其他的西方思想，同樣吸收信徒，總而言之，其時三民主義，自由主義，實驗主義，科學主義，民主主義，社會主義，工團主義，基爾特社會主義，無政府主義等等，分道揚鑣，各行其是。

我於二十歲左右，更顯關心國事，政治意識日益強烈，由於家庭與社會等種種刺激，我的思想甚爲急進，因對政治認識的一知半解，甚至一度近於左傾。我在北洋大學，雖攻工科，而於政論性的書刊，甚喜閱讀，爲了閱讀便利，並期賺些蠅頭微利，補貼讀書費用，代銷京津及上海刊行的政治與學術性的期刊，約有十種。如北京大學教授任鴻雋等所辦的努力週報、每週評論，周鯁生等的現代評論，陳獨秀等的新青年，周作人等的語絲，丁文江等的地質彙報、科學月刊，以及上海河海工程學校的河海工程月刊、新月雜誌等，都是適時而很有價值的高水準讀物。暑假期中，並曾閱讀魯迅的吶喊、徬徨、阿Q傳以及周作人、郁達夫、徐志摩的散文小說，這些新書，對我的觀念，不無影響。民國初十餘年，國家甫自帝王專制，鼎革爲民主共和，社會的結構與思想型態，尙在蛻變之中，新與舊的衝突，保守與進步的競爭，復古與崇洋的相互排斥，整個國家就像雜拌於一起的大鎔爐，多少年輕人爲追求自己的理想，在這大時代的衝突與鎔化過程中被犧牲了。

民國十五年（公元一九二六年）三月九日，國民軍爲保持天津安全，控制大沽海港交通，以水雷封鎖大沽海港，十二日，日本軍艦駛入大沽，與國民軍發生衝突，北京外使團受日本公使運用，向執政府段祺瑞提出最後通牒，限四十八小時內，停止抗戰，撤去封鎖。十八日，北京學生及民衆團體在天安門集會，向執政府請願，拒絕外使團爲大沽口我軍與日軍衝突事件之要求，執政府衞隊開槍嚇阻，槍殺羣衆四十餘人，傷二百餘人。造成所謂三一八慘案。這一事故，是青年羣衆熱忱愛國，內除國賊，外抗強權的反暴典型。北洋軍閥媚外圖存，企以大屠殺手段來摧毀民氣，鎭壓革命，但結果不惟自身在全國輿情指斥下，迅速潰敗，北方革命怒潮更一發而不可收拾。回想此事至今轉眼五十餘載，對於當時無數奮鬥犧牲的先烈，不勝感念。

四月九日北京警衞司令鹿鍾麟（國民第一軍馮玉祥部屬）因應民意驅逐段祺瑞，十五日國民軍退出北京，扼守南口，東北軍張作霖率師入京，自稱海陸軍大元帥，設元帥府於順成王府（前清王府，規模宏壯。）與直系吳佩孚棄嫌修好，直奉兩系聯合攻擊國民軍，並抵抗南方國民革命軍北伐。

北洋軍閥是袁世凱培養出來的，他們不時有袁世凱的幽靈附着活動，他們大略可分爲幾個系統，直系以曹錕、吳佩孚爲首。皖系爲段祺瑞部，奉系爲張作霖（統治東北）。吳佩孚於失敗再起，還能重整舊部盤踞豫鄂兩省，整個平漢鐵路線幾乎都是他的勢力範圍，該系後起之秀孫傳芳，以南京爲根據，囊括蘇浙閩皖贛五省，稱五省聯軍總司令，頗有作三國時代的孫吳之想，張作霖之爪牙張宗昌、褚玉璞等在直隸山東更是無惡不作，這些軍閥集團，縱橫捭闔，忽而火併，忽而聯結，爭城掠地，禍國殃民，非予剷除，國家難以統一，何望建設富強。

七月九日國民革命軍總司令　蔣中正在廣州就職，誓師北伐，九月十日進佔武漢三鎭，十一月初旬先後攻克南昌與九江。國民革命軍分路前進，節節勝利，勢如破竹。革命軍所過各處，秋毫無犯，民衆力表歡迎。

馮玉祥等部國民軍撤離京津冀熱後，據守河北省屬口北道的宣化等十縣，及察綏寧夏，陝西，甘肅，青海各省區，以設於張家口的西北邊防督辦公署爲軍政指揮中心，東南兩面受奉直聯軍猛攻，及閻錫山所部晉軍腰擊，陝西則有直系劉鎭華所率鎭嵩軍的進襲，可稱腹背受敵，晉北大同陽高天鎭等縣，沿控京綏鐵路爲國民軍東西聯絡咽喉之地，懷安縣毗接晉北，大軍雲集，所駐韓復榘、孫良誠、石友三、胡德輔等部步騎兵不下四萬人，爲維持軍風紀特派西北督辦公署軍法處長徐惟烈兼任縣長，每月在縣兩旬，到督辦公署一旬，徐年二十九歲，爲徐謙胞侄，思想前進，剛毅果斷，雖在軍書旁午之秋，對縣政建設，雷厲風行，不遺餘力，到任伊始，網羅大專教育知識青年組織孫文學說研究會，通俗講演社，話劇社，讀書會等，並剴切徵求地方應興應革意見，我因假期回縣，參加孫文學說研究會，應徵對農田水利與教育設施提供十大條陳，據記憶所及，約爲：㈠設農林傳習所培養農林技術人才，㈡擴充苗圃爲農林試驗場，㈢改進縣農會與鄉鎮農會之組織與業務，着重農事改進與推廣，㈣開築護城河上游水溝口至黑水河油房灘間橫貫西南兩區約二十里之惠農大圳，以利灌漑，而弭洪災，㈤擴展工業職校附設紡織工廠爲平民習藝所，利用本縣盛產大蔴苧蔴柔柳條、馬藍草（似臺灣大甲草）等，分類傳習工藝製作新術，推展農村副業，㈥籌設平民醫院，㈦縣城民衆閱報所擴充爲縣立圖書館，㈧籌建公共體育場，㈨改進縣立救濟院，㈩發動工商界投資組織長途汽車運輸公司，以利交通。上列各項設施所需的款，可於革除各項陋規，清理學田租賦等，化私爲公所得鉅資撥付，談到陋規，例如各項地方性稅捐招商包辦，向以洽議方式，由幾個有特殊背景的稅蠹連年廉價承包，飽入私囊，（彼等均與豪紳勾結）公庫損失甚鉅，學田租金佔教育經費之比數很大，有些學田，由豪紳低值承佃，而以高額轉租給農民，從中漁利，甚至仗勢揑詞屢年拖欠，成爲呆賬者爲數不少。徐縣長勵精圖治，首先認眞破除此類積弊，縣議員宗起元包佃東南部獅子溝學田多頃，高價轉租給當地農民耕種，多年欠繳庫租，抗不繳納，徐縣長票傳到署，曉以大義，限期淸繳，詎彼頑傲抗拒，不可理喩，乃以軍法式例，當堂處以杖刑八棍。勒飭於五日內納齊，違則依法嚴究。以此學田欠租，大都收回。包期屆滿稅捐，統以公告招標辦理，各機關營繕工程及大宗購置變賣財物，在一定金額以上者，辦理招標，比價，議價及訂約驗收驗交等，均須報請主管機關派員監視。當時好事者因有「宗議員恩典八棍，徐縣長痛削三藩」之諸聯，以爲諷示（下聯係指撤換某三個豪紳身份，尸位失職的機關首長而言）。徐縣長接閱我的條陳後，立卽函示定期到署面譚，並力邀膺任實業局局長，我雖堅辭未獲，只得勉強應命，（就職兩星期後奉到察哈爾實業廳長過之翰的正式任命狀），當卽決定以韓繼由師任總務課長，楊玉璇爲事務員，陳燮嘉（直隸省立保定農專畢業）、柳鳳巢（國立北洋大學預科肄業）、王廣仁（宣化中學畢業）爲勸業員，韓鏡藻爲苗圃主任，其他人事未動。就職後秉承徐縣長旨意，斟酌緩急，先就上述條陳㈠㈡㈤叄事，着手實施，農林傳習所先設農藝森林兩班，各招生四十名，二年畢業。校舍呈准以縣城西南隅之三泰廟（已廢的尼姑庵）興工改建，全廟三院房舍計六十餘間，前院爲辦公室及敎職員宿舍，中院設禮堂，敎室，標本儀器陳列室及圖書室等，後院爲學生宿舍與厨房膳廳等，爲時兩月大部完成，預定於九月中旬招生開學。農林試驗場係就苗圃擴充，酌增試驗場所，增置技士技工。平民習藝所由縣立工業職校附設之紡織實習工廠撥歸實業局設計改辦（仍兼工職學生實習任務）。第㈣項興築惠農大圳，亦屬實業局職掌範圍，玆事體大，邀集有關各方人士成立籌劃委員會分組研究設計。

九月十日左右，多倫南口與飛狐口等，被奉直聯軍相繼攻陷，冀察與晉北境內的國民軍西撤，徐縣長於九月十六日隨軍離縣，由縣署第一科李立成科長暫留代理縣務（李爲貴州省人），直系騎兵譚慶嶺旅與奉系馬占山旅共約一萬餘人分由南北兩面馳入縣城，馬占山部因與守衞城防的地方警衞隊發生誤會，捕殺青年宗治元、賈清風等十餘人，並拘押紳商張孝（民國初年曾任陝北勦匪司令）、焦璧等勒索鉅款，全城恐怖，爲繼庚子之亂，慈禧與光緒西狩過境，懷安縣城所遭第二浩刼。直隸省公署任命的仝世榮縣長於九月下旬到任，我任實業局長原爲暫時客串，絕非輟學從政，北洋大學開學，亟須到校註册受課，堅請辭職，未承照准，只允請假由勸業員陳燮嘉代理職務，乃得成行。我攻鑛冶系，實驗較多，課業甚忙。

民國十六年（一九二七年）元月十日祖父病逝，三十日出殯，先父與先母之靈柩隨由原葬處（庙寺坡）移葬祖塋。喪事完結，復請縣長准辭實業局長，縣長爲免地方派系爭執，依然慰留，囑於月餘囘局處理要務，縣議會與參事會亦以我立場超然，樂得維持現狀，相安無事。我爲繼攻學業，應付局勢，只好如此。

三月二十二日國民革命軍攻克上海，次日克南京。

四月十八日，國民政府定都南京。推胡漢民、張人傑、伍朝樞、古應芬爲國民政府委員會常務委員。並通令全國，肅清共黨份子。國民黨自民國十三年至十六年三月容共期間，許多共產黨員加入國民黨，並有不少當選爲中央執行委員與監察委員的，按黨員是要信仰三民主義，遵守黨紀的，但他們都陽奉陰違，表面上服從總理，實則聽命於莫斯科及第三國際駐華特派員的（例如馬林及鮑羅廷卽以此資格指揮中共工作。）這些跨黨份子，旣以發展共黨破壞國民黨爲最終目的，自必輕視總理的主義思想。他們利用唯物辯證法的矛盾發展，第一步是用國民黨招牌，做共產黨工作。第二步，是使國民黨共產化，並分化國民黨爲左右兩派，旣拉左派打擊右派，又吸收左派使加入共產黨或共黨操縱之所謂統一戰線，最後使國民黨歸於消滅。此爲第三國際對中共之指示，亦卽清黨以前，容共時期共黨份子混入國民黨內所習用的策略。

先是國民革命軍攻克浙江後，中央政治會議決議：中央黨部、國民政府於三月六日全移漢口，本黨第二屆第三次中央執行委員會全體會議在漢口舉行，爲共黨份子操縱，汪精衞被利用與共黨份子陳獨秀發表聯合宣言，允許共產黨共治中國。前赴武漢之各中央執監委發現共黨進一步圖併吞國民黨之大陰謀，蘇俄史塔林把持之第三國際，爲鞏固及伸張中國共黨勢力計，曾密令鮑羅廷等，施行下列各條：㈠排除國民黨諸領袖，而代以共黨；㈡編練農軍數萬人爲共黨親信軍隊；㈢准農民直接佔有田地（意謂不經政府，下令沒收地主土地）。（此項密令係由第三國際代表印度人羅易宣布）大家如聞晴天霹靂，大爲震憤，乃決定驅逐鮑羅廷及所有蘇俄顧問，並厲行清黨運動。

張作霖於四月六日命北京武裝警察隊會同奉軍憲兵隊入交民巷搜查蘇俄大使館，搜出關係蘇俄赤化中國之重要文件及國共兩黨機密文件，並拘捕中國共產黨李大釗（字守常），國民黨路友予、高仁山等判處絞刑。此後京津冀察各地大事捕拿國民黨與共產黨黨員，六月下旬北洋大學期終考剛完，突被警憲包圍，全校同學有黨籍的約四十餘人，捕去周宗蓮、劉玉書、譚炳訓十餘名，拘押數月，未獲確據，乃予釋放，我剛入黨，倖未被捕，從此列名黨籍的同學人人自危，暑假後休學或轉學者不少。記得程明陞轉日本早稻田大學，劉玉書南歸入中央軍事政治學校，陸汝祥考入稅務專門學校，孫仲篪、王錦考得郵務員。張金鍔、楊鴻林、郎月蘭等休學，我承中國大學副校長呂復先生（字健秋，涿鹿縣人，歷充國會議員，教育部次長，燕京大學中山大學中央大學教授，立法委員等職）的助力，轉入北京中國大學政治經濟系二年級，該校在西城祖家街，係前清某王府舊址（校長王正廷）規模崇宏房舍全為宮殿式的建築，校園假山憑水，花木扶疏，眞是富麗堂皇。政經系有不少的名教授，如周鯁生、許德珩、馬寅初、梁漱溟等，都是第一流的學者，北京各公私立大學教授上課，差不多都不點名，都有些清寒學生半工半讀，各科教材都是教授上課時，隨時發給講義，只要請假與缺課不到全學期上課時間的三分之一，學期考試各科成績及格，卽無問題。我以尙充實業局長，受課不到兩月，卽行回籍從公，適仝縣長去職，繼任縣長申振先蒞任月餘，調升農商部科長，新任縣長白象庚（字墨農，前清中式舉人北京國立法政專校畢業）學驗豐碩，誠正廉明，對我印象很好，我原擬於年底決意堅辭，在京找個家教或其他工作，比較妥適。誰料仍成幻想。我於缺課時各科講義承同學李士翹、張志曾兩人輪流代為領寄。到京受課時，不時覓機分赴北京大學文學院及法學院旁聽胡適講中國哲學史，柯劭忞講新元史，陳豹隱講經濟學，可容一百人的教室，不但座位均滿，而連講臺旁與窗門口亦均擠滿了人。這對我的治學與思想裨益很大。我本來是學工科的，轉學政經，而於文史哲學，饒有興趣，不能不歸功於我在中小學時的熟讀經史，與涉獵古今名著。我因研讀經濟學原理的引動，雖也閱覽些涉及馬克思主義的書籍，如恩格思的反杜林論。日本左傾學者河上肇的資本論入門與新經濟學大綱等譯著，但我對三民主義的信仰，毫無動搖。

我轉學中國大學後，居於北京的時間漸久，深感這個都市的人情風物，全國任何通都大邑無可倫比，她是歷史上千百年的都城（民國十七年北伐完成後改稱北平），分內外兩城周圍六十餘里，（內城四十里，外城二十八里）市區東西南北排列整齊，街道寬潤，美麗壯觀，即以中山公園門前與故宮天安門前的那段馬路而言，就有臺北市羅斯福路四倍寬。外國人把它與法國的巴黎比美，人情風俗至爲和厚，因近千年來政海人物來自全國各地，民商各界五方雜處，講人情，重禮貌，絕無諂富驕貧與排外風習，除東西南各城有大規模的市場外，每個街頭巷尾，都有日常生活所需的雜貨店，窮人生活亦相當安適，達官富商鮮有豪華的特殊表現，乞丐分區討要，不能越境，商人拿富戶的錢財以濟窮人的辦法，富戶認爲應該，住在這個都市的人們可以說是尊嚴平等，貧富咸宜。你在北平住久，固覺其很可愛，那怕你住了兩三天，你也終身忘不了它。北京人特別講究體面，一般人的衣着，都比較雅緻，故有家徒四壁，出門綢緞之說。這種習氣滿族人尤見顯著。以往只供帝王后妃遊賞或爲貴族顯要出入宴樂的場所很多，民國成立後，全部開放。其中名聞遐邇的城內有紫禁城的宮殿、北海中南海、太廟、中山公園、天壇祈年殿、先農壇、什刹海公園、雍和宮、白塔寺、隆福寺、白雲觀等、城外有崇敎寺、黃寺、龍泉寺、東嶽廟、孔廟、陶然亭等；西郊的萬牲園（舊稱三貝子花園）、清華園、頤和園（萬壽山）、玉泉山、湯山、西山八大處碧雲寺十三陵，潭柘寺、戒壇寺與香山靜宜園等都是規模宏麗各色人等遊賞散心的好去處。

北京人多喜聽戲，城內有許多舊式戲園（華北各地舊式戲院亦稱茶園，男女分座，女客均爲樓座，無論樓座或池座，都有放置茶具水果瓜子點心的設備，觀客邊聽邊吃邊喝，非常愜意，並有專人挨座供應擦手擦臉所用很清潔而濕熱的毛巾）如廣德樓、廣和樓、中和園、吉祥園、華樂園、三慶園、春和大戲院、哈爾飛大戲院、長安大戲院、富連成班等，都有名角出演，當時鬚生余叔岩，言菊朋，馬連良，楊寶森，潭富英，貫大元，高慶奎等；武生楊小樓，葉盛章，葉盛蘭，尙和玉等；小生姜妙香，花臉郝壽臣，李萬春，李少春，袁世海，侯喜瑞；丑角劉斌崑，旦角有四大名旦，梅蘭芳，程硯秋，尙小雲，荀慧生（以後有四小名旦李世芳、毛世來、宋德珠等），都是名噪一時的男性演員。此外城南遊藝園，常演的坤伶琴雪芳、雪艷琴、雪艷芳、孟小多、章遏雲、張君秋、新艷秋等，亦都非常叫座。當時的票價，大戲院池座最貴不過銀元八角，兩廊只四五角，（城南遊藝園兩三角錢）無論軍公敎或工商各界，得暇多喜出入其間，以資消遣。（據由大陸逃出的老坤伶粱某所說：大陸文化大革命期間，馬連良、荀慧生、梅蘭芳、尙小雲、程硯秋，都死得很慘。言慧珠、裘盛戎、蓋叫天被整死或被打死。）

北京的市場，像個大雜貨店，內裏任何東西都能買，還有雜耍場，眞是包羅萬象。故到市場去，都說是逛市場，東安市場規模比較最大，生意也最好。有戲院，且有多家飯館，如以上海的三大公司來比，正如小巫之見大巫。東安市場的舊書攤是我最喜歡的所在，我到北平讀書的時候，見同學們多喜買舊書，也嘗把書出賣，有時一本舊書比新書還貴。其次爲西單商場。

舊書舖也是故都的特色，它的組織，不只國內各地所無，世界各國也沒有，它除在櫃臺上售書外，裏邊屋中總擺着幾張八仙方桌，供人看書，頗有現代圖書館的情形，而且比圖書館還方便，想看何書，他就給送到桌上來。如你研究某事，記不清應查何書，可問舖中掌櫃的，他便可給你出主意，他舖中沒有的書，他可代你由其他書舖轉借，看書時想喝茶，學徒給你倒茶，餓時代你去買點心，常看書的熟人，有時不要錢他請客，看過後不買沒關係，暫借參考也可。

我於課餘之暇，喜逛遊藝場所，使我難以忘懷的，有後列幾個去處：

㈠琉璃廠，是北平文化故都的一個文化區。這一帶，原是明朝初年燒五色琉璃磚瓦廠窯所在，後來窯搬了，逐漸成爲街市。元、明、清三代以北平爲首都，爲全國人文薈萃之地，翰林院國子監的人，以讀書著書爲業者不必說，各級衙署的閒員冷曹，達官貴人的俊秀子弟，亦以讀書爲要。每年到京應全國性考試的生員學人，都要讀書。民國以後，學校林立，書籍的需要更多，全國各地典籍，自然向北平集中，都城內古本善本圖書的蓄積總量，年有增加，京都得文化學術風氣之先，何書流行，何書少見而有市場，馬上卽有人翻印編輯，不只中國的罕見書，就連歐美人講求遠東的絕版古籍，亦有書店翻印不少，故於巴黎、倫敦、羅馬、紐約、莫斯科找不到的西文漢學書，在北平可以廉價得到。琉璃廠書商人才輩出，文化服務能力與範圍，幾百年來，發揮了保存與流通典籍作用。把書有效的送到各種學術研究者的手裏，也有將很好的書，賣給外國人一去而不復歸，如美國國會圖書館，哈佛大學等圖書館的漢籍善本，日本京都大學、東京大學東方研究所，都是通過各大書局、廠肆商人買去不少珍貴的書籍。

㈡北平外城和平門前邊，以琉璃廠與新華街相交的十字街爲中心，每年農曆元旦至正月十五日，有每年一度的盛大別緻的廟會，習稱廠甸廟會，逛廠甸兒，幾乎是男女老少春節免不了的行事，這種廟會，是文化的遊藝，消閒有趣，老少咸宜，只要天氣好，總是人山人海，擠來擠去，熱鬧異常，大街上全是搭着蓆棚，掛滿了古今名人字畫，形形色色，大小長短，適用於各種廳舍、各等身份的人。新華街兩旁，在土地廟裏，琉璃廠兩邊街頭，主要是書攤，總計有一百家左右。這裏的書類複雜，價格高低不一。

走過琉璃廠橫街，再向南的新華街旁，就換了另一種地攤了，舊花瓶、舊屏風、舊掛鏡、硯臺、壓尺、筆洗、印盒、古墨、水仙盆、雨花臺石子兒、水假山、各式香爐、棋盤、棋子、各種如意（包括各色玉質、瑪瑙質、檀香木與硬木所刻製的）、煙盒、鼻煙壺、手杖等。如發思古之幽情，可覓王漁洋的端硯、何紹基的棋盤、慈禧太后的龍頭龍骨拐杖。

廠東門裏路北有座財神廟，爲珠寶、玉器、水晶、珊瑚、瑪瑙、翡翠、珐瑯、景泰藍等古玩裝飾品的臨時市場。前門外珠寶市及廊房頭條、二條兩胡同的珠寶店、古董行、乃至金飾舖，都要派人來設攤擺售。

㈢天橋，這是一般平民階級遊樂的地方。在此可以吃、喝、玩、樂，以較低廉的價格，得到需要的東西，滿足其生活趣味，摘要以言，（甲），先說吃食，天橋的飲食店，多是一間門面，傢具大多爲榆木擦漆紅色桌凳，飯食則是米飯、包子、餃子、鍋貼、餡餅、家常餅、花捲等。菜肴以燉羊肉、燒牛肉、罈子豬肉、爆羊肉、黃花魚、滾子魚、燉魚爲主。此外，小攤子則有灌腸攤子、爆肚攤子、豆汁兒攤子、酸梅湯及豆腐腦攤子等。天橋有「三王」，卽烤肉王，豆汁兒王，王家茶館，生意最好。（乙）、娛樂：⑴戲園子、歌舞臺、燕腦臺、樂舞臺等，都是演唱皮戲的。昇平茶園、吉祥舞臺、丹桂茶園、福仙茶園等是演唱秦腔與晉劇的。⑵坤書館又名落子舘：如河南墜子、唐山落子，不下十餘家，都是鼓妓唱崑曲的。⑶大鼓書棚：專唱整本大套的鼓書，分梨花大鼓、奉天大鼓、西河大鼓、京韻大鼓、梅花大鼓、八角大鼓等，這類唱詞，內容比較最爲高雅，俗稱說書的，多以闡揚忠孝節義的歷史或民間傳說的故事，或章回小說做題材，編爲唱詞，譜成曲調，透過絲絃的配合，再以鼓與檀板做節拍唱出來，想起當年在北平有「一代鼓王」之尊的老伶工劉寶全，他那高亢洪亮的嗓子，唱到警策神動的詞句時，音量可直衝雲霄，灌滿整個戲園，聲調深入每一個聽衆的耳裏，使得戲園內一時鴉雀無聲。做作身段表情也恰到好處，進退之間，一身是戲，而且不溫不火，絲絲入扣，眞成絕響。他的幾個有名的女徒弟如小綵舞、小黑姑娘、林紅玉、連玏茹、方紅寶等，和白雲鵬的幾個高足，都紅動一時。⑷評書場：有好幾處。評書的題材，有列國演義、三國演義、東西漢演義、隋唐演義、精忠傳、水滸傳、西遊記、金瓶梅、聊齋誌異、封神榜、彭公案、施公案、三俠五義，濟公傳等。⑸相聲（雙簧），是純粹北平玩藝，說得好的，一定是滿口京白，而且不時引用北平的土語。相聲講究說、學、逗、唱。逗就是北平方言所謂的「逗眼」。也有用其他各地的方言或土音來逗趣，那卽賣弄學的技巧。亦卽眞正像相聲。說相聲者口裏常說的有這麼一句話：「學點天上飛的，地下跑的，河裏浮的，草棵裏蹦的。」卽謂能學鳥叫、獸叫、昆蟲叫的聲音。我們常聽的口技，也就是相聲的一種。當年北平有名的相聲藝人高德明、緒德貴，而以學猴戲爲拿手絕招，演至妙處，眞使人笑出眼淚。他如常連安（綽號老蘑菇），其子小蘑菇都紅極一時，場場滿座。⑹魔術（變戲法），大賣藝、拉洋片、布袋戲等。這類拉耍園子或場子裏，演到精彩處，觀衆都是鼓掌示意，絕無聽怪聲叫好，偶爾如有突出的顧客情不自禁，或想出風頭，喊叫的聲音稍覺大一點時，四周的便會側目相視，這也是北平人傳統的生活規範。

民國十七年（公元一九二八年）五月三日日本派兵阻撓我北伐軍進入濟南，槍傷我軍民，發生慘案，外交特派員蔡公時亦慘遭殺害，世稱五三慘案。全國各地紛起抵制日貨。六月二日張作霖通電退出北京，四日專車回奉天（遼寧省舊稱）行抵瀋陽附近之皇姑屯被日人預埋的炸彈炸傷逝世。（十九日其子張學良就奉天省督辦，兼任奉天、吉林、黑龍江、熱河四省區的保安司令，十二月二十九日通電宣布奉吉黑熱四省區服從國民政府。）

查張作霖入北京後，被孫傳芳等推爲安國軍總司令，民國十五年六月正式就職，作殘餘大小軍閥的盟主，以大元帥名義控制北京政府，儼然以元首自居，力圖阻遏國民革命軍北上。但當明瞭革命潮流瀰漫全國，無法抗拒時，於十七年五月杪國民革命軍第一集團軍攻克保定後，下令所部奉軍總退却，通電籲請南北息兵罷戰，並表明尅日率部出關。此時日本深恐中國統一，一再表示願對張作霖作無條件的援助，請張勿將奉軍撤向關外，俾與國民革命軍繼續拚戰，但爲張作霖峻拒，故釀成皇姑屯爆炸事件。

六月八日至十一日，國民革命第三集軍（閻錫山爲總司令）、商震部與第四集團軍（李宗仁爲總司令）、白崇禧部先後進入北京，北洋政府至此結束，國民政府統一全國。北京改稱北平，直隸省改稱河北省，原設京兆尹所轄大興宛平等二十縣改隸河北省。

七月六日　蔣總司令中正偕閻錫山、馮玉祥（第二集團軍總司令）、李宗仁、白崇禧、吳敬恒等至北平西山碧雲寺祭告　國父靈。

東北軍（卽奉軍）敗退關外，懷安縣長白象庚隨軍出走，河北省政府派趙良貴（晉省渾源縣人）接任，縣府改制設財政、建設、教育、公安四局，建設局係由實業局所改，我仍任局長，人事未動，是年九月我任中國國民黨張家口市黨部秘書兼充察哈爾省立張家口工業職業學校數學教員，局長職務由陳燮嘉代理，年底奉准辭職，以陳員除。附錄實業局成績報告序：

實業局成績報告序（民國十七年三月）　韓　仲

爲事在人，非盡學也；成功視時，非由志也。非其時，雖后稷善播，不能多生一穀；非其人，雖周公善政，不能用以治新。故梁新會法學自雄，授以專政，而成效絕尠；有其學非其人也。法盧梭，民約創論，崇拜於後，而當世困辱；有其志非其時也。得時而論功，如水之行舟，鼓之應桴，得人而言事，如諸葛之長嘯，王猛之捫蝨。夫大體如是，小事何獨不然？中國謀振實業，興學二十年，人士非不多，歷時非不久；然而實業發達，除南通而外，寥若晨星，蓋由徒具學校資格，而缺乏毅力；或因國家蜩螗，而遇事敷衍。此各縣實業所由多不振也！仲自民國三年，任本縣高小教職，張君國柱適肄業於此；九年忝任校長時，張君亦卒業中學矣。及十五年張君由北洋大學返里，委爲本縣實業局長；余適自延慶高小言旋，余不文囑余擔任文書，而兼理事務，遂慨然有振興實業之志。故改苗圃之舊觀，而組農林試驗場；改機織工廠之虛糜，而爲平民習藝廠。又於城內西南隅古觀廢址，興建農林傳習所；正在鳩工築建時，而西北軍突退，鈔票化作廢紙，工以是止，未幾土匪蠭起，加以奉晉戰爭，財政益形奇窘。前後一年餘，進款未及預算之半數，時勢殆不可爲矣。而張君精心擘畫，猶欲爲於不可爲之時，今春將去年所試驗種植者，編印一書，以備將來之比較，名曰成績報告，即其所經營之一端也。倘後時局稍靖，經費裕如，其成效當不止此。！區區一縣事，尚須待時，豈人事之咎哉。（見懷安縣志）

農曆十月二十一日長男一山出生。

民國十八年春（公元一九二九年）國民政府明令原屬河北省的宣化、懷來、延慶、龍關、赤城、蔚縣、陽原、懷安、萬全、涿鹿等十縣，劃歸察哈爾省，原屬察哈爾的興和、豐鎮、涼城、陶林、集寧五縣撥歸綏遠省（繼將張家口改為省轄市，察北的新明設治局改為德化縣，並張北縣的東南與西南兩部份設為崇禮縣與尚義縣，此後察哈爾省全境為一個市十九個縣，八個蒙旗與左右兩翼及錫林郭勒盟）。

暑假後國璽弟考入懷安縣立初級師範學校，國彬弟考入察哈爾省立張家口師範學校（他們小學畢業後，均曾在商店充當過店員）。

至友張志立（字鶴挺）民國十七年夏畢業於北京私立朝陽大學後，應河北省縣長考試，名列榜首。十八年八月訓政學院受訓結業，奉委為高邑縣縣長，邀我擔任縣府秘書兼第二科科長佐理縣政，我既因格於情誼，義難固辭，同時冀察各地正鬧黨潮，汪兆銘（精衞）領導的改組派與中央派黨務工作幹部鬥爭激烈，波及各界，我以十八年三月當選為張家口市黨部執行委員，與兩派領導階層均無關係，為避免捲入漩渦，亦以走為上策。八月二十日左右我們在北平會齊，摒擋就緒後，於八月杪赴任，第一科科長淶源李化方，承審官（即司法科科長）定興溫香圃，亦均縣長考試及格新由訓政學院結業，我們都是三十歲以下的青年，志同道合，生氣勃勃，對於縣政應興應革事宜，戮力推行，績效彰著，我們察悉地方派系之爭，相當劇烈，因而決定以下自持與應付的原則：㈠對各派縉紳保持距離，免滋疑怨。㈡堅守立場，不畏強禦。㈢處事明辨是非，避免敷衍人情。古語說：「爲政不難，不得罪於巨室」。所謂巨室，有人解釋爲重紳望族，我們認爲應解爲沉默的大衆。據記憶所及，我在高邑縣政府佐政一年期間，有後列數事，值得提敍。㈠掃除毒梟，高邑縣城臨平漢鐵路，在石家莊南一百餘里（東漢光武帝平滅赤眉後，在此卽皇帝位）西郊火車站地區，爲海龍英毒品集散處所，冀南新河，寧晉，柏鄉，隆平，贊皇束鹿，堯山，南宮棗強等縣，毒梟經常出沒其間，賭娼猖獗，影響風化與治安，爲地方甚大危害。省府雖曾多年迭令嚴加取締，而以當地幾個土豪劣紳的包庇，有恃無恐。歷任縣長爲了息事寧人，亦復姑息縱容，迄未歛跡。我們到任後，以掃蕩毒梟列爲主要工作，經嚴密布置眼線，滲入毒梟內層，是年十二月杪，據線民密報，當晚某時有一批海龍英重約二百餘兩由石家莊於某次火車運到，次日凌晨某時在某貨運棧房分發，屆時縣長張鶴挺兄督同警察局白局長率領團警馳往圍捕，當場人贓俱獲，依法審訊後，報承省政府指令解送河北省警備司令部法辦，並蒙傳令嘉獎，冀南毒梟經此打擊，轉移陣地，聲勢頓衰。㈡取消鹽店陋規，當地食鹽係由包商向長蘆鹽運使署獨家承包購銷，包商稱爲鹽店，爲確保其長期承包權益，逢年過節例向縣政府各科局賄送規費名曰節禮外，並以豐盛酒席，邀宴各機關首要人員與地方縉紳，鹽店本身經常用度亦甚奢靡，凡此開銷，均附加於鹽價，冀南各縣鹽價特貴，我們認爲此弊，不僅有害民生，且於政治風氣影響亦鉅，爰於中秋節的前一週通飭各屬不得再有接受鹽店規費及酬酢情事，違則以貪瀆論罪，並分呈省政府及長蘆鹽運使署臚列鹽店積弊，請卽釐定合理鹽價，嚴飭遵照，不得擅定售價，加重人民負擔，並加強緝私工作。㈢改善獄囚生活：此項分爲⑴增加囚糧，⑵整建囚舍，⑶增設監獄書報閱覽室，⑷籌建囚犯習藝廠，㈣籌設大專院校助學貸金等。

民國十九年（公元一九三〇年）三月十五日西北軍首領馮玉祥、晉軍閻錫山與桂系李宗仁、湘軍唐生智等爲編遣軍隊，聯銜通電反抗中央，三月二十九日中原大戰爆發，七月十三日汪兆銘、閻錫山、馮玉祥等在北平召開擴大會議，推閻錫山、汪兆銘、馮玉祥、李宗仁等七人爲僞國民政府委員，閻錫山爲主席。

是年六月下旬我參加中國大學畢業考試，七月十日畢業典禮當晚假座西城忠信堂飯莊，舉行聯歡會與謝師宴，我的大學教育，總算完成，我回憶自幼飽經橫逆，能有今天，不得不歸功於我母培植的堅強意志，使我再三地燃燒自己以求塑造，再三地淬勵自己以求鋒利。以主觀的努力，克服客觀的環境，七月十三日遄返高邑，平漢鐵路以軍運緊急，普通客軍幾於每站停滯，候讓軍運列車，從北平至高邑整行了三天，我坐的三等客車內人物擁擠，行動維艱，大小便亦感困難，我於高碑店車站以銀幣一圓買了五隻熏鷄，權充三日的食品，免於饑餓。

三、教育生涯與黨政工作

筆耕與舌耕

十九年九月，任張家口察哈爾省立第一師範學校數學教員兼訓育處訓育員（並兼任文牘工作）。校長張季春（現任立法委員）、訓育主任常生耀字自有（民國二十一年暑假後任綏遠省立第二師範學校校長）都是我唸中學時的校友，彼此志同道合，合作無間。我教兩班數學，每週授課共八小時，訓育方面只是襄助訓育主任執行些例行工作，教學生涯，規律單純，甚適我的性格。業餘之暇，致力於讀書寫作，從此時起至民國廿二年十二月接長張家口塞北中學，約三年有半的歲月中，委實讀了不少的好書，也寫了不少的文章。察省府教育廳長高惜冰先生於民國二十年一月兼任察哈爾省民國日報社社長後為提高社論水準，特聘黨政文教各界人士十餘人，成立社論研撰小組，分期輪流撰寫該報社論，我應聘參加該組，每半月輪值寫社論一篇。這對我的寫作興趣與功力，給予很大的策勵與磨鍊。其時張家口有三家日報，另兩日報爲商業日報（受張家口市商會資助，着重工商經濟消息報導）及國民新報，後者社長爲陝西省渭南張文穆先生（兼充察哈爾省政府顧問及宋哲元所率第二十九軍參議），承其錯愛，也不時向我索稿，尤其於九一八瀋陽事變後，全國文教界呼籲抗日聲浪，響徹雲霄，我本抵抗必勝，妥協必亡之主張，發表時事論文數篇，引人注意。記得有兩篇是「當前國難的認識與努力」，及「國難時期的教育措施」分刊於民國日報及國民新報後得到許多作者的響應，發生了拋磚引玉的作用。

民國二十年（一九三一年）九月十八日，瀋陽事變發生，日本關東軍砲擊北大營，東北軍首領張學良在北平，當地駐軍未予抵抗，日軍佔領瀋陽，世稱九一八事變。十九日晨噩耗傳至張垣，適察哈爾全省運動會舉行閉幕典禮，如青天霹靂，不勝震驚。當時參加典禮的東北籍官員，至有痛哭失聲者。不久，遼寧，吉林，黑龍江，熱河四省（均爲東北軍勢力範圍）全爲日軍侵佔，次年（公元一九三二年）三月九日僞滿洲國在吉林省長春宣告成立，日本軍閥嗾使漢奸熙洽張景惠、臧式毅、鄭孝胥等擁清廢帝溥儀爲傀儡執政（民國廿三年三月一日僭號稱帝，僞年號康德）。

溯自張作霖雄踞東北三省，於民國十年前後，卽勵行建設，他胸襟曠達，知人善任，不分畛域，延攬各種專家學人，其重要實績：㈠興建在全國設備最優的東北大學，以高薪禮聘國內飽學之士充任教授，不惟爲國家造就了不少專門人才，並孕育了東北近代文明，氣象爲之一新。㈡興建瀋陽兵工廠，其規模宏大，設備新穎，不但獨步全國，日本當年亦為之不安，該廠可造步槍、機槍、手提式機槍、迫擊砲、鋼砲、手榴彈等武器，出品性能，除山西省太原兵工廠差可相比外，遠超中央所轄之漢陽與鞏縣兩兵工廠。日本佔領東北後，被其充分利用，分擔日軍武器補充責任，並裝備了許多偽軍。㈢興建包圍南滿鐵路包圍網，是以北寧鐵路關外段為骨幹，在日本所轄之南滿鐵路兩側，建築遙遠而包圍，但不形成平行的鐵路線，計西北側興建四條鐵路，予以連貫，是為西四路。東南側興建三條，連同北寧鐵路，是為東四路。東四路有長春至吉林之吉長路，吉林至海龍之吉海路，海龍至瀋陽之瀋海路。此三路以聯運方式與北寧路會合，直達葫蘆島。西四路以北寧路支線之大虎山至通遼之大通路為起點，並以通遼至洮安的四洮路，由洮安至齊齊哈爾的齊洮路，由齊齊哈爾至克山的齊克路，此四路亦以聯運方式通車。東四路與西四路完成後，使東北國有鐵路連成一氣，包圍南滿鐵路使其水洩不通。㈣建築葫蘆島港口。㈤浚渫遼河河口港及營口港。㈥經營大規模的工鑛事業，其重要者，如撫順煤礦、西安煤礦、北票煤礦、本溪湖煤礦。黑山煤礦、鞍山鋼鐵廠、本溪湖鋼鐵廠。大石橋鎂鑛、釜山錳鐵鑛。四平街煉油廠，遼陽水泥廠等。綜而言之，張作霖在日本勢力深厚之東北，與日人委蛇周旋，煞費苦心，對國家權益之保衛，立場堅定，從不稍讓。事過境遷，值得稱道。

張學良接掌東北政權後，為報父仇，對日本採取不合作態度，不但加緊建設日人最不滿意的東北鐵路計劃與葫蘆島建港工程，而且歸順中央，更與日人勢成水火，九一八事變之迅速發生，此亦因素之一。

是年寒假後，第一師範學校校長張季春兄因任中國國民黨察哈爾省黨部委員辭職，由胡子滔接充，訓育主任常生耀兄應任綏遠省立第二師範校長，亦離本校，前往集寧。我辭去訓育員職，專力教課，兼任省立農業專科學校經濟概要課程，兩班每週四小時外，並主編察哈爾省黨部所辦組訓半月刊（至民國二十四年夏停刊爲止）。我主持該刊編務後，刊名改稱「民衆」，編輯內容，酌予改善，除原來的時事論評，專載等欄外，增闢青年園地與科技介紹兩欄。各校師生與社會知識青年踴躍投稿，讀者激增，蔚爲盛事。

我執教察省第一師範與農專兩校，憶有幾事，值得提及：㈠啓發授教，獨立學習的教學方式。我初到兩校授課時，我在臺上講解，學生都在默默的俯首勾劃書中重點，或抄寫筆記，偶爾鼓勵他們發問討論，他們拼命的低頭躲閃，或相互顧盼，很少自動提出問題，或發表自己的意見，處處表現態度的消極與保守，這是我們多年來各級學校傳統的灌輸式教育造成的惡果，所謂學習，只是教師上課所傳授的一些知識，缺乏獨立自主的思考能力與信心。我讀北洋大學時，主要課程多爲英美國學者任教，他們的教學是師生每個人都有參與感，上課不是教授發問，便是學生提問題，以探討方法，引發知識的獲取。我覺得我們的授課與學習方法，非改善不可，不只是學生在課堂的學習要培養獨立思考的能力，即在課餘研讀，亦應培養獨立研究精神，我除極力鼓勵學生尋求問題，踴躍發問外，並規定課前預習，在幾次預習測驗中，發覺他們確實照行，據說每課預習，比複習更為認眞，漸漸都喜發問，而所提問題，多很具體扼要，研討結果，甚得要領。這對教學進行，增與不少效益。㈡鼓勵畢業學生升學深造。前此兩校學生畢業後，惟一出路就是充任小學及初級職校教師，鮮有升學深造者，兩校學生均享公費或半公費待遇，多屬家境清寒才學優秀份子，讀書勤奮，品行亦好，畢業後一生俯伏於窮鄉僻壤，埋沒不少英才，我與同事趙憲卿兄相機誘導他們深造的興趣，民國廿一年暑假後，農專畢業的范榮好、孫好仁等，考入河北省立農學院及南京金陵大學，師範畢業的宋玉藍、張雨人、柴淑林、賈寶元、楊凝瑞、雷震華、薛恭五、劉俊等分別考升北平師範大學，北平大學法商學院，高等警官學校，中央政治學校(國立政治大學前身)軍醫獸醫等校，兩校學生升學之風大開，抗日戰起趙之恒、劉恩、唐鴻業、孫瀛等多人流亡後方分別升入國立四川大學及西北大學與國立社教學院等校深造。抗戰勝利後，國防部牧馬場醫務主任劉俊、中央政校寧夏蒙旗分校校長薛恭五、察哈爾省教育廳社教科長孫瀛、省立畜牧職校校長范榮好、省立張垣中學校長趙之恒、宣化中學校長劉恩、合作事業管理處籌備主任雷震華、省參議會參議員兼省黨部委員宋玉藍、蒙旗福利委員會組長兼國大代表唐鴻業等，均能顯現才華，出人頭地。㈢勸導學生投考中央軍官學校。察省民風保守，冒險犯難精神尤嫌缺乏，青年從軍習武者，向不多見。民國二十年暑假期間，中央軍官學校第九期招考特於平津察綏分設機構，事屬創舉，察省各中等學校畢業學生觀望踟躕，不敢冒試，我與師校校長張季春、訓育主任常生耀兩兄剴切曉諭各生，為開展前程，報效國家，此乃有志青年大好機會，張師第十二及第十三兩班應屆畢業學生王殿弼、劉國憲、趙坤廣、劉福洪等十餘人領先報名，其他各校畢業生聞風紛紛報考。該期錄取察籍學生不下六七十名，自此以後中央軍官學校各期及其他軍事學校均有不少的察省青年參加行列。他們在抗日戰役，多有轟轟烈烈的勛績表現，僅以張師同學爲例，民國廿八年十月長沙會戰，我軍大捷，殲滅日軍四萬餘人，劉旭同學時任營長衝鋒陷陣壯烈殉職。廿八年二月五日劉福洪任空軍第十隊隊長伏爾梯機四架各帶十四公斤炸彈二十枚，轟敵軍集於山西運城基地機場之敵機，適有敵機二三十架在機場停列，炸毀約十餘架，回程以座機曾受高射砲擊傷，墜於陝西省臨潼縣境，機毀殉職（靈櫬運至成都後其遺孀悲痛逾恆自戕以殉）。大陸變色後，追隨政府播遷來臺之陸軍將校王士品、鄭崇城、王春祿、張翰俊、孫百昌、王佐、褚秀、申銘鈞等，空軍將官王殿弼、丁毅嚴、賀守庸等均係中央軍校第九期至第十二期之察籍同學。

察哈爾省政府教育廳民國十九年度統計全省各縣市高級小學畢業矢志升學學生不下兩千餘名，而省立中等學校限於經費，招收不及三分之一，毀志輟學者一千五百餘人以上，余與張季春、張景方、趙憲卿、武純仁諸兄感於多數青年學子之懷才失學，既深惋惜，外患危機之緊迫，禦侮圖強，莫過教育，爰於民國二十年暑假後發動紳商各界熱心人士岳增祥、喬嗜冰、胡子恒、程範菴、郭占鰲、郭堉愷、褚星五、楊振鐸、胡景文等協力創辦私立張家口塞北中學，邀集張家口各大戲院國劇名伶假慶豐戲院，合演義務戲四日，賺銀幣三千五百餘圓，作爲開辦費。詎料甫行籌備，而九一八瀋陽事變爆發，人心惶惶，進行大受影響，同仁等銳意經營於二十一年七月校董會成立。租用長盛大街裕成與裕隆兩大製鹼廠舊址，鳩工修改爲校舍，總計六個大院，第一院房二十八間，爲校董會與校務教務辦公室及部份教職員住室。第二院房四十四間，爲教室、禮堂、學生自習室、圖書室、博物標本與理化儀器室。第三院及第四院房屋共四十八間，爲學生宿舍。第五院爲廚房、膳廳、儲藏室及校工宿舍。第六院爲體育場與體育器械室等。呈蒙察哈爾省政府准予年撥補助費銀幣六百元，聘馮永陞君（國立北京大學畢業曾任中學教員）爲校長，八月中旬招生開學，民國二十二年一月三日日軍陷山海關，二月二十三日熱河省承德淪陷，察省受此影響，兵荒財困，募集基金至爲困難，是年四月馮校長突告辭職，我與省立張家口中學校長胡子恒以常務董事身份承推攝理校務。

書生平亂

馮玉祥於民國二十年秋及二十一年夏，先後離開南京，赴山東省泰山隱居。二十一年十月，忽從泰山命駕北上，駐張家口東山愛吾廬。蓋其靜極思動，念念不忘捲土重來，再得掌握軍權之機會，一抵張垣，即發通電，對於中央年來應付日本措施，多所指摘，適日軍於三月攻陷熱河，其時中央當局以頻年內戰，國力削弱，而共產黨正在湘、贛、閩邊區各地叛亂，日形猖獗，際茲內憂煎迫，準備未周，不能輕舉妄動，而冒與強敵作全面抗戰，以貽覆巢大禍，故寧忍辱負重，假樽俎折衝之外交手段與日本周旋，拖延時日，以充實力。此其苦心，亦有不得國人之諒解者。馮氏正是個中之突出的抗議人物，秉是不顧一切自行採取行動者。他趁察哈爾省政府主席兼第二十九軍軍長宋哲元奉命率師於喜峯口參加抗日戰爭之際，突於五月二十六日在張家口成立「察哈爾民衆抗日同盟軍」，自任總司令。接收察省軍政，圍搜察哈爾省黨部，該部工作同志被捕十餘人。二十日通電全國振振有辭，指斥中央政府不以眞誠抗拒日本侵略。各方失意政客與失勢軍人如王瑚、余心清、金典戎、張礪生、張允榮、方振武、孫良誠、席液池、吉鴻昌（受共黨宣俠父所誘加入共黨）等，並有共黨份子多人，羣集張垣。部隊號稱三十萬衆，實則糾集留察留晉之少數嫡系老國民軍，覊留於晉冀邊區之方振武、鮑剛部隊及東北抗日義勇軍流落於察哈爾的鄧文與馮占海等殘餘隊伍，連同在察強征的民兵，總計不過十餘萬人，有槍枝者，只八萬人，派別複雜，等於烏合之衆，軍政所需，悉由當地供應，橫徵暴歛，鬧得烏煙瘴氣，人心惶惑。

五二六事變發生之前夕，中國國民黨察哈爾省黨部委員張季春、紀亮、谷毓杰、王德溥及黨委兼教育廳長高惜冰等得訊，化裝密經山西馳往北平，臨行將省黨部印信密送第一師範教師宿舍交我保管。我於六月中旬，將大小印信三個，密携到平歸趙備用，張垣至懷來縣城間，為同盟軍防區，恐遭檢查，不無惴惴之感，至康莊後為中央軍龐炳勳部駐防，我才放心。留平週餘，適軍事委員會北平分會政治訓練處處長劉健羣、鄭介民正與張季春兄醞釀策動察哈爾地方武力聯合奮起掃蕩同盟軍叛亂。委張季春兄為察省別動隊司令，統帥各部起義進襲，與中央軍相互援應。張季春兄與察北地方武裝部隊首領如：曾任張垣警備司令之張誠德、察北各縣與蒙旗騎兵保安部隊王奉鈞、石玉山、曹俊、安華廷、穆蓋華（蒙人亦名穆克登保）等，夙有深交，各部總計不下兩萬餘人，均有強盛之戰力。我銜命回張垣，密與各部駐張代表聯絡，各代表中的重要人士宋復初、孟登瀛、曹贊禹等，我亦與有深交。嗣經軍分會指派上校參謀江雄風前來由我介引與彼等晤洽實況，密付派令後，張季春兄於七月中旬，携同軍分會所派參謀人員王某、李某等與我偕赴綏東平地泉（集寧縣治）與各部隊代表秘密集會並指揮各部遵照集議所定進行方略，在察北各地全面動員討逆，聲勢浩大。鄧文因受我等運用，允作內應，事洩，被馮玉祥派人暗殺於張垣妓館。

馮玉祥迫於外受中央軍及察北地方武力之威脅，情勢危急；內以所統雜軍，貌合神離，互相傾軋，指揮困難，無濟於事，不得不急流勇退。密電在滬親信薛篤弼（薛氏原即反對其在張垣謬行）、簡又文懇由立法院院長孫科幫忙斡旋，自動下野，同盟軍結束，中央不究既往。八月六日，馮玉祥通電，即日結束軍事，自動下野，察省軍政交回宋哲元。次日，同盟軍總司令部自行取消，宋哲元奉軍分會主任兼軍政部長何應欽命隨即遄返張垣，主持察省軍政。馮玉祥於十四日離張家口復回泰山隱居，一場暴風雨就此結束。

同盟軍變亂平復後，我們稍事摒擋，離平地泉東返，張季春兄與王李等赴北平向軍分會復命，我回張垣，過大同小住數日，遊覽該地附近之名勝。

大同自古為華北內外長城間之一大重鎮，在魏晉六朝時，北魏建都於此，後來又為遼金兩代的陪都，古蹟甚多，惜多毀圮，深刻人心的蘇武城，亦無跡可尋。城內只餘明代所建五色琉璃九龍碑，今尙存在，其大小形色與北平市北海公園所見者同。

大同城西三十里有雲崗石窟，爲中國三大石窟之一。其餘爲洛陽以南的龍門石窟，屢遭兵燹，已經殘破不堪。甘肅西陲之敦煌石窟，據說是土質的，惟有雲崗係在堅硬的石灰石絕壁上所雕鑿。雲崗爲武周山之一片斷崖石壁，過武周山卽可看到石窟，依山雕築，綿延一里有奇。該處雕作，分石窟雕刻與露天雕刻兩種。石窟佛龕大小計有六十餘處，大窟三丈見方，小窟有五六尺或一丈見方。而外崖露出之佛像，以釋迦牟尼的坐像最大，雕於石壁上，高達武周山四分之三，氣魄之雄偉莊嚴，無與倫比，如果爬上佛像的臂上，可藏身衣褶間，佛的掌心，可坐一人而有餘，估計約十餘人疊起方能觸及佛肩。此外，還有建築雄偉的廟宇，廟堂似爲三層高樓，廟中有似木雕或土塑的金飾佛像一座，高聳於殿頂，遊者攀登樓上，才能看到佛臉。沿山石壁外，建築飛簷殿閣，入內則到處是石佛，坐、臥、立、倚，大小形狀不一，而個個靈活神動，雕刻精緻美妙。許多石龕與石佛，歷一千五百餘年，大多保存完整，誠爲難能可貴之奇跡。

分析雲崗石刻的藝術價值，可分做裝飾意境的顯露與造像藝術的顯露，大小石窟佛龕，是有意識的收自身統一的效果，當是裝飾意境的顯露。其外崖露出的大佛，以尊嚴神奇爲主，當是造像意境的顯露。在南北魏時代，由於帝王之倡導，民衆大都趨信佛教，其建造之宏偉，爲歷史上罕見的勝迹，豐富奇麗，不但爲中華民族美術上的巨製，並具有國際聲譽，當不在義大利的佛羅稜薩與威尼斯之下。

雲崗石窟建於北魏神初（公元四一四年），到正光初（公元五二〇年）始全部竣工，共一百餘年，共動員了八十餘萬勞工。魏書釋老志：「雲耀帝，於京城西武州塞，鑿山石壁，開窟五所，鐫建佛像各一，高者七十尺，次六十尺，雕飾奇偉，冠於一世」。現在還很完整的雲崗西部五窟，正與釋老志的記載符合。

有許多學者認爲：雲崗石窟似與印度佛像無所異同。雲崗石刻固然是受佛教東來的影響，但此偉大藝術品的產生，仍應歸功中華民族本身，其中摻合了我國民族的特質，仍係中華民族精神的結晶。

大同縣西區的口泉鎮，距大同城約三十五里，平綏鐵路築有支線通達，爲華北最大之煤礦區，有規模宏大之鑛場數處，多以新式機器採煤，分煙煤與無煙炭兩種。鑛層深厚，產量甚豐，除供平綏鐵路沿線各地燃用並爲平西石景山煉鐵廠需要外，大量運銷於日本。山西省政府在此特設同煤總銷處，統籌煤炭運銷事宜。該鎮附近有水泥公司一處，爲山西省營事業，規模設備不遜於河北省唐山的啓新洋灰公司。

出長塞北中學

張家口塞北中學於抗日同盟軍變亂期間，內感經費之窘迫，外受政局之影響，成先天不足，後天失調之危急狀態。二十二年八月杪，聘張若曾(名希賢又字更生化名張蘇)爲第二任校長。引用共黨份子數人充任教務主任及英語史地等科教師（張爲資深共產黨黨員，國立北平師範大學畢業後，歷充察省蔚縣師範校長，陝西省立綏德中學河北省立保定女師北平市立第二女中，及察省宣化中學教員，抗戰時期，任中共晉冀察邊區政府委員兼財政處長，大陸變色後，先後任察省府主席，人民最高法院檢察處檢察長,第一屆全國人民代表大會秘書長等職），當年寒假稱病辭職。二十二年十一月二十日，李濟琛、陳銘樞及第十九路軍蔡廷鍇、蔣光鼐等，勾結共產黨與第三黨份子發動閩變，在福州組織僞「中華共和國人民政府」，棄國號，換國旗，將福建分爲閩海、延平、興泉、龍漳四省。國民政府派蔣鼎文率師討伐，於二十三年元月二十一日閩亂敉平。

我於二十二年（一九三三年）十二月二十日承推接充塞中校長，適當最艱危之秋，我秉不憂不懼謹愼謙沖埋首苦幹之決心，奮勇以赴，其時學校基金毫無，且有不少債務，學生三班，月支銀幣四百五十餘元，撙節挹注，煞費周章，蒙各界賢達張子元、喬嗜冰、岳增祥、張季春、程範菴、郭占鰲、王木天、徐介春諸公竭誠相助，先後募得察哈爾商業錢局股本五千元，張垣華北電力公司股票九十八張（每張股金銀幣一百元共計票面九千八百元），中法洗毛公司三十五股（每股一百元），康保寶昌商都等縣農田九千三百餘畝。各方捐資增購圖書五千餘册，理化儀器三百餘宗，博物標本多件。我一面籌集基金，一面改進教學。二十三年春季決定以好學力行知恥爲校訓，學生全體住校，實施軍事管訓。

民國二十三年（一九三四年）僞滿洲國溥儀僭號稱帝，我國民政府發表聲明斥責溥儀傀儡政權。

當日本駐屯軍參謀長酒井隆向我軍事委員會北平分會代理委員長何應欽要求中央軍撤離北平，罷免河北省主席于學忠，撤除河北平津省市黨部，調走北平軍分會政訓處及憲兵第三團，撤消抗日團體，調走駐平津地區的第五十一軍之際，二十四年五月三十一日日本駐察省多倫西北四十公里的阿巴嘎旗特務機關人員山本等四人，搭汽車前往張垣，六月五日下午抵張北縣城北門，因無護照，爲守衛軍士扣留八小時後釋放時在北平伺機逞其謀略的土肥原賢二便抓此事件爲藉口，聲稱是對日本軍人的侮辱，提出許多強硬無理要求，遂於六月二十三日迫立所謂秦土協定（秦德純與土肥原賢二）內容爲中國軍隊撤出張家口以北張北寶昌康保商都沽源多倫等地區，國民黨黨部自察哈爾撤出，禁止反日組織及其活動等項，自此察東察北廣大土地，淪於日僞的蹂躪之下。

日本軍閥侵華的一貫策略，就是所謂「以華制華」，利用漢奸建立傀儡組織，爲其看守侵略所得土地，鎭壓被其控制的人民。東北於民國二十二年成立僞滿洲國後，緊接着又喊出「華北特殊化」，希圖使冀察晉綏脫離中央，歸其操縱，成立各個地方獨立政權。日寇未料到冀察的宋哲元與晉綏的閻錫山，都深明大義，不爲所惑，不做漢奸，儘管日人竭力奔走活動，華北特殊化的美夢，終難成功，不得已退而求其次，先後成立兩個第三第四流的僞組織，殷汝耕在冀東的自治政府，與蒙人德穆楚克棟普爲首的「蒙古自治政府」。

先是民國二十四年（一九三五年）日本關東軍指使駐於熱河的僞滿軍李守信部（李爲蒙古人）進侵察哈爾省東北角沽源縣三四兩區，一面日軍又揑造豐寧事件（熱河西部毗隣沽源之縣）勒逼沽源縣長郭堉愷（曾任察省黨委及河北省廣宗縣長，現充監察委員）到第二區的一個小農村開會談判，郭縣長到達，備受侮辱，拿出一份預先準備好的文件，迫其簽字，並拍照影片多幀，以資宣傳。越日，李守信部以坦克車、飛機掩護，圍攻沽源縣城，郭縣長督率少數保安隊抵抗失敗之後，突圍出走，沽源就此淪陷。

日寇要成立蒙古僞組織，必須找個蒙古人以作傀儡，原錫勒郭林盟副盟長德穆楚克棟普（習稱德王）兄弟共有四人，長兄杭錦壽，曾任察哈爾省黨部委員，仲兄恩克巴圖，任中央委員，三兄薩愼齋，曾任察省府委員，都很忠於黨國，惟彼年輕浮躁，野心勃勃，日寇與之拉攏，一拍卽合。先擁之爲察哈盟盟長，民國二十五年春彼與僞軍李守信在日軍掩護之下，進佔察北的寶昌、康保、商都、化德、張北五縣，及錫勒郭勒盟與十二旗羣，以嘉卜寺（化德縣設治局所在地）爲根據地，成立僞「蒙古自治政府」，僞蒙政府並編了僞蒙古軍七個師，以李守信爲僞蒙古軍總司令兼第一師長（按民國三十四年八月，抗戰勝利後，蘇俄軍掩護八路軍進入察省，僞蒙疆政府主席德穆楚克棟普等狼狽南逃，馳往重慶悔罪求饒，民國三十八年四月杪，隨中央政府至廣州，旋銜命北返至綏蒙後，迄無消息）。

秦土協定後，日人氣燄日張，我憂心忡忡，如臨世界末日，學校開學前，携眷遊張垣東郊魚兒山，因作乙亥張垣秋日郊遊絕句二首，聊以誌感。

㈠今秋不似往年秋，野草繁花一徧憂，大好河山拋一旦，我當試問叫誰丟！

㈡秋來到處感荒涼，弱柳悠悠護草塘，商旅那知亡國恨，通橋雜踏馬蹄忙。（通橋是張垣市清河上的橋名）

民國二十四年（一九三五年）七月十日塞北中學第一班學生畢業典禮與創校三週年紀念合併舉行，察哈爾省政府主席宋哲元率同省政府秘書長楊兆庚，教育廳長趙伯陶，省政府顧問兼國民新報社社長張文穆，主任秘書柯昌泗等蒞校致訓，並巡視全校，激勵有加，除頒給「育才衞國」匾額外，並諭飭省庫撥款三千五百元補助購買校舍用費。本校當於是年暑假後以銀幣五千五百元將全部校舍收購，並擴充體育場與圖書室。十二月宋哲元主席奉調冀察政務委員會委員長，赴北平就職，張自忠接任察哈爾省政府主席，請准每年增加補助費一千八百元，共爲兩千四百元。自此學校經費基礎乃漸奠定，從安定中致力發展，二十五年底，擬具附設國學專修班計劃，招收高中與師範畢業學子進修國學，兩年畢業。呈蒙宋委員長哲元准於翌年暑假後招生開課，由冀察政務委員會撥款兩萬元作爲基金補助。詎料民國二十六年七月七日蘆溝橋事變，抗戰軍興，致成泡影。

自二十四年起中國共產黨民族先鋒隊份子（簡稱民先）滲入北平天津一帶中學及大專院校學生團體，利用抗日口號，煽動學潮，罷課示威，此伏彼起，瀰漫華北，察哈爾省各中等學校與農專學生於民國二十五年暑假後，亦由少數左傾份子操縱，先後騷動，情勢激烈，人心慌惑，我爲喚醒盲從，免爲利用，特對第一師範及塞北中學兩校學生以寧靜與堅強爲題，剴切致訓，略謂：「抗敵需要堅強的實力，充實國力有賴寧靜的社會基礎，衝動於事無補，只有自亂步驟，寧靜是強者內在的本質，是渡過難關的鑰匙，寧靜的德性憑以摒除雜念，蘊育智慧，使對己對人對活生生的世界等各方面的事物，都能以冷靜的頭腦去觀察，以理智去分析。堅強是意志力量的最高表現，是操守剛勁的有力證明，以實心做實事，認清目標，確立原則，固守立場，堅定志向，屢仆屢起，愈挫愈奮。心靈寧靜，任何打擊，不能動搖其定力；意志堅強，任何挫折，不能變更其決心。使寧靜含有堅強，使堅強寓於寧靜，則理智與情感，打成一片，寧靜與堅強互爲一體，這卽所謂穩紮穩打，打有把握的仗，才能戰勝勁敵，古語說寧靜致遠就是此義。」一師張校長季春兄亦以攘外必須安內爲題訓示。他說：「日寇多年處心積慮對我侵略，我們爲保持民族生命，維護人道正義，自由與和平而犧牲，自所不惜，但此一戰爭，爲彼此死拼長期全面的最慘烈的戰爭，中央幾年來含垢忍辱，虛與委蛇，是爲爭取時間完成統一，安定內部，充實國力準備抗戰，我們爲期抗戰必勝，應支持政府當前忍辱負重艱苦奮鬥的決策，使我們的國家能夠堅強的站穩脚步，經得起將來的狂風大浪，如只以搖旗吶喊，輕舉妄動，是救不了國家的……」。由此兩校學生深明大義，不與盲從，其他各校受其影響，聲勢衰頹，全省一致罷課運動，未得形成。

這年十一月四日國民政府宣佈實施法幣政策停止硬幣行使之緊急命令，卽以中央中國交通農民四行鈔劵爲法幣，並集中全國現金，增厚法幣準備，爲我國幣制史上劃時代之改革，奠定以後抗戰之基礎。所謂未雨綢繆，抗戰八年覩其實效。

二十五年十一月，日寇嗾使僞蒙古軍及日本特務機關卵翼下的王英匪軍（綏遠人）分路進攻綏遠省屬興和、豐鎭、集甯、陶林等縣，並由北部百靈廟、武川縣進襲歸化市，企圖一鼓作氣侵占綏遠全省，擴大僞蒙地盤。幸我二十九軍軍長宋哲元親率所部於北平附近，舉行大演習，以對抗平津日軍大演習；綏遠傅作義部第三十五軍迎擊由百靈廟南犯之敵，乘勝收復百靈廟，並策動僞軍安華廷、石玉山兩旅反正。（七七事變華北淪陷後，德王的僞蒙古自治政府升格爲類似僞滿洲國的組織，改稱「蒙疆政府」，擴大領域，將察南的宣化等十縣改爲察南省，綏遠省仍維原省名。又割裂晉北的大同等十三縣稱爲晉北省，以張家口爲首都。察南省長爲民國十年前後曾任懷安縣勸學所所長之李煥瀛。）

雙十二西安事變的原委：張學良於民國二十四年十月初奉令爲西北勦匪副總司令，設西北勦匪總司令部於西安，由張學良指揮，以負清勦陝北共匪之責。二十五年十月杪，蔣委員長中正到洛陽避暑，張學良、楊虎城與其他許多軍政要員都至洛陽祝嘏，十二月四日張學良復由西安飛洛陽請示。蔣委員長本已決定在西安召開軍事會議，乃偕張學良同往西安，駐節臨潼。陳誠、蔣鼎文、衞立煌、朱紹良、陳繼承等將領亦先後抵陝。不意張學良受共產黨蠱惑，竟與西安綏靖主任楊虎城勾結，突於十二日凌晨，命所屬劉多荃部至臨潼華清池招待所刼持　蔣委員長，移囚西安新城大樓，脅迫停止勦共。楊虎城部則負責封鎖西安。中央憲兵第三團及衞士，非傷亡卽被俘解除武裝。陳誠等十餘文武官員與陝西省政府主席邵力子同被扣押於西京招待所（中央委員邵元冲因攀牆外望，被守兵擊死）。中央得訊，明令討伐，並派何應欽爲討逆軍總司令，全國各界紛電嚴詞譴責。張學良受 蔣委員長責訓與精神感召，及舉國上下種種壓迫，首先悔悟，親自護送 蔣公脫險，二十五日飛經洛陽還京，舉國歡騰。十二月三十一日軍事委員會軍法會審，判處張學良徒刑十年。 蔣委員長呈請國民政府特赦張學良。二十六年一月四日國府明令特赦張學良，免除徒刑，交軍事委員會嚴加管束；褫奪公權仍有效。以此可見 蔣公不屈不撓的精神，與寬大容忍的度量。

四、對日抗戰

七七事變與察哈爾軍情

民國二十六年（一九三七年）七月七日，日軍突於北平前門外西方十五公里之蘆溝橋（橫臥永定河上的石橋，長六百公尺，十一孔，公曆一一九〇年所建，為北平南往保定的交通孔道。）演習，謊稱一名士兵失踪，夜半砲轟宛平縣城，我駐軍團長吉星文部奮起還擊，以必勝信心，揭開抗戰聖火，以銷自九一八以來的中華國恥，世稱七七事變。

這一事變，絕非偶然，是日本軍閥有計劃、有步驟的陰謀的整個暴露。民國二十年九一八，日本毫不費力將東三省吞略，六年來仍思沿用故技，控制華北，造成所謂華北五省明朗化，以政經侵略為前衛，以軍事侵略作大本營，而以分化我中央與地方為唯一手段。二十四年的河北事件與察北事件，二十五年的豐臺事件，都爲其侵略步驟。蘆溝橋扼平漢鐵路咽喉，當北寧、平綏兩鐵路衝要，不特爲北平命脈，且亦是冀察兩省的屏障，在鐵路未通以前，已爲往古兵家必爭之要地。宛平縣政府設於此間。蘆溝曉月爲故都八景之一。金代趙秉文賦蘆溝橋詩三首，其中一首說：「歷歷興亡敗局棋，登臨疑夢後疑非。斷霞落日天無盡，老樹遺臺秋更悲。滄海忽驚龍穴露，廣寒猶想鳳笙歸。從敎盡剗瓊華島，留住西山儘淚垂。」可見其形勢之重要。

日軍於七月二十五日起進佔團河、廊房、豐臺、長辛店、南苑等地，我守軍將領佟麟閣、趙登禹奮勇抗戰殉職。三十日宋哲元部第二十九軍撤出天津，八月四日北平失陷。七月十七日 蔣委員長在廬山談話會中報告蘆溝橋事變，正式宣布對日抗戰決心，謂臨最後關頭，只有拼全民族的生命，以求國家生存，再不容中途妥協，中途妥協的條件，便是整個投降，整個滅亡的條件。三十一日 蔣委員長發表「告抗戰全軍將士書，勉以驅逐日寇，復興民族。」八月十三日，上海日軍由江灣、閘北進犯市區，我軍奮勇迎戰，全面抗戰開始，是爲「八一三」事變。

察哈爾省境戰情

北平棄守之次日（八月五日）日軍即向察哈爾省的南口、獨石口、張家口各地分路猛攻。我軍在察省各處防務布署爲：㈠自靖安堡起，沿永寧、延慶、康莊至南口止，由第十三軍湯恩伯部王仲廉的第八十九師擔任，王萬齡的第四師置於沙城以北地區，爲預備部隊，策應各方。嗣調第二十一師李仙洲部，第十二旅石覺部及傅作義所屬陳長捷師的砲兵第二十七團陸續於八月中旬馳援懷來、康莊等地。㈡自龍關起，沿赤城至南寧疆堡、雕鶚堡，由第七十軍高桂滋部第八十四師防守。㈢察西自萬全縣屬洗馬林，沿神威堡，常峪口，東迄關底村，由察省主席劉汝明所率第一四三師及其附屬暫編部隊夏子明等部擔任，主力控制於宣化、張家口。

南口方面：日軍於八月七日開始以步騎砲聯合部隊，由北平西三十餘里之沙河鎮向昌平縣城前進，八日向我得勝口第八十九師五三〇團陣地進犯，被我擊退，此乃敵軍全力進犯我平綏鐵路線大戰之序幕。敵一面以空軍廣泛轟炸南口、懷來、宣化、張家口各地及平綏路沿線火車路基、橋樑等，並在其他方面以斥堠隊數股，潛至張垣以西之孔家莊、郭磊莊、柴溝堡一帶，伺機襲擾，企圖破壞平綏路運輸，但屢爲我劉汝明部署的鐵路警備隊所擊退。進攻南口線的日軍指揮官爲板垣征四郞，曾任日本關東軍參謀長，是少壯軍人的激進派，對南口之戰，曾有一舉而擊潰我軍湯恩伯部隊之狂想，所率進攻南口的總兵力爲酒井、鈴木、岸邊等部計兩個半師團，共計七萬人以上，附屬各種大砲約三百門有奇，並另有航空隊及戰車隊，協同地面部隊攻戰。自八月八日起，迄二十六日，在得勝口、南口、居庸關、橫嶺城、永寧鎭、延慶城等處，與敵作了近二十日之激烈的拉鋸式的高度陣地爭奪戰。其間八月十三日至十五日南口、居庸關之戰，十七日至十九日及二十一日至二十三日橫嶺城地區，黃老院與八五〇高地之戰，敵在機砲步騎協同之下，橫衝直撞，如潮水般的排山倒海向我陣地猛攻，敵我鏖殺，血肉橫飛，慘烈之甚，無以復加。獨石口方面，由德江斂雄所率僞熱河教導隊進犯，被我高桂滋所部迎擊，死傷甚衆。我軍各部在敵人優勢砲火飛機轟炸、毒氣危脅之下，勇往直前，爲國效命，官兵捐軀殉國者一萬二千餘人外，其倖存者，亦均疲憊傷殘，不堪再戰，亟需整補，至九月二日各部奉令分別轉進涞源、蔚縣、廣靈一帶，集結整補，繼續奮戰。蘆溝橋事變發生之初，日本陸軍大臣杉山元曾向日皇裕仁奏稱：「解決整個中國事件，用不了三個月以上的時間。」南口戰役，激戰持續了三個星期，實出乎其意料之外。

察北與張垣方面：日軍指揮官河村輔射率其第一師團全部及長春承德兩守備隊（日軍一師團相當於我國一個軍的兵力，加以裝備優良，並附有大砲與坦克車，其戰鬥力遠非我一個軍所能及。一旅團相當於我一個師。所謂「守備隊」則爲一個聯隊，相當於我軍一個團），部署於張北縣一帶，準備分路進襲張家口與萬全。劉汝明主席奉令與傅作義所派陳長捷師會攻張北，以解張家口之危，劉部保安第一旅馬玉田率部正在激烈攻戰情勢緊急之際，而陳長捷部轉援南口。馬旅孤軍苦戰，於八月二十日攻佔張北外圍之玻璃彩等重要據點。敵軍迅調駐於熱河的兩個摩托化旅團——鈴木旅團與本間旅團並續增一個機械化旅團及以汽車牽引的榴彈砲一個聯隊參戰，此一優勢敵軍到達張北之後，不稍休息，即以步兵兩聯隊、戰車三十輛，在十二架飛機掩護之下，向馬旅瘋狂反撲，我軍僅以輕機槍、手榴彈、步槍與之對抗。二十一日午時馬旅長壯烈殉職，官兵死傷五百餘名，玻璃彩據點陷敵，我軍退守張北城南五十里之神威臺（距張垣八十華里，在萬全縣城北四十華里）。敵軍於次日整天以飛機大砲向神威臺猛攻，繼以李守信僞軍爲前驅，向我陣地進犯，遭我地雷炸斃甚衆。二十三日敵又以戰車協同步兵兩聯隊在飛機與大砲掩護下猛撲，我軍浴血抗戰，以手榴彈炸燬其戰車八輛，彼此傷亡均重，激戰至二十三日午夜，神威臺淪陷。我步兵營長王憲純、李華林，迫擊砲營長宋志高陣亡，其餘官兵死傷過半。敵軍於進犯神威臺之同時，並進攻萬全縣城。該城至二十四日晨西北兩面受敵，我軍僅有一個加強營扼守。四門緊閉，我以手榴彈向城下投擲，並以槍射刀刺對付使用雲梯爬城之敵軍，敵軍死傷慘重，我舒效孔營長壯烈殉職，殘餘官兵亦以彈盡援絕，犧牲殆盡，下午三時萬全城陷。日軍入城後，殺戮無辜，姦淫擄掠，慘無人道，令人髮指。

日軍攻陷萬全城後，即以一個步兵聯隊與砲兵大隊，向張家口進犯，劉汝明飭劉廣信團於張垣西十八華里之山隘陣地加強工事，一端依托賜兒山，另一端依托水母宮附近高地，憑藉地利，以禦抵抗。並令張垣以北的汗諾壩守軍注意工事之堅適，同時親臨指示機宜。張垣老弱婦孺開始疏散，敵機對難民低空掃射，死亡甚衆（敵機於八月中旬即不斷飛凌張垣上空偵察、投彈，二十日下午察省府以東附近之營城子，上東營被炸，建設廳職員康世俊、邊松亭、鄭炳如與該廳張礪生廳長之長子張敬銘適在邊寓玩麻將牌消遣，警報聲響，躱入院中所挖防空洞避炸，洞被炸塌，均遭壓死。）。二十四日午敵軍以大砲向張垣以西陣地的西山口猛轟，同時以兩個聯隊攻佔張垣西三十里之孔家莊，此時張垣腹背受敵。我防守賜兒山南面陣地之劉田團奉命以疾行軍向由孔家莊東來之敵，施以腰擊，我踞高臨下，以機步槍與重迫擊砲齊發，炸燬敵戰車十六輛，手榴彈爆炸之後，血肉橫飛，敵軍措手不及，進退兩難，造成重大傷亡。但我砲火不如敵軍，戰況漸趨不利。劉汝明趕派卡車二十輛，將西山口方面的預備隊一團向孔家莊增援，以解劉團之危，車經市區，在大街上，一個拐角處，有一老婦行於街心，駕駛兵急剎車讓路，因速度過大，又是轉彎處，卡車傾覆，士兵死三人，傷二十餘人，通路阻塞，後來之卡車不能前進，爲清理覆車現場誤時，迨該隊接近戰場時，劉田團長已壯烈殉職，其餘官兵傷亡一千三百餘人（抗戰勝利後，搜得日軍情報資料，該故意阻車前進的老婦，乃是日本女間諜川島芳子化裝——按川島芳子爲遜清貴族肅親王善耆的女兒。辛亥鼎革後，善耆寄居旅順，爲宗社黨黨魁，密謀復清運動，將川島芳子送與曾在滿清時訓練警察之日人川島浪速爲養女，後嫁於內蒙古公爵巴布扎布的次子甘珠爾扎布爲妻。巴布扎布死後，她與甘珠爾扎布離婚，前往日本，而爲參謀本部間諜。不只能操華語、日語，亦能說流利的蒙古語。不時潛來上海、平津、內蒙、張垣。且擅於化裝，有時裝爲千嬌百媚的蒙古郡主，一變而又成爲風度翩翩的少年郎君，甚至行乞街頭的丐婦，逃避烽火的女學生，相機變幻，神出鬼沒，令人難以捉摸。）

二十五日晨，日軍以砲兵及飛機掩護一個步兵聯隊，向我賜兒山西山頭陣地猛犯，賜兒山童山濯濯，俱是岩石，難以構築堅強工事，敵我經過四次失而復得的拉鋸激戰，雙方死傷均衆。我至第五次失而復得時，擊斃日軍大佐指揮官一名。二十六日晨，敵軍的步、砲、空又來協同進攻，我軍拼死抗戰，中午，我劉居信團長受傷，奉令退守八角臺，敵軍跟踪進攻，我李金田旅長率領李鳳科與溫得恒兩團，由東營房增援，八角臺在援軍未到之前，早已陷落。劉居信團全部殉國。李金田旅長指揮李、溫兩團奮勇反攻，銳不可當，戰至下午四時，終將八角臺陣地收復。八角臺經連番激戰，血痕斑斑，草木含悲。

張垣迤北四十里之汗諾兒壩線，敵軍雖不斷發動猛攻，因地形險峻，我軍工事多依山洞構成，不虞敵軍轟炸及大砲轟擊，使敵屢攻屢挫，難以得逞。二十七日晨，敵軍以密集砲火與飛機掩護步兵，再攻我八角臺守軍。雙方短兵相接者再，終以我軍傷亡重大，八角臺重陷敵手。敵在八角臺架設山砲向張垣市區省政府所在地轟擊，省府落彈三十餘枚，省府官員早經疏散，僅傷衞兵一人。戰爭局勢至此，我軍已無餘力再向賜兒山反攻，且張垣對外交通，除往宣化的公路外，通往其他各地的鐵路、公路，均為敵軍截斷，而維護宣化至張垣公路的常峪口，亦有敵軍數千，附大砲四門，正向我防守常峪口的保安團進攻，如此路亦被切斷。我軍陷於四面受敵之困境。劉汝明認為大勢已去，只得宣化轉進。張宣各地公教人員及中等以上學校學生，也都懷着沉痛的心情紛向後方逃亡。（我軍轉進時，敵機於察南各城鎮，低空掃射、投彈，居民紛向鄉村逃避，狀極淒慘。）

八月二十二日中國共產黨宣言服從國民政府，參加抗戰，二十五日軍事委員會發表收編共軍命令，任朱德為第八路軍總指揮，彭德懷副之。林彪、賀龍、劉伯誠為師長。九月二十二日中共宣言共赴國難，向國民政府提出四項諾言：㈠為三民主義而奮鬥，㈡取消暴動政策，㈢取銷蘇維埃政府，㈣紅軍受編為國軍，歸軍事委員會統轄。

張垣淪陷倉卒西奔

我自到張垣服務後，例趁暑假機會，於中元節回鄉掃墓，藉以訪候家鄉親友，八月十二日偕國彬弟旋里（先室柳氏携一山兒於七月下旬先回）。國彬弟因事於十九日先返張垣，日軍侵佔平津後，卽大舉向察哈爾省進攻，張垣及察南各地頻遭日機轟炸，張垣於二十六日失守，日軍節節進犯，柴溝鎭與懷安縣城危在旦夕，城中人民紛向四鄉逃避，我於二十八日晨携一簡單衣物包裹與兩錢重的黃金戒指一個，及交通銀行鈔票二十七元，偕友人柳鳳藻（字鑑菴任懷安縣立師範教員）與國璽弟及妻子揮淚訣別，徒步西走，行五十餘里至山西省天鎭縣屬盛家莊，天已黃昏，在張垣經商之盛君家中留宿，其時天鎭全境肅奸甚嚴，來歷不明者，民商各戶均拒收留，我倆與盛君均不相識，只以盛君知我姓名，見我名刺，故敢留宿。

二十九日冒雨驅天鎭火車站，天鎭至大同之客貨火車都已停駛，站臺秩序混亂，適有晉軍第六十一軍軍長李服膺之專車一列停着，準備開往大同，在車開之際，我倆不顧其守衞官兵之威阻，奮勇登其守車，當晚乃至大同，三十日往大同西三十里之口泉鎮，下榻於堂妹丈趙福多君開設之天興合煤棧，承其優渥招待，休息數日，口泉鎮爲晉北煤炭產銷總滙，附近大規模的煤炭礦場多處，大炭與無煙炭產量甚豐，運銷於平津與日本，並有水泥公司，產量亦鉅，懷安縣同鄉在此經營煤炭商棧多家，營業多甚興隆。九月四日聞張季春兄已到歸綏市（綏遠省會）住綏遠省立第一師範教師宿舍，乃往晤候，互道流亡經過，喜極而泣，余意原欲挽彼同來大同稍事休息，相偕南下，余於六日先回大同，候其前來，不料彼以受命潛居北平運用敵後抗敵工作，難以如約成行。晉北警備司令趙承綬於八日奉命赴幷，大同準備撤守，我與柳鳳藻於九日隨晉籍逃難商人徒步離同，沿途敵機炸死人畜，橫屍路旁，慘不忍睹。十一日大雨，夜宿雁門關下之岱岳堡農家院外門簷下，十二日過廣武鎮與雁門關至代縣屬之陽明堡（岱岳與廣武據傳爲穆桂英未投宋軍前介於宋、遼兩國間的游擊根據地穆柯寨舊址），乃乘商運大卡汽車轉原平，改搭火車到太原。暫寓隆茂客棧，當於晉陽日報登載尋找友人李雲章、許撰一啓事，張家口師範畢業學生唐鴻業等，表戚康世恩（清華大學肄業，思想左傾，參加中共工作，中共統制大陸後，歷任石油工業部長，國務院副總理等職。）等見報陸續來訪，藉悉張礪生（察省府建設廳長）張家口市商會會長兼察哈爾商業錢局副局長岳增祥，第一中學校長胡子恒及喬嗜冰先生等已先我來幷。察哈爾省政府及商業錢局多人亦轉進太原。察籍公教人員及由平津張垣宣化流亡前來的察籍青年學子不下兩百餘人，均身無長物，立待救濟，我與喬嗜冰、岳增祥以商業錢局理監事等身份，向商業錢局局長郭紹恒（兼充陸軍第六十八軍劉汝明部軍需處長）洽准撥借救濟費金額兩千元租文景巷六號及七號兩院房屋，供給食宿，得有喘息餘地。其時太原各方抗戰團體紛紛組設，如犧牲救國同盟會，平津流亡同學抗日後援會等，宣傳勞軍至爲踴躍，太原爲準備抗戰，全市四周城牆早經構築防空窰洞，洞內電燈電話以及避難座位設備齊全，每日空襲警報頻傳，城垣防空洞爲各界避難之安全所在。山西省在戰前重工業建設，在全國居於首位，僅以太原一地爲例，除了與東北瀋陽兵工廠並駕齊驅而爲全國最大的太原兵工廠外，他如火力發電廠、煉鋼廠、機械製造廠、大小型汽車卡車製造廠、精銅煉造廠、鋁品煉製廠、製針廠、汽車配件製造廠、香煙製造廠等，均係新式設備，規模宏大，並都有相當的防火防空設備，由山西省實業公司統一管理。

九月二十一日，敵軍轟炸機十四架，驅逐機八架於下午六時許空襲太原，我以戰機七架起飛迎擊，由隊長陳其光率領，擊落其指揮機一架，墜於近郊，俘獲敵號稱「驅逐之王」的少佐三倫寬一名，我空軍梁定苑亦於是役殉職。九月中旬日軍第五師團板垣征四郎所部由察哈爾南下，二十五日，進迫雁門關以東之平型關，我軍迎頭痛擊，予以重創，敵軍死屍，及被炸燬的卡車、戰車遍於山野，時稱平型關大捷。但以敵軍增援迅速，飛機掩護砲隊、步兵聯隊、裝甲車部隊協力猛撲反攻，我軍艱苦戰持，持續至三十日，平型關失守。

前在察任教之許揆一兄在代縣前方協助軍事委員會李果諶將軍從事戰地情報工作，閱報知我到幷，電邀至原平晤敍，我爲了解張垣失陷詳情及前線戰爭實況，當於九月二十四日馳往小住五日，適在平型關迎擊日軍之主力閻錫山所屬第十五軍、第十七軍與第十九軍等部向代縣五臺轉進，情勢緊急，我乃隻身遄返太原，文景巷旅邸同鄉，除喬嗜冰、柳鳳藻尙在候我商決趨向，唐鴻業、張志鵬、劉善亭等決定參加軍中政治工作，待與話別外，其他胡子恒、張位東等均已離開太原，察哈爾省政府及劉汝明所部第六十八軍辦事處撤往開封，商業錢局人員前赴西安。喬嗜冰先生年邁體弱，不便遠征，決定留晉，我與柳鳳藻於十月五日陪送榆次縣城滙豐銀號居留（該號在張家口分號與喬有交）後，我倆原欲搭同蒲鐵路火車南行至陝，乃因太原公教機關疏散，火車全爲包用，難以插足攀登，不得不改搭正太鐵路火車過石家莊轉平漢路作鄭州之行。

山河血淚難民行列

各路火車爲避空襲，晝停夜行，進程緩慢，我們由車窗爬入車廂。車內難民擁擠，饑困鵠立，不能睡眠，無法便溺，苦不堪言。到鄭州之日約爲雙十節左右，各旅社大多難民客滿，幸至中原旅館，尙有空房一間，可容兩人，却巧胡子恒、馬在中（宣化縣教育局長）、崔蘊山（涿鹿縣議會議長）、張載揚（懷安縣縣長）等，也住於此。鄭州小住數日齊赴西安，鳳藻至鄉友張志端家寄住（志端時任陝西省政府視察），我住中正門內金臺旅社，時陝西省政府主席爲邵力子，我與胡子恒、張志廣被推以察哈爾各界流亡人士代表名義晉謁，承囑造送流亡人士名册，每名發給救濟金二百元，旋與馬在中、崔蘊山被推前往開封向察哈爾省政府辦事處洽請救濟。承第六十八軍軍需處長郭紹恒、萬全縣長李振翼（兩人兼任辦事處主任及副主任）電請在冀南前線指揮作戰之劉汝明主席，准由移駐西安之察哈爾商業錢局撥給法幣四千元，以資濟急。在開封逗留一週後，馬在中先回西安覆命，我與崔蘊山過洛陽探親。崔蘊山的外甥趙某在交通銀行洛陽分行任副理，我的姨表弟李大銘任中央陸軍軍官學校洛陽分校區隊長，我留洛陽兩日，承其熱烈招待，贈與呢禮帽一頂，旅費百元，並陪遊西工該分校校園及周公廟等（中央軍校洛陽分校校址爲民國九年至十三年間直魯豫巡閱使吳佩孚駐節與練兵營區，俗稱西工，建築宏偉，林木扶疏），我返西安後，教育部適派童冠賢先生來陝籌備西北臨時大學收容陷區大專院校流亡學生，並派查良釗等設戰區中小學教師與中等學校學生登記處，準備分設戰區中小學教師服務團及戰區中學，軍事委員會政治部亦在王曲（西安市南郊）籌設青年訓練所，各地流亡來陝員生各依志趣，分別登記參加。該訓練所旋改爲中央軍校第七分校，洛陽分校改稱第一分校（第一分校嗣遷於陝南漢中）。參加青年訓練所受訓者，不乏大專畢業青年，童俊明畢業於國立北京大學物理系，原已應聘爲察哈爾省立張家口高級師範理化教師，流亡來陝，參加該所受訓，以後改爲軍分校，被列入砲兵科畢業。北平師範大學、安徽大學、山東大學、河南大學等於二十七年春在漢中城固合組爲西北大學。北洋大學與焦作工學院、東北大學工學院合併爲西北工學院，院址設於城固縣屬古路壩，於工科研究所之外，增設工程學術推廣部。南京的中央大學遷設重慶沙坪壩，東北大學移於四川省北部之三臺，山西大學遷於陝西省三原縣，學生衣食住一律爲公費供應。

湖廣贛南採鎢工作

我應資源委員會鎢礦工程處之邀，於二十六年十一月初，離西安，經河南、兩湖、粵北至贛南。此行搭隴海鐵路火車轉平漢路與粵漢路，因日軍飛機空襲威脅，不斷停避，艱困備嘗。過長沙與衡陽均曾小住，所見湖南山水風景秀麗，人情爽直厚道，其時正在發動青年從軍，民商捐款報國之際，當地人民熱烈響應，惟恐不及，使我深受感動。難怪有人說：「中國如爲德意志，湖南就是普魯士，若謂中國將滅亡，除非湖南人死盡。」這一諺說，不只表現了當時湘人的精神與抱負，也說明湖南青年心焉嚮往的一個共同鵠的，那即是禦侮、雪恥、救中國。數十年來湖南青年的動向，影響了中國多年的局勢與現狀，湖南省與湖南人，不能不說在中國近代史中佔有相當重要的一頁。

我於粵北韶關下火車住了一夜，由韶關搭公路汽車經始興、南雄，過梅關（卽大庾嶺）到贛南大庾縣城。途中占詩三首錄後：

湘粵途次

迢遞三湘道，飄流萬里身。

清晨離嶽麓，薄暮過衡城。
環坐夕流客，舉目無相親。
路遙嫌車緩，天寒苦夜深。
江村聞楚角，孤驛挑殘燈。
愁鬢向宵色，鄉思對月明。
何日殲倭虜，斯人罷遠征。

過庾嶺㈠

南行過庾關，疊翠接雲天。
紅梅映朝旭，碧竹傲冬寒。
雖云新景色，未若舊河山。
且抑飛騰意，姑偷旦夕安。

其二

巍峯聳立效峨嵋，
胡雁逃寒至此廻。
益信江南風景好，
深冬到處是芳菲。

資源委員會鎢礦工程處設於江西省大庾縣城，轄礦場三處，分設於大庾縣西華山，龍南縣巋美山，虔南縣大吉山，各礦場高級工程人員多屬國立北洋大學畢業同學，工程處長爲程宗陽（來臺後，曾任中國煤礦公司董事長）。大吉山礦場主任柳鳳堂（字升甫）是我同鄉又爲北洋大學同學，我請准到該礦場任職，掌理礦場業務器材進出事宜。我由大庾往大吉山，搭公路汽車經南康、信豐、龍南等縣，沿途因共產黨毛澤東、朱德、彭德懷、黃公度等率部於民國十七年杪由湘東井崗山竄擾贛南各地，並於瑞金成立蘇維埃政府（十九年二月五日），至二十三年底被國軍痛剿，分路向川黔邊境逃竄，中經六年，殺人放火，大肆破壞，斷壁殘垣，人煙稀少，田地荒蕪，慘不忍睹。人民日常生活所需貨物，多賴男女挑運。赤地千里，正是此處的描繪。該地毗接粵北，居民全爲客家，言語風習，悉同粵北，據說由於遼金元之亂，他們的祖先從中原各地逐漸隨宋室南徙，大部落戶於江西福建，至元軍南侵，又播遷廣東，因入居較遲，故原有的廣府人與福建人稱他們爲客家。客是對土著而言，他們遵守遺訓，都能勤耕力學，奮鬥圖強。贛南土地肥沃，到處是茂林修竹，四季長青，地曠人稀，有待開發。大庾嶺與九連山區形勢雄偉，山水清幽，農曆年杪，山中各色梅花盛開，尤增山色的美麗。所謂臘梅迎新，就是描敍此景。大吉山係一山地小鎮，因鎢礦蘊藏豐富，而日趨繁榮。春多兩季梅雨期長，礦場同事籍隸於長江以北各地者，多患瘧疾，除服廣州中藥店所製之四日兩頭丸外，無他特效良藥。我以家鄉陷敵，親屬戚友生死未卜，益增愁悶。公餘之暇，嘗以遊覽勝景與吟詩消遣。摘選數首，錄以紀念：

大吉山深夜感懷(一)

遠役深冬夜，羈棲茲山間。
松風鳴颯颯，溪水聲潺潺。
漏盡星欲散，燈殘人未眠。
凝神思往事，不禁淚潸潸。

其二（搗練子）

深夜裏，崟山間。
落葉聲中泣杜鵑。
冷月侵床人不寐，
無限愁緒亂心絃。

其三

勞燕離居六月餘，
敵後鄉情復何如。
辟徵寗作嶺嶠客，
祇為家中一封書。

春懷（戊寅四月）

秋雁南飛日，是妾送君時。
春來鳥知返，君歸尚無期。

其二

客秋送君去，終日淚沾衣。
今歲此時節，良人歸不歸。

其三

淪落天涯秋復春，長征萬里飽風塵。
身輕應覺無攖念，且喜華南物候新。

感時

大好山河盡烽烟，中原無處不腥羶。
那堪回憶家鄉事，姑覓良朋快清譚。

春雨

積冷空林霜滿枝
愁雲淒雨淚如絲
漫天雲海增人悶
況在離鄉背井時

其二

嶺表三春雨連綿，
傷時草木淚潸潸。
萬里烏雲凝不解，
一般蕭瑟壓愁眠。

讀左人書有感

頃據友人書，乃妾函已至。
吾弟與妻兒，何竟無隻字！

自慰

人事滄桑原無定，
雲霞明滅信難知。
古往今來東流水，
成敗得失轉眼時。
悲懽離合皆如夢，
冷暖炎涼不可期。
莫效兒女空啼笑，

窮通榮辱唯任之。

登小吉山暮眺

客居苦閒逸，餐後此登臨。
鳥啼雲裏樹，泉濺石頭城。
晚霞無限好，春色萬象新。
回首望鄉井，關山幾萬重。

雨後

夕陽西照雨初收，白雲斷續空悠悠。
風吹花草萋萋舞，浪響金河滾滾流。
青山不解征人怨，碧野依然織錦洲。
昆季遙分天南北，兩方心事一般愁。

偶感

獨步柴門外，狂歌曲水間。
山巔餘落日，村舍吐炊烟。
却顧白雲去，竚侯綠衣還。
此中惆悵意，聊借夢鄉傳。

抗戰

蘆溝橋畔笳鼓聲，撼動民族自由魂。
坐失機宜為敵乘，輕棄故都失津門。
滬江南口烽烟起，全面抗敵興元戎。
寇藉船堅及砲利，頻掠要塞與名城。
堪信精神勝物質，速戰速決夢成空。
干戈擾攘八閱月，迫敵騎虎之勢成。
河朔淮泗無乾土，閭里為墟塗肝腦。
陷區同胞任屠戮，為數何克計多少。
為與民族爭生命，忍痛犧牲勢難逃。
那怕傾巢來孤注，誓予殲滅勿稍饒。
決計長期焦土戰，總教倭寇空消耗。
自來時勢英雄造，中華兒女要自豪。

十一月初旬，堅守月餘之太原淪陷，在太原市以北之忻口會戰中，我郝夢齡軍長與劉家麒師長殉職。

十一月二十日國民政府移駐重慶，宣告中外抗戰到底，十二月十三日日軍攻入南京，經過激烈巷戰之後，終於淪陷。慘遭瘋狂屠殺，首先將未及撤退的軍人解除武裝之後，使列隊於長江岸邊，以機關槍掃射，悉予殺戮，繼之殘殺對象更及於婦孺老弱，設於金陵女子大學的國際難民委員會所屬婦女收容所收容了七千餘婦女，被日軍以卡車運出予以強暴之後，再行殺害，殘殺人數不下三四十萬，屠殺手段殘酷異常，令人難以想像。更有日本軍官兩人以砍殺一百人與一百五十人為競賽消息，為日本的新聞所大事報導。

南京失守，我野戰軍損失頗重，舉國震驚，日本軍閥妄認我國之抗戰，已屆瓦解階段，但蔣委員長本其持久抗戰，最後決勝之信心，發表我軍退出南京告同胞書，堅決表示抗戰到底，最後勝利，必屬於我。

民國二十七年（一九三八年）三月十八日山東省臨沂大捷，日軍第五師團被國軍張自忠部擊潰。四月七日臺兒莊大捷。我孫連仲部池峯城師與湯恩伯部關麟徵軍奮勇苦戰，反復肉搏。鏖戰八晝夜，殲滅日軍精銳三萬餘人。

長安洛陽戰火行脚

我以塞北中學校長身份，於二十七年七月杪奉教育部令派為戰區中小學教師第六服務團團務委員兼第二分團團長。總團長由陝西省政府民政廳長王德溥兼任，副團長董學舒，團員四百餘人均為戰區流亡來陝的中小學教師。總團部設於陝南安康縣城（前清興安府治）分置中教、國教、社教、編審、總務五組，及特種委員會，設兩個分團。第一分團長由董學舒兼充，轄安康、洵陽、紫陽三縣。第二分團部設於漢陰縣城，轄漢陰石泉寧陝三縣，主要任務為整編保甲與輔導地方教育工作。我自九月到任至二十八年底辭職，另就軍事委員會委員長西安行營秘書，為期一年又四個月，發行服務旬刊，籌設漢陰中學一所，漢陰、石泉、寧陝三縣各設示範國民小學一所，民衆閱覽室一處，組織話劇隊分赴各縣巡廻表演，並組保甲整編大隊，將三縣保甲組織澈底整編就緒。

十月二十一日廣州失陷，二十五日國軍撤離武漢，十二月十八日汪兆銘（精衞）由重慶出走，二十九日在越南河內發表通敵求和之艷電。

民國二十八年（一九三九年）五月四日日本飛機狂炸重慶，市區死亡四千四百餘人，傷一千一百餘人，災情慘重。九月一日德軍進攻波蘭，第二次世界大戰爆發，頓使國際人士眼花撩亂，美國秉其一向重歐輕亞錯念，那還重視我們在東方一角。十月六日長沙會戰國軍大捷，殲滅日軍四萬餘人，此役大勝日軍以後，全民心理更見振奮，國際上的觀感，也煥然一新。而日本軍心動搖，尤其日本國民對於侵華戰爭，格外感覺失望，對軍閥的窮兵黷武，極表厭恨。敵我民心士氣之消長情形如此，實為我抗戰勝利之最大關鍵。

十二月四日吳佩孚在北平病逝，吳曾備受日人威脅利誘，汪精衞亦再三婉勸表示擁護，堅拒不理，因牙疾劇痛，由日醫開刀，切破喉管，流血而死。大義凜然，國民政府明令褒揚，追贈一級上將，重慶各界舉行追悼會， 蔣委員長親臨主祭。

民國二十九年（一九四〇年）三月五日汪兆銘在南京成立僞國民政府，四月一日國民政府通令全國尊稱 孫中山先生爲中華民國國父。

二十九年七月英國爲討好日本，而封鎖滇緬路，我們只恃越過泊迷爾高原的一條航空線與外界交通。在此孤立期間，日本對我陪都重慶大施轟炸，最兇猛的一次是三十年六月五日的夜襲，市內發生大隧道窒息慘案，死傷一萬餘人。一連炸了六天六夜，是敵人所謂「政治轟炸」，要以空襲逼我們屈服，二十九至三十年的兩年間，敵人出動轟炸我後方重要城的飛機，每月總有一千餘架，重慶警報頻傳，入防空洞躲避空襲，成了人們生活的一部份。至三十一年敵人戰線延長，才不再作政治轟炸，轉而從事戰略轟炸，專炸前線，放鬆後方。迨杜立德率我大隊飛機轟炸了日本的本土後，敵乃自顧不暇，不再來重慶肆擾。

我於二十八年杪離安康赴西安途程中，半乘滑竿，半搭公路汽車。陝南與川北各地交通，除漢中至四川省之川陝公路及漢中至白河之漢白公路可搭汽車，沿漢水地區可乘木舟外，其他只靠兩人所抬之滑竿。雇妥了滑竿，先要付他們一部份錢去吸鴉片煙，煙癮過足，他們精神抖擻，抬起來，行走如飛（抬滑竿伕沒有不吸鴉片煙的），走到半途停下來，叫你到路旁茶館飲茶休息，他們又去過癮。一天可行七八十華里。陝南文風很盛，人人說話，多很文雅，滑竿伕亦不例外。

比如說，正走之際，前面的伕子看到了一汪水，他要達照後者，他不說地上有水，而說「天上亮光光」，後者知地上有水了，便回答一句：「地下水汪汪」，表示他已聽明了。

我到軍事委員會委員長西安行營秘書處任職後，公餘之暇，時給各報刊撰投文稿，以資消遣，就記憶所及，其中篇幅較長而最感滿意的兩文，是管子的國家經濟政策及桑弘羊的戰時財經措施，與收縮通化及信用之緊急處置等篇，均於力行雜誌發表。

西安是座歷史的名域，整潔的街道，寧靜的市區，周、漢、唐三朝建都的古長安，我曾經憑弔過附近的長生殿故址，驪山之麓的臨潼華清池，並在雙十二事變　蔣總統西安蒙難時避身的壽山旁與好友張雨青、馬文彬拍照過合影，他如碑林（累藏唐代以降碑碣六千餘面，國內外書法收藏家多不遠千里而來拓印，各種碑體字跡，蒼古遒勁，令人見之神往）、大小雁塔（均高百餘尺，唐代玄奘法師所建，藏法師由印度取回的梵文經典）、曲江池、灞橋、周幽王臺、秦始皇陵、未央宮、太液池、唐禁宛古址，以及文、武、成康諸陵、霍光墓、衞青墓、昆明池、曲江、韋曲等，都是富有歷史意味的勝蹟，都曾遊覽。

西安城東北角，原有滿清時代的滿營城，約佔全西安城四分之一，包括大城北門在內，當時駐防西安的旗兵及其眷屬均駐於此，設一將軍以爲統帥。辛亥革命，被革命軍敢死隊攻破，旗籍男女約萬餘人多被俘擄，將軍文瑞投井而死，此後城垣已除，亦無旗人踪跡了。我很喜吃西安的牛肉泡饃、水盆羊肉、柿子面餅和南苑門的血粉。物美價廉，別饒風味。那些美好的畫面，如今都變成痛苦的回憶。

殉國親友

二十九年十一月我承行政院第一戰區經濟委員會任爲專員兼第三科科長，主管工礦資助輔導與檢查事宜。會址設於洛陽東關，主任委員爲福州鄭震宇，十二月到洛陽後驚悉張季春兄在綏遠省歸綏市爲日本憲兵隊逮捕，聞國彬弟隨季春兄亦在綏工作，下落不明。

七七事變後，日本軍閥把德王的蒙古傀儡政府擴大地盤，升格爲類似僞滿洲國的組織，改稱蒙疆自治政府，除了原屬內蒙各盟旗及察北各縣外，又將察南十縣改爲察南省，綏遠仍稱綏遠省，割裂山西雁門關以北十三縣，稱晉北省，歸其統制，以張家口爲首都，德王爲主席，李守信爲蒙古軍總司令，如此可省日本許多兵力，用於中國的其他戰場。中央爲拆散敵僞組織，加強我方敵後形勢，牽制日軍兵力，乃付予張季春兄策反德王與李守信的重大使命，因季春兄曾充察省張家口師範學校校長，及察哈爾省黨部委員，又係張北縣望族，誠摯俠義，甚得人緣，爲察省教育界及社會各方領導人物。張家口師範附設蒙旗師範班，學生多屬各盟旗王公子弟及蒙籍有志青年，畢業後，服務家鄉成爲蒙旗各屬領導幹部，並在僞蒙政府任職者不少。季春兄因之在內蒙亦具有很大的影響力量，且德王與李守信均對季春兄素甚敬重，由他負此任務，事半功倍。中央根據其策反結果，派德王爲第七軍長兼察哈爾省府主席，李守信爲第八軍長兼熱河省府主師，彼等正準備反正，而中央在平、津、晉、察、綏的地下工作，先後被敵偵破。季春兄被捕，功虧一簣。（按察、綏工作同志被捕三十餘人，僞蒙政府建設部長楊金聲、僞蒙軍參謀處長武鈞玉上校團長李錦章等多人被殺。日本軍閥因季春兄在察綏地位與聲望，有所顧忌，特判徒刑十五年，未予殺害。日本投降後，甫行出獄，又爲中共拘禁，至三十六年軍調會交換雙方被捕人員，乃得自由，行憲後當選爲立法委員）。

二十九年五月鄂北宜昌、棗陽與敵會戰，鄉友岳璇任某集團軍軍醫處長與該部第一七三師師長鍾毅同時陣亡。九月中旬，第一次長沙會戰，我甚愛之高足李士選（任營長）身先士卒，殺敵殉職。

九月二十日西安來客謂，靖邊縣兵變，張縣長志立兄（字鶴挺）被戕，突聞噩耗，驚慟莫名，經函詢悉鶴挺上月出巡安邊，被叛軍陝西保安第十三團團長張廷祥父子設計戕害，與國軍劉旅長同時殉職。嗚呼，痛哉。

回憶二十五年前，余入懷安縣立第一高等小學讀書，與鶴挺同班受課，日夕聚處，互相切磋，第三年級時，因校長更易事件，全校罷課護校，余與鶴挺同膺全校學生代表，堅持正義，不以個人利害爲慮，主張一致，情感彌篤，遂成契交。以後復由中學而至大學，先後同學計十餘載，君以英語擅長，兼精數理，民國十一年中學畢業，感於當時青年學子多趨向文法學科，畢業後競入宦海，鮮補國計，我國產業落後，而工礦人才，反甚寥寥，相約考入天津國立北洋大學肄業，期竟素志，以工救國。民國十三年鶴挺以學校風潮與家庭問題，被迫轉學，改習法科，閱三年，余亦迫於黨案與家變，離津轉平，棄工習法，每談及玆，嘗以爲憾。然念報國之道，不一而足。方期就此努力，發展抱負，何意鶴挺雄才未展，而賫志慘殂，不尤悲乎。

鶴挺性慷慨，重義輕財，自幼周貧濟友，從不計及親疏，以是求學時期，需款較多，家庭經濟稍受影響，伊恐因此礙及家計與諸弟學業，乃於轉學朝陽大學以後，課餘之暇，佐父經營天元煤炭公司，慘澹籌維，營業大展。其在少年時代自力更生之精神，與創造事業之能力，有如此者。

民國十七年北伐完成後，鶴挺正由朝陽大學畢業，參加河北省縣長考試，奪取冠軍，其時年僅二十六歲，爲同考諸人中之年事最輕者。十八年秋訓政學院受訓結業考試，仍冠諸曹，非其才學兼優，曷克臻此。是年九月奉委爲高邑縣長，時余在察從事黨務工作，兼任省立張家口工業職校教職。鶴挺以接收事宜關係重要，親赴張垣挽余暫往協助，行前偕遊張垣幾處名勝，登魚山之雄峯，睹長城之偉蹟，卽景和詩，與致勃勃。而今山河依舊，人事已非，言念及此，何勝愴痛。到高邑接篆伊始，確定革除陋規，厲行煙禁，肅清盜匪，調整與裁撤地方駢枝機構，改善監獄與增加囚糧爲初步措施目標，並以三月爲期，畢其奏效。嘗謂「除弊不難，只在以身作則，御下嚴明」，雖初入仕途，而其識見賢明如此。迨接收事畢，一切部署就緒，余於返察前夕，與余縱談竟夜，娓娓動人，其應事之機警，詞鋒之健利，多非儕輩所企及。十九年春，華北興戎，察省黨部被迫停閉，余以避亂赴平，其時爲余肄業中國大學之最後一學期，原欲居平專力課業，乃承其函電交馳，堅邀再到高邑佐理縣政，仍以秘書兼第二科科長職責相付。余往返前後未及半載，政情表現，大改舊觀。時值軍事倥偬，軍差供應，日不暇給，鶴挺從容措置，應付裕如。且於百忙之中，不時出巡，督導村治，勤求民隱，而其待下誠懇，知人善任，尤足令人佩服。華北軍事底定後，余返察任教省立第一師範，臨行揮淚作別，依依不捨，追懷往事，如在目前，詎知一朝分袂，竟賦永訣。

民國二十年商震（啓予）主政晉省，鶴挺應召追隨，居晉一載，格於政治環境，懷志未伸，翌年春，入陝應縣長檢試，復列前茅，出宰靖邊。靖邊縣僻居陝北邊陲，萑苻四伏，夙稱難治，到任未久，而陝北匪患猖獗，攻城略地，所向披靡，靖邊久陷重圍，無何援應，獨力苦撐，四年有奇，民國二十三年至二十四年，匪衆數度圍城，鶴挺督同當地團警死守，化險爲夷。中經一度城陷，僅以身免。靖邊縣政權之保全至今，實伊忠勇得民戮力以赴之功。

鶴挺久膺繁職，而好學深思之精神，迄未稍懈，十餘年來，雖在危憂震撼之中，亦不斷與余通信，以治事勿忘讀書相勉。民國二十二年冬余長察省塞北中學以後，爲青年生活訓練問題，與余專函示意，論列綦詳，猶憶指陳當前中學教育之諸多缺點與種種流弊，痛砭頹風，灼見綮要，雖久事教育者，亦當贊其高深，肅然起敬。

民國二十五年杪到榆林開會，因事開罪湯恩伯軍部有力人員，被陷扣留停職，困迫塞上，典質俱空，含寃茹苦，處之泰然。人有勸其通權遷就者，鶴挺守正不阿，無稍假借，湯恩伯軍他調後，二十七年奉令復職，蒞縣之時，紳民集隊郊迎十數里外，歡呼雷動，如見青天，其深得民愛，於此可見，此殆遭忌致死之重要原因歟？

去歲余在西安行營供職時，鶴挺來函提及當地某土豪（按指張廷祥之父張玉亭）以匪起家，庇匪殃民，破壞行政，陰結外援，要挾一切，言外意頗憤憤，余當勸其顧念大局，委曲應付，嗣以張逆輩變本加厲，環境日趨險惡，託余代向陝西民政廳王德溥廳長詳陳困難，力爲懇辭，當承渥詞慰留，並勗苦撐，不意張逆父子包藏禍心，下此毒手，是其蓄意叛國，固非僅以縣長之曲予柔御所能轉化者也。

嗚呼，鶴挺死矣，鶴挺堅決奮鬥，嫉惡如仇，不爲個人利害縈懷，惟以公忠報國矢志，幾經危難，始終弗渝，其雄才大略，灼知遠見，凡識之者，莫不稱道。而壯志未酬，抱恨慘殂，不僅親友哀痛逾恒，亦爲國家失此長才抱憾。鶴挺之生命雖逝，鶴挺之精神永存，而其多年偉大建樹將見炳耀史乘，永垂不朽。且聞逆部已盡殲滅，亦可稍慰鶴挺於九泉。惟其身後蕭條，寡妻弱子悽情可憫，所望政府於褒揚忠烈之外，對其遺屬優予撫恤，以昭矜式。

民國三十年（一九四一年）五月七日日軍大舉進犯晉南中條山，會戰激烈，十三日國軍大捷，日軍爲圖報復，於九月中旬集中兵力向太岳山區包圍攻擊，我第九十八軍軍長武士敏（字勉之，察省懷安縣人）率部抗禦，激戰週餘，以勢孤援絕，重傷不起，自戕殉職，武公是我多年最敬佩的鄉長，他於辛亥革命爆發時，自天津北洋法政專門學校輟學，加入同盟會從事革命，討袁北伐，以至對日抗戰，無役不從，綜其生平志節，正是二十世紀初葉中國熱血青年的一個寫照。抗戰勝利後，國民政府特頒榮哀狀，永錫哀榮。（按我北戰場山西方面，我游擊戰迭奏奇功，敵軍最感痛苦，喩爲盲腸，尤其中條山、呂梁山地帶，徧布我軍，給予甚大之威脅，非拼全力，除其危害不可，故有此役，在敵軍策略，可謂破釜沉舟之戰。）

我於民國二十年曾應河北省縣長檢定考試合格，二十三年經內政部登記，頒給內字第一三二號縣長登記合格證書。本年九月參加河南省第三屆縣長檢定試驗及格，奉發豫省府檢字第三八一號證書。（民國三十六年經銓敍部簡任登記發給簡字第二〇三號登記證書）。

抗戰進於中期，軍委會爲調整戰鬥序列，將全國劃分爲十個戰區。其中第九戰區，由司令官薛岳負責指揮，轄區爲鄂南、贛西、及湖南省全境。長沙是湖南省省會，東連江西，西通川黔，北抵武漢，南迄粵桂，乃水陸交通要衝，也是捍衞西南各省的門戶。二十八年九月中旬，日軍分四路進犯長沙，以海軍陸戰隊與各路陸軍策應，企圖於平江以南會師。我軍輕騎急進，發動側擊、伏擊、夾擊，使敵軍損失慘重，倉皇退却，傷亡三萬餘人，我得俘獲無數，這是前曾敍過的長沙第一次大捷。三十年九月敵軍又調集十二萬兵力，向長沙發動第二次攻擊，敵主帥爲第十一軍團司令官阿南唯幾，敵基於上次戰敗敎訓，不再作分兵合擊部署，而集中十二萬兵力，正面猛攻，我軍以誘敵深入之計，控制大部隊埋伏側翼，伺其輜重車輛通過時，包抄突擊，截斷其後路，使其首尾與補給不能接應，又遭慘敗，傷亡近八萬人，成為長沙第二次大捷。此役我察省張垣第一師範畢業學生劉旭營長殉職，為我察省張師校友抗戰犧牲之又一人。

十二月八日日本空軍突然偷襲夏威夷美國太平洋海軍根據地珍珠港，美國海軍受創甚重，美國對日本立卽宣戰，太平洋戰爭爆發。九日，國民政府公告正式對日宣戰，並對德義兩國立於戰爭地位。日軍為牽制我增援廣州九龍，發動第三次長沙會戰，我楊森、李玉堂等軍，都沉着迎戰，鏖戰月餘，至三十一年元月十五日敵軍大敗，死傷六萬餘人，是為第三次長沙大捷。

民國三十一年（一九四二年）一月五日同盟國宣布推　蔣委員長中正任中國戰區盟國最高統帥，包括泰越及將來可能為盟軍控制區域。二十四日中國遠征軍到達緬甸，十月十日英美兩國同時發表聲明，自動廢除在華的不平等條約。

我國多年來對日的浴血抗戰，牽制了日本大量軍員，消耗其不少國力，太平洋戰爭爆發後，而使美國於創鉅痛深之餘，得以從容部署，免受日本乘勢追擊，且於阿留申羣島及關島迅速順利進取。

第一戰區經濟委員會於民國三十年杪結束，我奉簡派為察哈爾省政府主任秘書兼省訓練委員會主秘。主席為前九十八軍軍長馮欽哉省政府秘書處設於洛陽城西十里許之淺井頭村，民財建教四廳設於附近孫旗屯村。洛陽雖有九朝都會之稱，但歷代古蹟存在者，絕無僅有，三十一年冬我往魯山，道經伊闕亦稱龍門，爲大禹治水所鑿。山壁有北魏所築之龍門石窟，爲中國三大石窟之一，佛像、碑碣惜多損壞，自昔珍貴之龍門廿品碑文，可能亦多不存。洛陽牡丹甲天下，故牡丹亦稱洛陽草，每年夏秋之間盛開，鮮艷肥美，奪目傾心，周公廟種爲甚。我居洛兩載，數往觀賞，也算公餘生活中的一宗快事。

我生平甚鮮嗜好，居洛陽兩年，公餘之暇，唯以閱讀與吟詩消遣，特錄和趙冠城兄去歲役西京詩兩首：

辛己和趙冠城兄「去歲役西京」（步原韻）

（一）

且將往事付雲烟，養晦韜光待異年。
故國飄零同寂落，近鄉悵望倍纏綿。
時來青鳥音無間，痛飲黃龍興未闌。
惕勵憂勤期共勉，聞鷄起舞枕書眠。

（二）

頻年喪亂寇氛時，大厦將傾衆木支。
滄海橫流且暫息，河山破碎待言歸。
降心鉛槧還初服，翹首雲天動遠思。

別後貽詩詩見志，情懷耿耿才衷知。

姨表弟李大鈞戰前曾任懷安縣黨部委員及察省高師會計主任等職，察省淪陷後，匿居懷安鄉間，不時往來平津張垣、大同各地，擔任敵後情報工作，民三十年杪，中共晉冀察邊區游擊隊冒充我軍晉察戰區別動隊司令張誠德代表誘至山野殺害，吾姨母得訊，慟極病歿。聞之不勝哀痛。

間關入蜀，憶錫朋段公

一山兒於是年四月突隨宗丕風（張師畢業學生）、賀守中等（塞北中學畢業）自陷區逃來洛陽，使我喜出望外，與我歡聚半載，爲之補習完初中代數學，於十月中旬遣往重慶，經教育部分發於四川省合川國立第二中學插初中部第一年級第二學期肄業，該校校長及多數教職員曾在江蘇省立揚州中學任事，陣容堅強，成績昭著，爲國立戰區中學中之最優者。表姪康世光適在合川金合會供職，承其就近熱忱照顧，使我甚爲放心。十一月初接中央訓練委員會劉瑤章兄函邀任該會編審職務，又得外交部主任秘書兼人事處長鄭震宇先生電約膺任該處第一科科長。我以察哈爾省政府駐於洛陽係流亡機構，所辦純屬例行空文，無何實務，殊鮮興趣，正欲他去，當卽辭職，前往重慶，由洛陽先搭隴海鐵路火車經西安至寶鷄，再改乘公路大卡汽車過大散關、漢中、陽平關，而入川境，沿秦嶺巴山西段高峯七盤關最高點，回首北望，霧漫關中，雲橫秦嶺，勝景格外感人，汽車蜿蜒而行，途中形勢十分險要，關城棧道遺跡尙存。三國時曹操討張魯（時張魯據漢中）由陳倉出大散關至河池，諸葛亮揮軍入大散關圍攻陳倉，可以說是歷史上知名的古戰場，我順道參觀了留壩的張良廟，廣元的武則天祠，沿途山路崎嶇曲折，層巒疊翠，有山皆綠，無峯不青，幽美的天然風景，冲消了長途顚簸的疲憊。過綿陽至西門外之西山觀，憑弔蜀漢時代繼諸葛亮統兵之蔣琬墓，撫今追昔，感慨系之。

中央訓練委員會在重慶市上清寺路美術專科學校舊址，距川陝公路總站兩路口甚近，我到重慶後，下榻於兩路口一帶的旅社，稍事摒擋，先訪劉瑤章兄，經卽引見段副主任委員段錫朋（書詒）先生（主任委員爲陳誠先生由段代行職權）立囑報到辦公，我原欲往見鄭震宇先生後，再定從舍，段謂鄭赴成都公幹，由彼負責與之解釋。我與劉段兩公均素昧平生，瑤章兄前赴洛陽視察，尙曾兩度晤敍，段乃初見，如此開誠相示，盛情所激，只得從命。迨鄭回渝後，經與懇洽，承其諒解，決定我以私人關係，隨時協理機要翰牘。中央訓練委員會掌理黨政幹部中央訓練團及各省市訓練委員會訓練事宜，旨在策進黨政動員，以配合軍事動員，三管齊下，以把握持久抗戰之勝利。設下列各處：第一處掌理總務，第二處掌理訓練計劃及訓練指導事項，第三處掌理訓練教材及參考書籍之編審事項。當時該會有藏龍臥虎之稱，如何聯奎、劉瑤章、趙太侔、劉英士、蔣君章、許延俊、易克嶷、謝仁釗、劉兆清等多人均爲段書詒先生悉心羅致的才學優越之士，書詒先生好學深思，才華卓越，不只是一位教育家、政治家、思想家，尤富領導天才（難怪民國八年五四運動北平天安門廣場學生羣衆大會擁爲主席），他除主持中央訓練委員會外，還兼任中央訓練團教育委員會主任委員（鄭彥棻先生任主任秘書）。中央訓委會每兩週集科長編審以上人員，舉行會報一次。從各部門業務以至做人做事方法，任何論題，經過辯論後，把反正兩方意見，扼要引述，交付表決，大家幾乎都是心悅誠服的以他的意見爲依歸。他主持中央訓練委員會及中央訓練團教育委員會約有八年，一方由其卓越才智與魄力，一方他善用學者與專家，都是以少數的人員發揮最大的效能。尤可貴者，他言辭鋒利，動作機警，態度認眞，而待同仁親切有加，絕無長官與僚屬習氣，與他愈多接觸，愈感其雍雍大度，如沐春風，言必有中，深受教益。他告訴我們用腦筋要用到絕盡，無可再用爲止，寫文章要每句話都成定理，使人無所更易。在那裏服務是我抗戰工作中最感興奮的一段時期。記得在一次會報中，他說：「當前最嚴重的問題，不是外患，而是內憂。中共趁機坐大，我們如不精誠團結，大公無私的各盡職責，後患所屆，恐將死無葬身之地。」又說：「蘇俄的可怕，恐將甚於日本」，其眞知灼見，與憂時憂國之深情，可以想見。段公風格，以我所見，有三點可以指出：㈠與人無爭，即無所求，有所不求。㈡與事無爭，即無所爲，有所不爲。㈢與物無爭，卽無所取，有所不取。綜而言之，卽不求名，不求利。

我在中央訓練委員會任職三年，除審查各屬訓練教材外，編著出版之書籍，計有戶籍行政，社會行政，社會福利之理論與實施等。民國三十三年夏奉調中央訓練團黨政班第三十四期受訓六星期。結業時，他給我的考評（他兼中訓團教委會主委）：「剛正質實，謙沖努力」。我虛心愧受，以之更加惕勵。民國三十六年及三十七年他呻吟病榻，我每往慰候，仍以國是爲憂。三十七年杪往訪，爲最後之晤會。

民國三十二年（一九四三年）十一月二十三日開羅會議開幕，二十六日閉幕，蔣主席中正及美國總統羅斯福、英國首相邱吉爾商定共同宣言，其重要內容：㈠三大盟國此次作戰目的，在制止懲罰日本之侵略，並剝奪其前次世界大戰中在太平洋所佔奪之所有島嶼。㈡使日本竊有中國之領土，如東北四省、臺灣、澎湖等歸還中國。㈢在相當時期予朝鮮以獨立。

前些日子，有兩個天使的活動，我甚感蹊蹺。羅馬教廷派赴美英的兩個使節——梵蒂岡市長葛利齊和財務顧問富米，一個已在赴美途中，一個則已得到英政府的完全許可，已經到了倫敦，這兩個使節，是最近教皇又一次呼籲和平之後派出去的，這正說明教廷的和平活動是極端活躍了。

英國輿論所反映的羅馬教皇的和平立場，指出他是從來不曾辨別誰是戰爭挑動者，誰是反抗侵略者的；換句話說，他是從來不講戰爭雙方的是非的，這種態度，無疑的是暗中偏袒軸心國的。

我們很重視美國輿論界這一公正的態度，而且揆諸事實，也是充分可信的，歐戰四年來，從未見教皇的和平奔走有如今日積極者，這可了解，昔日是軸心黃金時代，而今軸心的一隻脚已瀕崩潰了。

正義的和平，是必須辨明是非，而且必須對破壞和平的罪魁有嚴厲懲罰並澈底摧毁其破壞和平的侵略機構的，因此，我們很關心教廷兩使節的活動。

我們諦聽羅馬電臺，正不斷向盟國播送誘惑的曲子！這正是和教廷交響樂的合奏。

白沙獻金運動

軍委會馮委員玉祥於本年一月分赴自流井樂山、成都等地發動節約獻金救國運動，這三個地方的民衆，因其偉大精神之感召，不到半月的工夫，獻金兩千餘萬元。最近又在江津展開獻金運動。縣屬白沙鎭於三月十九日舉行了一個節約獻金大會，在靜靜的白沙鎭，這是空前的盛舉。上午九時開會，各界列隊齊集，馮委員致詞後，各界挨次獻金，最先是學校組，各校學生共獻三百二十餘萬元（大學先修班以七十四萬元列爲冠軍，新本女中六十五萬元次之）。

學校組獻金之後，是婦女組，士紳組，機關法團商會工廠，各組都盡了很大熱心，獻出了很大的數目。當商會的六十萬元（內有工廠二十萬元）從主席臺上報告出來時，全場大譁，高呼嫌少，一片呼喊請求聲，阻止了節目的進行，很久商會沒有表示，臨時有學生代表高呼每校推代表五人，在臺前向商界跪求，各校五十多個學生代表跪於臺前後，商會雖答應增加十萬元，但是學生仍不滿意，接着二百萬元的呼聲響徹雲霄，學生代表們感到力量不夠，於是發動全場學生一齊跪求，一萬以上的男女學生都跪下了。

臺上的人，大半熱淚盈眶，幾於哭出聲來，馮委員擦着眼淚，向大家說：「你們這種熱忱，就是石頭的，鐵的，鋼的心，都會感動的，……可是我們獻金，是完全出於自動呵！」商會不加，學生們不起來，馮委員無限感忱的又說：「出錢的多少，是和知識有關係的，……我們愛國是各自要本着各自的良心，……」。馮委員這一段語重心長的話，和學生們的「商會不加錢，永不起來！」的堅決表示，感動了商會代表答應了二百萬元的數目。學生們才破涕爲笑的站立起來。

最後是自由獻金，自由獻金的悲壯情況，尤甚於前一幕。川東師範附近的洗衣老婆娘們組成了一個十四人的獻金隊，川東師範的一個十歲左右的小工友獻出他全部的積蓄七百元，傷兵、工人、小兒、乞丐全都捐獻，許多的女同學脫下外面穿的大衣、裏面的毛線衣；好多的男同學脫得只剩下一件襯衣。一個小學的小女同學脫下了脚上穿的鞋子，當先修班同學把她舉起來讓大家看時，全場的人都哭了。馮委員說：「會不能不散了，不散，大家會把一切都脫光了，大家都會病倒的，……」，這個大會，才是散了。白沙是一個小鎮，在幾個鐘頭內總共獻金七百幾十萬元。實物尚不在內，這都是民族的熱情，中國的人民百分之九十是愛國的，這不是可靠的證明嗎！

四川茶話，重慶精神

四川省是一天富之區，物產豐富，地廣人多，具有足食足兵的優越條件，當時雖經抗戰多年，且經過日本飛機的一再大肆轟炸，而士氣民心，仍甚高昂。敵機的空襲在重慶各地以二十九年至三十年間，最爲頻繁而最嚴重。二十九年敵乘四川夏秋氣候，天朗晴無霧，以其空軍全部精銳，組織襲川部隊，自四月以後，晝夜不停，襲炸重慶，及川省空軍各基地及重要資源地區，渝蓉兩地空戰最烈。八月十一日敵機九十架襲渝，我空軍分批截擊敵機。以空中爆炸彈攻散其隊形，擊落敵機兩架，傷其多架。九月十三日，敵轟炸機三十架，以驅逐機三十架掩護襲渝，與我機空戰，我機受損十三架，傷十一架。重慶爲躲避敵機轟炸，每一機關都有防空洞，深幸重慶是個山城，崗巒起伏，處處有可利用之地形，開鑿防空洞，洞的造型不同，有馬蹄形的，有斜月形的。洞內地上鋪着地板，壁上釘着橫木條，以掛衣物。沿着石壁，相對設有兩條從這一洞口一直通到另一個洞口的人坐的木凳。並有放置箱篋包袱的空間。防空警報計有三種，卽預備警報、緊急警報、解除警報，音響不同，每發預備警報，卽掛紅球，一聽說掛起紅球，卽將文檔衣物、包裹、箱篋擔入防空洞內，避免損壞，警報解除，再行搬回，洞頂裝有電燈，緊急警報來時，電燈全滅，警報解除後，電燈復明。電燈不只可爲防空洞內照明，並可以其一明一滅裏，測知敵機行踪。

四川省各大小市鎭，到處都有茶館，有似廣東，但不像廣東茶館有多種點心可吃，多佐以花生、炸蠶豆等，早午晚間茶客川流不息，會朋友、談生意、閱讀書報、消遣聊天（擺龍門陣，川人謂聚會閒談爲擺龍門陣）等都以茶館爲中心。閭里發生爭端，亦利用茶館爲調解處所。抗戰時期，各大學學生都有坐茶館的風習，開會聚友、讀書寫文章、下棋消遣，幾乎都是趨集於茶館。我在重慶時間，假日休閒時候，除了偶往沙坪壩中央大學，南溫泉中央政治學校及歌樂山中央銀行國庫局訪友外，上清寺美專校旁的茶館是我常到的所在，叫一杯茶，可以坐一天半日，那些么師（茶館服務生）永遠是和顏悅色，笑臉迎人的侍候，從未聞有銀錢糾紛，更沒有爭吵的情事。擁擠的茶館，一片安詳和睦，還有一種似家的溫馨，給予遊子不少慰藉。抗戰進於後期的時候，通貨膨脹相當嚴重，軍公教人員的生活頗爲清苦，吃的是八寶飯（砂石稗子發霉的米煮成的飯），穿着土布制服，草鞋或手製的布鞋，偶然看一次話劇，是最大的消閒享受，平常業餘即以坐茶館調劑生活。

重慶的氣候，忽熱忽冷，變幻莫測，濕氣逼人，深以爲苦。「蜀犬吠日」這一句古語，我未到渝時，疑爲言之過甚，居渝數載，方悉非誣。尤於秋冬期間，空中連日雲霧籠罩，很少見到太陽，故有霧重慶之稱。我於民國三十二年十月初因賦「重慶之秋」，用抒所感。

重慶之秋（民國三十二年十月）

造物何曾宰制公，宛如戲弄在秋中。
一晴一雨更時節，乍暖乍寒失歲功。
欲醉楓林霜漸染，又迷山色霧將籠。

蟲吟斷續增蕭瑟，落葉繽紛逐晚風。

民國三十三年（一九四四年）是我國長期抗日戰爭過程中最艱苦的一年，抗戰進入第八年，這一年的軍費支出達一千零十二億九千六百萬元，爲一九三八年軍費支出的一百三十八倍，國庫奇絀，物價飛漲，日本想以中國大陸的進攻，補償其太平洋上所受的挫折，想以空間換取其最後掙扎的時間，竭盡其陸軍力量，發動了打通大陸作戰（一號作戰），五月二十六日攻下河南省的洛陽，六月十八日湖南省省會長沙被陷，八月七日衡陽陷落（我第十軍方先覺部堅守月餘，與敵巷戰，彈盡援絕，官兵傷亡殆盡，軍長被俘），衡陽攻防戰是抗戰後期的最大戰爭，九月以後日軍由衡陽廣州兩面攻向廣西，九月二十一日陷梧州，十一月十日陷桂林後，越金城江，進犯貴州省的獨山、都勻，指向貴陽，被我湯恩伯指揮的第三方面軍堵擊，旋與張發奎的第二方面軍分別由黔東與桂南夾擊日軍，於次年七月廣西全境克復，閩浙兩省也都展開反攻，福州收復之後，東南沿海各縣亦多次第克復，日軍士氣完全喪失，呈現出已臨末日的症狀。

當桂林失陷，日軍長驅直取獨山之際，重慶人心震動，民氣陷入抗戰以來最低潮。外國報紙紛紛揣測：敵軍是先取昆明，還是先取重慶。又有人推測中日戰事或將就此結束，或是陪都將還西昌。一時謠言紛紜，幸我中樞急調湯恩伯部從豫南經鄂西川東星夜馳援，迎頭痛擊，敵勢挫敗。

十二月四日黔東吃緊之初，參謀總長兼陸軍總司令何應欽急馳赴貴陽部署防務。中央黨部秘書長吳鐵城先生立即發動大規模的督導川黔間各縣支應過境軍差及救助與慰勞傷兵難民運動，由中央委員谷正綱、張道藩、劉健羣分任正副團長，設幾個分隊，我與梁棟、汪公紀、呂曉道、張忠桓、劉紹安諸同志（都是中央各部會處高級工作同志）奉派沿綦江、松坎、桐梓、遵義一帶負責進行。行前，吳秘書長鐵城公以冒險犯難鼓舞士氣，安撫民心相勉，出發時，正是歲暮天寒，雨霰紛飛，中央黨部同仁送我們出發，由上清寺花園到望龍門碼頭，看我們擊楫渡江，壯懷激烈，頗有易水悲歌的悲壯氣概。此一運動，對於挽救西南戰局，有重要的貢獻，至少，就當時中樞各屬人員的情緒看來，他們的生活與生命，與前方戰事已連結在一起，忘記了恐懼，忘記了逃難。安定後方人心，起了很大的作用。我們通力合作，勗勉以赴，沿途所見不少拋錨卡車，丟棄什物，難民蓬頭垢面，神情慌張，慘不忍睹，我們甫至遵義，日軍即被擊退。

我到貴州後的特殊感覺，就是地勢與氣候非常奇特，與四川不同，該省全屬山岳高原地帶，山地約佔十分之七，巒峯重疊，怪石嶙峋，平均高出海拔一千二百餘公尺，最高達三千公尺以上，可是高山頂上也有平原地區，而且有縣市有鄉村，使人不覺是置身高山之上，但到山谷舉首仰望，原來居住之處，實位於顛峯之中，貴州人口約一千餘萬。地曠人稀，苗族居多，漢人約佔四分之一，時諺云：「天無三日晴，地無三尺平，人無三分銀。」這是形容貴州的景況。

我於此役永難忘懷的是黔桂路激戰，貴陽危急時，重慶各界雖表嚴重關切，而不慌張，一切依然照常，未聞有人準備搬家，未聞有人打算逃難。因為大家在七八年來的抗戰期間，學會了鎮靜，只有日本廣播中，不斷提及「支那軍的頑抗」，「在大雨滂沱中肉搏」，「在支那敵機的重重威脅」等等言詞。記得有一個外國新聞記者，自印度加爾各答飛抵重慶後，和記者招待所的人說：「我在印度時，發現印度人不大露笑臉，我想重慶更是緊張，恐難見人笑一笑了，誰料到重慶後，到處看見的是笑臉，那像經過多年戰爭？那像重慶完全孤立？」他那知我們有一般堅強的信心，秉持抗戰到底的決心，不是勝利，卽是毀滅，絕無妥協的餘地。

青年從軍，促進役政

青年從軍運動，是三十三年十月十四日　蔣主席號召知識青年從軍報國，決定編練十萬青年遠征軍。早年我們的兵役制度，未臻健全，不但知識青年很少服役從軍，而且征兵發生弊端，是年兵役署長因此而被判死刑。此時勝利在望，一方面廣大的戰區，在在需要人力的支援。一方面黔桂戰事緊急，在學青年救國心切，　蔣主席適時命令中央黨部分飭各地各級黨部與青年團部，發動知識青年從軍運動。募集登記的工作，由黨部辦，總負責人是吳鐵城秘書長。青年軍訓練工作，由軍事委員會辦，負責人是羅卓英將軍。此時爲鼓勵志願從軍的學生和公教人員等，優待、獎勵極盡其能事，因此從軍入伍者，都有崇高的榮譽感，鼓勵知識青年從軍所掀起的時代浪潮，增加了青年愛國的責任感，並對健全役政之建立，大有裨益。吳秘書長於開始發動時，爲了口號標語，特別召集了一次高級人員座談會，研究幾個口號標語，要簡單響亮，易說易聽，而能發人深省，永久不忘。大家苦心思索，不得交卷，最後是吳先生提出：

一寸山河一寸血，

十萬青年十萬軍。

這兩句口號，是以整個民族血淚凝成的，它具有千鈞的重量，打入了無數青年的心坎，憑這兩句口號，鼓動了各級宣傳人員無比的勇氣，和堅強的活力。在短期內完成了 蔣主席交給的使命。十萬青年學生龍吟虎嘯，爲保衞國家民族而戰，乃爲我贏得最後勝利的先聲。

一個緊急的呼籲

歐洲戰爭早已勝利結束，對日之戰，正在勝利的途中加速邁進，我們的全面反攻和盟軍在華登陸壯舉，卽將實現，日寇的敗亡，爲期不遠。可是，我們不應過分樂觀，更不該垂手而待，勝利愈接近，困難愈繁複，而我們的責任也愈艱重，爲了加速日寇的崩潰，早達復員還鄉的目的，我們要鼓起勇氣，忠實的盡量的發揮最後的最大的努力。尤其是察哈爾省淪陷最早，痛苦最深，情形亦最復雜，日寇爲作垂死的掙扎，可能據爲負隅頑抗的壁壘，因此，察省的規復，比較吃力，規復後的復員救濟以及其他必要的措置，特別繁難，需要我們通力合作，未雨綢繆，早爲之計。

察哈爾省在國防上和經濟資源各方面，都佔着特殊重要的地位，察哈爾問題如不能很快的得到合理的解決，則安定華北，保障中原，以至收復東北，綏靖蒙疆，也可說是國家整個的軍事政治前途，都有難言的危機。所以我們關切察省，不只出發於狹隘的桑梓的意識，實由更高的國家民族的觀念所趨使。我們相信中央一向注意察省問題，我們也相信地方政府和各地同鄉都在不斷的努力中，不過一般的說來，我們朝野上下，過去對於察省應做的種種工作，做的似感不夠，這個無可諱言的事實，究竟是中央對於察省情形尚有不盡了解的地方，還是地方官民各方各自應負的職責還未充分發揮；或者困於經費，一籌莫展。然而無論如何，我們的阿Q精神和駝鳥主義的處世態度，必須改正，同時在整個的決策和工作的方法各方面，尤有切實檢討和改進的必要。現在已到反攻決戰的前夕，我們如何慰藉殉難被捕同志的家屬，以鼓舞人心，提高工作人員的勇氣；如何接應盟軍，予以人力和物力的補給，如何組織陷區民衆，策動僞軍反正，以加速寇軍的潰敗；如何撫輯流亡和救濟戰區難胞；如何恢復戰後社會秩序；如何接收並繼續營運發展敵後工礦事業，如何培育青年新進人才和訓練各級工作幹部，如何懲治漢奸和處理敵奸造成的糾紛案件，他如毒品的禁絕和奴化惡化思想的清除，農村經濟的復興和各項建設的推進等等，眞是萬緒千頭，百端待舉，凡此種種措施，不能臨渴掘井，輕舉亂碰，咄嗟蕆事。都沒有周密的計劃，充分的準備，與妥善的辦法，並應寬籌的款，加強人事，多方配合，步趨齊一，方有實效。

時機緊迫，稍縱卽逝，政府方面，固望正視現實，把握時機，亟須以新的姿態，和新的作風，急起直追，周諮博訪，實幹苦幹，無論任何設施，務期眞實與最大效能，切忌虛應故事，坐待享成。人民方面，凡我大後方各界同鄉均應各盡所能。相機從旁效力，旅渝同鄉擬議籌組的復員協進會，正在積極進行，這是大後方同鄉效力桑梓的絕好機會，盼能早觀厥成，組織範圍更望擴而大之，其他各地均能聞風興起，相繼發動，各以在野身份協助政府，建議政府，推動一切，這樣朝野一致集思廣益，羣策羣力，齊向復員建設的大道，奮發邁進，那怕錯節盤根，不能迎刃而解！

民國三十四年七月一日於陪都

五、抗日勝利，善後救濟與復員

成都行

三十四年（一九四五年）二月十日羅斯福、邱吉爾、史達林舉行雅爾達會議，十二日羅邱對史達林成立蘇俄參加對日作戰之密約，以中國之旅順、大連灣與東北之權益以及外蒙之獨立，作為蘇俄參戰之條件。五月七日德國在歐洲戰敗投降。七月二十六日中美英三國發表波茨坦宣言，促日本無條件投降。八月六日美國使用原子彈以第一枚炸日本廣島，九日又以第二枚炸日本長崎。十四日日本正式宣告無條件投降。於此自七七事變以來，歷時八年，九一八事變以來，更達十四載的日本對華侵略，乃完全終止。九月九日何應欽代表最高統帥在南京接受日本岡村寧次大將呈遞降書，十月十七日國軍登陸臺灣，關於臺灣之收復，早於民國三十三年四月便已在重慶設立臺灣調查委員會，研擬收復計畫，並訓練了行政幹部一百六十人，警察幹部九百三十二人。當日本投降之後的民國三十四年九月一日在重慶成立臺灣省行政長官公署，十月五日設前進指揮所於臺北，十七日第七十軍由基隆在民衆夾道歡呼之下，進駐臺北，二十五日由臺灣省行政長官兼警備司令陳儀在臺北公會堂（現在的中山堂）接受日本臺灣總督兼第十方面軍司令長官安藤利吉投降，簽署了將臺灣版圖歸還中華民國的降書，臺灣自一八九五年割讓日本以來，過去了半個世紀，才正式回歸祖國懷抱。

抗戰勝利在望，我於四月杪奉派爲中國國民黨察哈爾省黨部執行委員，準備於第六次全國代表大會閉幕後北上。六全大會於五月二十一日閉幕。我於七月下旬偕察哈爾省政府主席馮欽哉、秘書長宋秀峯自重慶乘汽車出發，第一站在內江住宿，此爲成渝公路上的中心大站，與以產鹽出名的自流井相距很近，市面繁榮，盛產蔗糖及柑橘等水果。有許多家大飯店及裱字畫店。由其飲食與書畫，可徵此地的富足與文風。

第二站到了成都，成都爲古蜀山氏國，三國時的蜀漢及五代時的王建、孟知祥均建都於此，明清以來都是四川省會所在，附近有不少古蹟名勝，我早已嚮往，此次前來，所見另有一番氣象，當地較爲富裕的紳民，住所多係朱紅色漆的大門，五開五進，宅院寬深，樹蔭濃密，天井中有的養幾盆金魚，花木盆景等等觀賞設置，上面紫籐花架，格外風雅。街頭不少各具特殊風味的餐館與小吃店，我們品嚐了著名的吳抄手、賴湯圓、棒棒鷄、麻婆豆腐等小吃，確似北平風味。

市郊的名勝與古蹟不少，如丞相祠、青羊宮、望江樓、薛濤井、劉湘墓等，雖均以走馬看花式的悤悤一遊，總不免令人發生無限思古之幽情。成都西北十華里之灌縣，有兩大名勝，一爲三千年前我國之水利工程都江堰，一爲道教名山青城天下幽之青城山，我前此三過成都，行程倉卒，迄未往遊，此行自然不再錯過，都江堰爲三千年前秦代成都太守李冰父子所築，其時成都平原缺水，有時雨量不足，卽成旱災，而外江（岷江）流域，每屆夏令，山洪暴發，又時有水患，李思挹彼注此，卽防旱災，又絕水患，內外兩江以在灌縣距離最近，中僅一山之隔，乃設計將小山鑿一缺口，卽今之所謂龍門口，修築運河一段，溝通內外兩江，爲調節兩江水量，在龍口外築一長約里許之窄長攔水壩，僅上游留一缺口，經龍門口注入內江，如內江水量過大，則水越水壩仍回外江，使壩內水的深度有一定標準，在江底豎以鐵樁，每年淘灘至鐵樁爲止，並有六字密訣「深淘灘，低作堰」六字之碑，以敎後人，父死子繼，方竟全功，至秋收後，內江不需大量水源，則將上游入口杜塞，攔水壩以竹簍裝鵝卵石築成，雖經堵塞，仍有細流注入內江，每年春耕前，在一定日期將水壩上游之入口處開啓，使大量水流注入內江，卽所謂放水典禮，歷代相傳，皆由四川省行政首長親臨主持，以昭鄭重，放水後立卽馳返成都，要在水頭到達前，趕到成都舉行迎水禮，李冰父子廟面對都江堰，建築宏偉，遠過成都之武侯祠，平日香火甚盛，放水之日，更是人山人海，頂禮膜拜，歷三千年而不衰，遺愛在民，可以想見，人生職位無論如何顯貴，無非一時過眼煙雲，只有眞正造福人羣之事業，才能永垂不朽。青城山的山頂有上清宮廟可觀雲海、竹海與雪峯山下太師洞，風景秀麗，遐邇咸知。在成都滯留三日後經綿陽、劍閣、廣元入陝，途中占詩三首：

瞻拜杜工部草堂遺蹟

避寇南來拜草堂，悲笳悽咽勝漁陽。
京華東望胡塵裏，說與先生也斷腸。

緜州謁李白祠

當代仙才百世師，風流磊落滯人思。
清平一調誠奇絕，榮辱升沉概繫之。

廣元謁武后皇澤寺

女主英風足自尊，緜緜皇澤過猶存。
憂勞天下誠無負，善任并州狄梁公。

往陝途經大巴山與秦嶺時，有一天是個陰天，遍山為雲霧籠罩，汽車出入雲海，風景特別好看，我覺得秦嶺的山，比臨潼一帶的山還要好，後者好在於秀，秦嶺、巴山却都有雄壯崇偉的氣魄。八月七日抵西安下榻花園旅社，得悉日本廣島遭原子彈慘炸，十日清晨西安全市爆竹之聲，震耳欲聾，乃知日本對國際廣播，接受波茨坦宣言（表明維持天皇體制投降），興奮之情，難以言喻。

檢討日本慘敗的原因完全由其主政者的驕狂膚淺，他們只看在自己所造的機艦砲彈與坦克，以爲舉世無敵，更輕視缺乏裝備的中國軍隊；但是沒有估計到中國土地廣達一千一百多萬平方公里，人口五六億，而且有五千多年的文化歷史與不屈不撓歷久彌堅的民族精神，因此他們估計三個月打垮中國，我們却能堅決抗戰八年，獲得最後勝利。抗戰勝利來的如此突然，有些人有意無意中說，日本是被美軍打敗的，豈知我們抗戰了八年，達到了消耗敵人，拖垮敵人的戰略目的，日本大部份兵力投入中國廣濶的戰場上，等於被長期的凍結，正到精疲力竭之際，美國向其本土投下兩顆原子彈，不過是一道催命符而已。

侵略我們的日本帝國主義，現已被我們打敗了，但是我們還未達到眞正勝利的理想，我們必須澈底消滅侵略的野心與暴力，實現世界人類永久的和平與樂利。綜觀中國歷史，可以說是波瀾壯濶，可歌可泣，五千年來，屢仆屢起，輝煌之績業，指不勝屈。今日外患雖除，內憂方興未艾，但我們只要團結奮鬥，始終不懈，沒有衝不破的難關，沒有打不倒的敵人。我們堅信有人類就有眞理，人類一天不滅，眞理卽會存在，我們把握眞理，一致奮進，自救救世，成功左劵，就在我們手中。

生離死別，國事蜩螗

八月中旬李光蔭（曙辰）兄（曾任僞北京大學醫學院教授）自北平赴渝過陝，借住我處，據告我的原配柳映環夫人於農曆三月十七日病逝，突聞噩耗，悲痛莫名。念伊自我母棄養後，二十餘年來，領料家事，撫導兩弟，委曲求全，煞費苦心，全家昆仲妯娌融洽無間，其賢淑服人，可以想見。夫人體弱多病，由來已久，余固早慮其難與白首偕老；但若非抗戰八年的飽歷折磨，享年甫逾四秩，何竟與世長辭，八年前的淚別，不意竟成永訣。我左手所戴的赤金戒指，是當年我倆訣別時，她給我的贈物，睹物思人，更增傷感，我究何辜，幼失怙恃，中年喪偶，國難家愁，交相熬煎，上蒼待我何以如此殘酷無情！曙辰兄又說，至友唐壽榕（伯椿）兄亦於今春逝世，他是我中小學時的同學，在懷安縣城高等小學執教時的同事，多年志同道合的知交，他出身於直隸省立天津法政專門學校，詩文兼優，曾充察哈爾省立第一師範國文教員、懷安縣財政局長等職，抗戰前任懷安縣政府財政科長，察省淪陷後，因染鴉片嗜好，難以遠行，不甘屈辱，隱居賦閒，而家無恒產，貧病交迫，憂憤而死，忠貞不渝，雖死猶生，遺有一子，抗戰勝利後，由我與張志端兄資助入察哈爾省立張家口中學肄業。

我與喬席珍（察哈爾省黨部書記長）、馬在中、李培青、馮永孚諸兄於八月下旬啓程北返，因豫北冀南一帶隴海鐵路與平漢鐵路遭中共游擊隊破壞多處，難以通行，只得乘騾車經陝西省韓城至宜川，再騎騾馬經壺口瀑布渡黃河以至山西省吉縣，再轉臨汾。壺口瀑布在龍門上游，黃河自北南下，一瀉千里，盤旋於重巒疊嶂之間，激流澎湃，浪花四濺，濤聲震天，情至驚險，有如長江中游的三峽，是整條河流中灘險水急之處，也是有名的風光佳勝之區，兩面斷岩峭壁，緊迫河岸，水行峽谷，氣勢豪邁，無與倫比。「黃河之水天上來」，眞是最確切的形容。大禹治水時，此爲費盡心力之處，留下千秋不朽的事業及傳說神話，與供後人觀光瞻仰的名勝古蹟。龍門遊觀之奇，昔人曾有與浙江潮、匡廬瀑、峨嵋雪、洞庭月，相提並論。過吉縣時第二戰區司令長官兼山西省政府主席閻錫山正準備飛太原，臨行前夕承邀餐敘，席間詳析國內外局勢及將來演變，至爲中肯。閻先生是一位了不起的政治軍事家，抗戰前，山西省的經濟建設冠於全國，同時勵行村範制度，地方治安無與倫比，全省各地，眞是道不拾遺，夜不閉戶。日本投降時，共產黨雖有四團兵力進伺太原附近東西兩山，未能入佔太原，閻先生却在第三天就接收了太原城，爲全國收復最早的重要都市。臨汾爲古平陽邑，帝堯建都於此，城南有帝堯廟，是唐高宗顯慶三年（公元六五八年）從汾河之東遷建現址，規模很大，經歷代整修，保存完好，堯帝廟的中軸線上，先是牌坊，再則午門，前殿稱五鳳樓，樓後有三座亭子，正中天井間是八卦亭，左爲獬羊亭，右爲蓂莢亭，主殿卽是堯殿。後一進還有寢殿。中軸線之東，是禹王宮，文會殿上供着大禹的塑像，西是舜王宮，以重華殿爲主，再西有康熙殿，因爲清代康熙三十四年（一六九五年）大地震，將帝堯廟破壞很重，康熙下令重修，特撥巨款，要整修完好，故以此紀念。臨汾城東約四公里處的康莊堡有擊壤遺風亭，是金代任平陽府尹的張浩所創建。據帝王世紀載：「帝堯之世，天下太和，百姓無事，有八九老人擊壤而歌，歌曰：「日出而作，日入而息，鑿井而飲，耕田而食，帝力於我何有哉。」臨汾城靠同蒲鐵路，爲等候被中共游擊隊破壞的路基橋樑修復通車，小住十餘日後乃隨第十六軍第二十四師馮龍部隊搭同蒲鐵路火車赴太原，沿路山區潛伏共軍，且戰且進，行程緩慢，到達太原已屆九月中旬，在幷稍事逗留，復隨陸軍第二十四師由正太鐵路過石家莊轉平漢鐵路，於十月四日晚間抵北平，平漢鐵路之行，只在新樂縣境遭受共黨游擊隊的襲擊。北平經日僞八年來的蹧蹋，市面蕭條，民生凋敝，到處垃圾成堆，面目大非昔比。

北平情勢與善後救濟工作

經過了八年抗戰，北平的人民在日人、漢奸的壓迫之下，生活艱困，痛苦不堪；等到勝利，大家才透了一口氣，充滿了恢復幸福的希望。我到北平的次日，見到在前門外廊坊胡同經營銀號的姑表弟李甫川，他對我熱烈招待，親切異常，與我談了家鄉親友們的現況，及北平在淪陷期間發生過的許多可歌可泣的事實。我輾轉北歸，行李衣服非常單薄，承其爲我補置一切。

北平爲我國六大古都之一，西安、洛陽、開封、南京、杭州五大古都，各有其特色，但亦各有其缺點。北平則集合了各地長處，而無其短處。由於遼、金、元、明、清五朝千餘年的連續經營，只有建設而無破壞，故建築宏偉，文物薈萃，人情溫和，風俗淳厚，十足代表了中華文化孕育而成的泱泱大國之風的眞精神。金代粱襄曾說：「燕都地處雄要，北倚山險，南壓區夏，若坐堂皇而俯臨庭宇。」元代木華黎說：「幽燕之地，形勢雄偉，南控江淮，北連朔漠，駐蹕之所，非燕不可。」雖今昔異勢，但前賢說法，仍有其地略上之價值。蓋以其礪山帶海，擅高屋建瓴之勢，是我北部軍政樞紐之交通中心。近代以還，誰欲統治中國，必先控制北平，然後經營東北，經營西北，經營中原，進而經營全國，方能因勢乘便，置國家於磐石之安。尤其我國近代外患，以日俄兩國最烈，大一統的中國，如將首都設於北平，而對強敵策畫戰守，自較得力。何況抗戰末期，中共勢力已在華北坐大，窺視東北，爲敉平內亂，尤應着重於北方，因此當民國三十二三年間，抗戰勝利在望之際，執輿論牛耳之大公報，曾展開戰後建都之討論，黨國要人，社會學術各界名流，紛紛參與其議，發抒所見。在所刊布之近百篇文章中，絕大多數主張建都北平，其次爲西安，主張還都南京者較少（據說 蔣總裁亦以北平較好）。日本宣布投降後，政府計劃復員接收時，中樞大員曾有兩派不同之主張，一派主張建都北平，以平津爲中心，全力接收北方。一派則主還都南京，以京滬爲中心，全力接收江南，終以江蘇、浙江籍的幾位權威人士力主還都南京者佔了上風，乃成決定性的政策。此一政策，不但影響了當時接收華北的措施與行動，而且導致了整個大陸沉淪的惡運。

關於對日軍受降及接收工作，中樞規定全面受降，由盟軍陸軍總司令何應欽上將主持，於九月九日在南京舉行。其他地區，則分別指定各戰區司令長官及方面軍司令官分別辦理，進行都很順利。北平方面，而以第十一戰區司令長官孫連仲主持，他的部隊由華中逡巡北上，在平漢鐵路沿線新鄉至石家莊間，被中共軍隊截擊，阻遏受損，前進困難，至十月四日只有自陝西渡黃河經晉南轉平漢而來之第十六軍第二十四師（屬胡宗南部）抵平，孫連仲於十月九日自新鄉飛北平，次日（雙十節）在故宮太和殿主持受降典禮，我應邀參加觀禮，躬逢其盛。市民齊集太和殿前及天安門外廣場觀禮者，不下二十萬人，敵酋華北方面司令官根本博中將率領重要僚屬代表戰敗的日本軍民，向我受降長官俯首投降，呈遞降書及有關文件，每人並繳獻其最珍視的武士道軍刀一把，表示放下武器，解除武裝。大家目睹此一歷史鏡頭，無不悲喜交集，鼓掌高呼，臉上露笑，眼角流淚，歡聲雷動，震撼九城。自甲午戰爭，七十餘年來，中國飽受日本軍閥侵凌的奇恥大辱，深仇鉅痛，總算一掃而空。可是場面雖很隆重，而進軍北上序戰失利，致平漢鐵路北段始終爲中共部隊盤據或破擾，未能打通，冀晉豫三省始終隔離，華北國軍多恃空運海運，一直侷促於北平、天津、保定三角的狹小地區之內，而無放膽行動的積極作爲，此一序戰失利，非戰之罪，實爲人謀不臧所致。中樞決策者淺見輕敵，一棋失計終致貽誤全局，言念及兹，曷勝浩慨！

受降典禮中，許多觀衆的感想，可以後錄的詩一首爲證。

受降禮十月十日，太和殿人海人山。
孫長官訓令日軍，根本博伏首下顏。
想當年殘無人道，看今天階下囚般。
我領袖以德報怨，謀人類和平萬年。

軍事委員會北平行營（後改爲國民政府主席北平行轅）是華北最高軍政機關，設於北平，主任李宗仁，統轄第十一及第十二兩戰區，包括冀、察、熱、綏四省及平津兩市，但雖位高而權不稱，責不專，即有職無權，垂拱而不治，清靜而無爲，蓄德養望，深植其政治資本。此外第十一戰區司令長官孫連仲也是有職無權，心餘力絀，致使國共兩軍強弱易勢，形成惡劣的結局。

日軍投降後，北平附近冀察各縣多爲共軍進佔後清算鬥爭，民不聊生，家境小康者有的逃來北平避難，貧病交加，狼狽不堪，察省同鄉難民不下數千人，表弟李甫川、李普光在前門外開設小型錢莊，表弟康萬化在河北省高等法院檢察處任檢察官，堂妹丈趙福多父子在平避難，不久國璽、國彬兩弟亦先後來平，骨肉相聚，悲喜交集，彼此熱淚盈眶，個人的遭遇及家事一切，不知從何說起，迨善後救濟總署冀熱平津分署保定工作隊成立，介紹國璽弟於該隊服務，國彬弟先後在教育部熱察綏青年復學就業輔導委員會及察哈爾省政府財政廳任職。他們的生活均有所寄託。

華盛頓聯合國善後救濟總署（簡稱聯總）決定以六億美元的善後救濟物資給予中國後，聯總即陸續派工作人員到我國監督辦理中國善後救濟工作，我國政府方面，在行政院下設善後救濟總署（簡稱行總）其英文爲 China National Relief and Rehabilitation Administration 簡稱 CNRRA 讀爲 SINRA，特任蔣廷黻博士（中國歷史學權威，曾任清華、南開等大學教授，行政院政務處長，聯合國中國代表）爲署長，李卓敏、浦薛鳳爲副署長。行總成立於一九四五年日本投降之前（其時行政院院長爲宋子文），日本宣布投降後，全國各地區如滬浙地區，蘇寧區，東北區，晉察綏區等各設分署。美京華府並設辦事處，以鄭寶南爲處長。冀熱平津分署設於北平，童冠賢（曾任審計部次長、中央大學教務長、安徽大學法學院院長、晉陝監察使等）爲分署署長童冠賢先生於十月中旬到平開展業務，承邀擔任該分署專門委員兼代主任秘書，該署先設於北平西城北洋政府時期的陸軍部，嗣移東交民巷德國駐華公使館舊址，設秘書室、會計室、振務組、運輸組、衞生組、總務組及專門委員室等，天津保定承德各設辦事處，並於各重要地區分設六個機動性的工作隊，救濟物資包括麵粉、奶粉、衣物、肉類罐頭、藥品等，全由美國分由海空直接運來，業務範圍消極的爲各地難民衣食住的救濟，積極的爲善後建設工作，如清華、南開、燕京各大學之校舍修復，資助保定農醫兩學院的復校，平津兩市救濟院之擴展，以及永定河上游懷來官廳水庫之興建等，爲其犖犖大者。署長宣化童冠賢先生學者從政，做事認眞，公私分明，謹嚴不苟，督導所屬，嚴而不苛，特別注意工作效率。

民國三十四年（一九四五年）十二月二十七日美國杜魯門總統特使馬歇爾與國民政府代表張羣、中共代表周恩來成立軍事三人小組，會商停戰十日商訂停戰協議。三十五年（一九四六年）元月十三日北平軍調處執行部成立。

聯合國首次大會於一九四六年一月十日起開幕。十三日安全理事會成立。中華民國爲常任理事國之一，決議以中美英法蘇五國文字爲正式語文。

我與童啓泰夫人於民國三十五年農曆正月十六日在北平訂婚，國曆四月八日在中山公園來今雨軒舉行結婚典禮，證婚人爲中訓會舊同事屈凌漢（時任河北省政府社會處長），主婚人女方爲啓泰堂兄童效先先生，男方爲我表弟康萬化代伯父進安公擔任，爲履行節約，雖未柬邀親友，但聞訊而來觀禮者達百餘人，謹以西餐款待，啓泰時年二十七歲（民國九年農曆十二月十一日生於宣化），童尙友先生之第五女，國立北平產科專校畢業，曾在高陽及焦作醫院執業，此時適在母校任職，婚後先住北平東四牌樓汪芝麻胡同三號，嗣遷南河沿金鈎胡同一號，次年元月六日舉一男，卽次兒一岑。

岳丈童尙友先生，字逸軒，前清舉人，曾任直隸省立宣化師範教師，我伯父進安公曾受業於門下，承告：他極富幽默，授課時，旁徵博引，趣味橫生，學生莫不敬愛。年五十六歲因病棄養。岳母馮太夫人，爲蔚縣北水泉鎭望族，知書達禮，年十八歲時，歸逸軒公爲續絃。伉儷相莊，生兩男三女，逸軒公逝世時，伊方三十五歲，持家井然，勞怨弗辭，勗勵子女，不稍放縱。太夫人秉性仁慈，親朋故舊遇有急困，無不親切存問，予以濟助，或有乞貸者，雖無餘資，亦必設法以應其求，而自奉儉約，艱辛備嘗。因其體弱多病，於民國三十五年八月四日病逝於北平同仁醫院，享壽五秩有九。長男啓蒙南京中央大學電機系肄業，次男啓昧畢業於國立北洋大學土木工程系，留學美國明尼蘇達州立大學研究院得碩士學位，在美國任事。女啓哲（行四）成都華西大學眼科畢業，任北平大學附設醫院眼科大夫，六女啓新畢業於北平輔仁大學（久任中學教師，桃李稱盛）均有卓越成就。

國民政府與中共代表舉行之政治協商會議，於民國三十五年一月十日在渝開幕（三十一日閉幕），軍事三人小組商定國軍與共軍停戰協議，其要點爲㈠雙方停止一切戰鬥行動，㈡除國軍爲接收國家主權開入東北及調動外，其他軍隊一律停止調動，㈢停止破壞或阻止交通之行動，㈣成立北平軍事調處執行部。國民政府先後於三十五年一月十日及六月六日頒布兩次停戰令。

國民政府於三十五年五月五日還都南京，舉行還都大典。

克復張垣，致力復員

日本投降後，駐守張家口之日軍首長迭電我駐綏遠之傅作義將軍，請速派員接收，奈以限於兵力與交通運輸，一時無法到達察境，致被中共軍藉蘇俄大力協助而佔了察哈爾省全境。張家口是華北煤鐵產運中心，亦爲控制平津，直通外蒙，屏障綏、寧的軍略要地，日人盤據八年，將察、綏、晉北及蒙旗財富均集中於此，輕重工業大小工廠近百餘家，因此佔領張家口，卽可左右華北。共軍佔據不久，卽將赤都由延安遷來張垣。馬歇爾之華北調處，制憲國民代表大會之召開，均因共黨在張垣得勢，而受到相當之阻礙。傅作義奉命接收張垣，綏靖察綏，於歸化、包頭兩市解圍後，卽向綏東挺進，收復了集寧，接着分兩路東進，一路由涼城經晉北直向張垣進迫，一路出興和繞察北側進，至三十五年十月十一日克復張家口。大規模的工廠與高大建築物，被共軍焚燬很多，慘不忍睹。國軍陳繼承部自南口進兵懷來，與傅軍呼應，察南各縣，相繼收復，傅作義奉調爲察哈爾省政府主席。此後，軍調工作又繼續執行，華北局勢暫告穩定。

十一月二十五日制憲國民大會在南京國民大會堂開幕，各黨派與各界代表一千三百五十五人出席（共產黨與民主同盟兩派缺席），此爲革命史上最艱鉅之創舉與劃時代的新頁。十二月二十五日中華民國憲法經國民大會通過，並決定於三十六年（一九四七年）十二月二十五日實施。憲法全文凡十四章，一百七十五條（十二月二十四日國民大會通過「憲法實施程序」）。

三十六年元旦，國民政府公布「中華民國憲法」及「憲法實施準備程序」，積極準備行憲。

民國三十六年二月二十八日，臺灣省因臺北緝私煙稅案件，發生暴動（卽所謂二二八事變，據說有由大陸經海南島滲入臺灣的共黨份子煽動羣衆肇成騷亂），究其主因，殆由地方當局（行政長官陳儀）剛柔失常，寬嚴欠宜，上下枘鑿，鑄成大錯。

我奉三民主義青年團中央團部令派爲察哈爾省支團部書記（仍兼察哈爾省黨部委員）於二月初回張家口開展工作，支團部設於前中山公園大廈，派李士翹、白郁文、傅金泉、沈寶元、王化民、張義讓等爲宣化萬全懷安涿鹿懷來張北等縣分團書記，至三月初旬各縣分團次第成立。以中央大學畢業之朱丕生同志爲察哈爾省童子軍分會總幹事，主持各中等學校童子軍組訓工作。我以個人名義與秦豐川兄（時任張家口市長）合作創辦民生週報。

塞北中學於民國二十六年察哈爾省淪陷後，敵僞利用其校舍與設備先後改辦僞察南師範及僞蒙疆工業專科學校，日軍敗降後，學生星散，先後爲中共軍及國軍佔駐。我回張垣交涉收回，幸無重大損壞，承善後救濟總署晉察綏分署資助，酌予修繕，於暑假後復校招收男女新生八班共四百名，九月一日正式上課。敎導主任王之恕，事務主任柳鳳巢均爲戰前舊人。我兩度掌理塞北中學六年有奇，自始至終，與全校師生共同生活，每日升旗、早操、軍訓以及課外活動等，都親與參加。本身職務着重全校精神之領導，及校務計劃之釐定與執行。至實務工作，交由各有關部門分層負責。校內敎職員一視同仁，除以互助精神相勗勉外，並注意同行間友誼之增進。對校工亦予訓練鼓勵，故全體員工無不竭誠服務，使校務進展日新月異。爲使學生好學深思，奮發向上，常與教務、訓育、體育各主任及級任導師，在週會或級會上講話，作時事分析，人生要義等，使每一學生，認識其前程遠大，自強不息，養成任重致遠之能力。當時青年學生經多年來日本奴隸教育的毒化，又受中共宣傳的蠱惑，心神徬徨，國家觀念缺乏，民族意識低落，既無中心思想，尤乏正當信仰。針對急需，我於週會上，一次以「今日青年學生應有之精神與責任」爲題，對全體師生講話，略謂：今日的青年，即他日的壯夫，今日學生，他日即國家社會的主人翁，故青年學生必須堅決努力自勵，不容稍懈，種瓜得瓜，種豆得豆，善因美果，是看種之如何，自愛自勵，爲青年學生應有之精神，本此偉大精神，惕勵發揮，而終爲國家社會謀眞正之福利。關於責任，㈠對國家的責任，應負革故鼎新之責，當以剗荆剪棘爲前題，以改造國家爲職志。㈡對社會責任，吾國今日之社會，腐敗已極，吾儕對於社會要負革新之責，則凡社會腐敗習俗，制度等等，以及一切舊社會的惡勢力，應迎合新潮，輸導文化，謀以改革，竭力剷除，轉變萬惡腐敗之社會，爲新明健全之社會。切忌唯唯否否，甚至隨波逐流，同流合污，方不愧爲新時代的青年，社會的革新主力。又一次以「青年應有的抱負與修養」爲題講話。大意是：青年爲國家的主人翁，應該以遠大自期。宋代學者程頤先生說：「莫說道第一等讓與別人，且做第二等。才如此，便是自棄。」我們青年學子，應該立志做第一流人。孔子說：「士不可以不弘毅，任重而道遠。」國父勉勵青年要立大志，立了大志，方能做大事，成大業，立大功。這些啓示，具有深長的意義，青年們應拳拳服膺，立定大志方針。修養方面：㈠有健康才有事業：對於身體，必須注意鍛鍊，要改正中國人不喜運動的舊習；同時更須重視攝生與營養，並養成勞動習慣。㈡有知識才有力量：西方有句諺語，「知識卽是權力」。數十年來高度科學技術的發展，可以爲證。故須確信知識是建功立業的最大武器，學無止境，活到老，學到老，自強不息，才能高人一等。㈢能實幹才能移風易俗：我們的弱點，在於尙空談，重形式（舖張表面），爲學不求深入，做事不切實際，新時代青年，要以實幹苦幹精神，力矯此弊，勿畏艱阻，埋頭苦幹。㈣具遠見才能成大器：實幹是一種行動，引導這行動的，該有一種遠見。勿爲游辭所動，勿以虛名所錮，勿以窮困所脅，勿急功近利，倖求晨栽樹，晚成蔭，放大眼光，有爲有守，以期學問與事業，有更大建樹。㈤克己利人才能使生命不朽：人生以服務爲目的，要秉「先天下之憂而憂，後天下之樂而樂」的心腸，務期殫精竭慮，對人羣福利有所貢獻。

塞中復校後，審度校內外情況，訂定第一年計畫，着重維持整理，致力教學，特別着重訓導，煥發學生精神，經數月之努力，幸能早期達成。三十七年春季開學後，察省局勢穩定，學校校務一切，俱上軌道，故第二年計畫，注意經費之增加，設備之改進，除加強全體學生品德陶冶與體格鍛鍊外，並自第二學年起，增授科技課程，俾其畢業後，不克升學時，就業可應需要。對於社會方面，設法力與連繫，一方利用學校人力物力，改進社會生活，使學校與社會打成一片。一方使社會了解學校，贊助學校，通力合作，共謀校務之發展。故塞中能於數年之間，飲譽遐邇。

馬歇爾特使在華調處工作，至三十六年初，已見失敗。華北所駐美軍撤退，馬歇爾奉召返美，任國務卿。中共在蘇俄積極支援下，公然反對國府各項措施，並在東北利用蘇俄所繳日軍武器，大量收容僞軍，加緊擴張軍力，企圖席捲東北，威脅華北。此時在華北能與共軍抗衡，且不時予共軍重大打擊者，惟傅作義所部。中央爲適應此一情勢，加強剿共陣營，防止共軍林彪等部竄入關內起見，遂任命傅作義爲華北剿匪總司令，總轄晉、冀、熱、察、綏、平、津軍政事宜。傅作義所部國軍主要編制爲：第三十五軍董其武，轄一〇一師郭景雲，新三十一師安春山，新三十二師李銘鼎；暫三軍孫蘭峰轄暫一〇師王贊臣，暫一一師王子修，暫一七師朱子純。騎四軍袁慶榮轄新騎三師粱立柱，新騎四師王憲章；第六十軍何文鼎轄第三十六師。迨察綏兩省府改組，董其武、孫蘭峰分任綏察兩省府主席後，郭景雲任三十五軍軍長，安春山爲暫三軍軍長，袁慶榮爲暫四軍軍長，前兩軍各轄三個步兵師。後一軍轄兩個騎兵師，此乃傅作義接充華北剿匪總司令之最大資本。

中國國民黨第六屆中央委員會第四次全體委員會議於民國三十六年十月十日開幕，決議黨團合併。開會時，我奉召與于純齋、童秀明、唐鴻業赴京列席，閉會後，回察遵卽結束團務，與省黨部妥辦各屬合併事宜。

我自南京北返時經上海逗留五日，過北平携啓泰夫人與岑兒母子倆到張垣小住一月，岑兒出生未足十月，喃喃學語，深受國璽、國彬兩弟喜愛。

十一月二十一日全國各地舉行國民大會代表選舉，十二月二十五日中華民國憲法開始施行。民國三十七年（一九四八年）一月二十一日全國各地舉行首屆立法委員選舉。繼之各省市議會選舉行憲第一屆監察委員。察哈爾省應選之監察委員五人，由我與谷鳳翔、張志廣、劉耀西、郭堉愷當選。三月二十九日行憲第一屆國民大會在南京揭幕，四月十八日國民大會通過憲法增加動員戡亂時期臨時條款，總統在戡亂時期得爲緊急處分。四月十九日國民大會選舉中華民國行憲後第一任總統， 蔣中正以二四三〇票當選。二十九日選舉副總統，李宗仁以一四三八票當選，總統與副總統於五月二十日宣誓就職。

軍事政治配合問題

（民國三十七年二月張家口奮鬥日報輪我寫的星期社論）

前晚河北省臨時參議會全體參議員歡宴傅總司令，席間傅公重申戡亂信心，強調組織的威力，他說：『軍隊要靠人民的力量，才能完成戡亂的任務，而人民也必須組織起來，才能協助軍隊，所以我們要為了人民而組織人民，要以經濟的力量組織人民，每收復一個地方，必須發揮組織的力量，貫澈土地政策，使參加戡亂的人，都可以享受土地政策的利益。』這就是說，戡亂不僅是一個單純的軍事行動，他不但需要政治和軍事密切配合；而且必須將政治經濟問題，在軍事開展中同時解決。因此，我們聯想到今後軍事政治的配合問題來。我們誰也不能否認今天是科學的羣衆時代，現代的鬥爭，無論是政治的鬥爭，經濟的鬥爭，或武力的鬥爭，都是有組織者勝，綜合力強者勝。戡亂是一種鬥爭，兩年來的戡亂進程當中，有許多地方，因為軍事和政治的脫節，而致徒勞無功，已成無可諱言的事實，今後軍事政治究應怎樣密切配合，這是我們值得研討的問題。

首先我們從軍事政治的策略上講。共黨的策略，是以經濟決定政略，以政略決定軍略，以軍略掩護政治，以政治維護經濟，可以說是三位一體密切揉合。我們要克敵致勝，一定要針對他的政略軍略，拿出一套有效的作法來，在軍事上和政治上有所作爲。共黨認定了中國的人口大多數是屬於農民，中國的經濟是以農業爲主的經濟，中國的社會是封建制度佔優勢的社會，是兩頭小中間大的社會，在這種型態的社會，不需要也不可能產生無產階級專政的社會革命的，所以他們爲了急於達到掠奪政權的目的，便以打倒地主，強分田地，煽動農村階級鬥爭，製造人與人間的仇恨，同時到處燒殺，到處破壞，促成國民經濟的總崩潰，使人民陷於顛沛流離，鋌而走險，以便擴大其叛亂的隊伍，加強其叛亂所憑藉的基礎。我們爲着加速戡亂建國的完成，共黨要爭取農民，殺去地主，我們便須稅去地主，買去地主，扶植自耕農，使耕者有其田。共黨要盡力擾亂破壞，製造貧窮，鼓舞暴動，造成他們所謂「革命」環境，我們便要力求安定，積極建設，救濟災難，改善政治社會，遏止一切亂源。換句話說，就是共黨是要煽動階級鬥爭，我們還要調和階級利益；共黨是要使中國由兩頭小中間大的社會，變成了絕大多數無產者和極少數有產者對立的局面，以增大其基層羣衆，我們是要藉平均地權，節制資本的作用，以減少貧富懸殊的矛盾。共黨的政治策略和我們的策略不同，所以他在戰略上是採取拖的戰略，就是所謂長期消耗戰，戰略採守勢，戰術取攻勢，求戰而又避免主力決戰，我們則採速戰速決，一面作戰，一面建設。

我們相信，我們的政略和戰略是絕對正確的，只是在行動上，政治總是趕不上軍事，無可諱言的是政略和軍略脫了節，例如平均地權、耕者有其田，這是總理遺教，是實現民生主義的一大原則，我們應該是勢在必行的，現在不但沒有實現，就連一個過渡辦法的二五減租，各地推行也不澈底，甚至還有的地方從未推行。又如節制資本，也是民生主義的主要辦法，同樣是只見空談，尠有實效，致有所謂官僚資本、囤積商人、擾亂經濟、破壞金融，造成社會經濟種種紊亂狀態，我們渴望政府大刀濶斧改革政治，所謂大刀濶斧的改革，應該就是切實的實行三民主義，使政略和戡亂戰略密切配合。

復次，人事配合，亦應注意，共黨是厲行黨政軍領導一元化的，所以他們的組織特別嚴密，行動特別迅速，我們要戰勝共黨，我們的黨政軍民一定要發揮共信、互信、自信的三種信心，加強組織力量，務使精神物力揉合一起，以期上下一致，彼此呼應。這樣，各方面的實力，不至於徒耗，戡亂的時間才能縮短。

六、監察委員三十年

行憲監察院成立，風雨如晦

我國監察制度，起源甚早，歷經周、秦、漢、晉、隋、唐、宋等朝代，形成御史臺、諫議大夫、都察院等監察制度，職司糾彈文武百官之不法，與諫諍君主之缺失。清代將吏、戶、禮、兵、刑、工等六科，併入都察院，造成臺諫合一制度。清代都察院，六科十五道（全國分十五道）之職權有：建議、彈劾、監察行政、考察官吏、會審重案、辯明冤枉、檢查會計、封駁詔書、註銷案卷、監察禮儀等，與現行監察院之職權近似。國父領導國民革命，創建民國，倡行五權憲法，擷取歐美三權分立制度的精神，與我國歷代御史諫官制度的優良傳統，主張於行政、立法、司法三權之外，復將考試、監察兩權，獨立行使。民國十四年七月一日國民政府成立於廣州，是月十七日即公布國民政府監察院組織法。八月一日創立監察院，爲五院中成立最早者，十六年四月國民政府奠都南京，十一月五日重行制頒監察院組織法，其職權爲：㈠發覺官吏犯罪，㈡彈劾違法失職官吏，㈢考察各種行政，㈣行使審計權責。十七年六月國民革命軍完成北伐，統一全國。十月中國國民黨中常會通過訓政綱領，及國民政府組織法，試行五院制度，修正監察院組織法，職司彈劾與審計二權。（二十六年抗戰軍興後，復行使糾舉及建議兩權），先後選蔡元培、趙戴文、陳果夫爲院長，負責籌備工作。二十二年二月由于右任爲院長，訓政時期之監察院正式成立，由國民政府任命朱慶瀾、劉成禺、吳忠信、謝无量、高一涵、田烱錦、奇子俊等二十三人爲訓政時期的首屆監察委員，旋增至四十九人。至三十六年增爲五十四人至七十四人，無任期規定。嗣爲使監察工作普及全國起見，仿明、淸分道巡察之制，提請國民政府特派監察使，分赴各監察區巡廻監察。監察使得由監察委員兼任。全國劃分十九監察區，但實際只成立十四個監察使署，爲晉陝、豫魯、河北、江蘇、浙江、皖贛、兩廣、閩臺等。抗戰期間，並組織戰區軍風紀巡察團兩個，巡察長江南北各戰區，三十五年秋結束。

行憲監察院於三十七年六月五日正式在首都南京成立，依憲法規定，監察院爲國家最高監察機關，監察委員由各省區等額間接選舉產生，每省五人，每直轄市二人，蒙古各盟旗共八人，西藏八人，僑居國外之國民八人。依法行使同意、彈劾、糾舉、糾正及審計權。

行憲首屆監察院監察委員全體會議於六月五日開幕，八日于右任當選爲監察院長，十二日劉哲當選副院長。二十四日行使同意權，同意王寵惠爲司法院長，石志泉爲司法院副院長。張伯苓爲考試院長，賈景德爲考試院副院長。七月十四日大法官人選行使同意權，同意洪文瀾、江庸、燕樹棠、黃右昌、郗朝俊、張式彝、李伯申、胡伯岳、張于潯、林彬、劉克雋、沈家彝爲大法官。十五日同意陳逸松、周從政、李運華、于樹德、盧毓駿、張忠道、盧逮曾、趙青譽、黃麟書、張默君爲考試委員。（按本屆監察委員經選出並經政府公布之總額爲一百八十名，自是年五月二十六日總統頒布召集令起，至四十三年六月五日止，迄未至院報到者二人，辭職者一人，死亡出缺者十四人，投附共黨者九人，實有名額一百五十四人。）

我自六月五日至京報到，出席監察院第一次院會起，陸續參加各種會議，當選爲經濟委員會召集人（每一委員會設召集人兩名），在京逗留四十餘日，因暑假期屆，塞北中學校務待理，於七月十五日離京北返。塞北中學於本屆暑假招考新生五班，全校新舊學生十三班，共計六百餘名。

自九月至十月間國軍先後撤出東北各省市後，濟南開封亦相繼失守，十一月八日國軍與共軍在徐州展開會戰，中共以八十萬兵力圍攻徐州，國軍堅守，碾莊之第七兵團司令黃伯韜奉令向西突圍，官兵傷亡殆盡，壯烈殉職。十二月三日，國軍放棄徐州。繼之蘇北、淮陰、淮安先後失守。（國防部副參謀總長劉斐，廣西省人，主持作戰計劃，孰料彼係共諜，前方國軍作戰部署詳情，彼均隨時密報共軍，大陸陷落後，彼在北平任職。）

十二月十五日北平被圍。華北軍事的挫敗，受東北失守的影響很大，東北的失敗，在抗戰勝利起即經註定，蘇俄既將進據之黑龍江與嫩江、松江、合江、哈爾濱、旅順、大連八個省市統治權，與解除日軍武裝所得大量軍備交給共軍，而中央政府標榜精兵政策，對僞滿軍隊明令遣散，不予收編，正好我棄敵取，大部僞軍相率投共，中共林彪出關，輕騎簡從，不勞而獲。迨國軍開入東北，只據遼寧、安東、遼北、吉林四省的幾個重要城市，不過是些點線的控制，中央無論政治軍事，先天已佔優勢，故其發動凌厲的攻擊，節節勝利，不啻摧枯拉朽。一着之誤，牽動全局，曷勝浩嘆！

長兒一山於七月初由北平河北省立高級中學（即前直隸省立第十七中學）畢業，我於中秋節後，携眷經天津搭招商的秋瑾輪過滬入京，住保泰街秋元坊監察院宿舍，到京未久，因軍事逆轉，通貨膨脹，物價飛漲，食米搶購困難，人心惶惶失措。我離張垣時，塞北中學校務暫請董事張志端（景方）代理，原擬於寒假前北返料理，而以張垣、平津危急，竟成空想。

南京習稱金陵，戰國時楚置金陵邑，這個幾經起伏的都城，在兩漢時代，尙未顯出其重要性，迨三國時孫吳開始建都於此，其重要性才突然顯現，自此一直下去，成爲長江下游最重要的據點，故有「長江鎖鑰」之稱。但其弱點是地位過於突出，甚易受到包圍，可以說是進攻重於退守。孫權曾在莫愁湖（其時正是江身）附近的清涼山修過一個堡壘，名爲「石頭城」，所以南京也稱石頭城。東晉、南朝（宋、齊、梁、陳）都曾在此建都，梁朝尤特信佛，「南朝四百八十寺，多少樓臺煙雨中」，可見當地的佛寺向來是著名的。惜以連遭兵燹，所餘無幾。明代所建報恩寺，據說規模很大，毁於太平天國，現只剩下一個塔頂。這個寺塔，是與開封鐵塔差不多同時的。現存寺廟，只有城內的鷄鳴寺與清涼寺，城外的靈谷寺與棲霞寺，鷄鳴寺據云卽是梁朝的同泰寺故址，規模遠不如當時的宏大，只是其中的一部分。是一個中型的寺院，在北極閣東麓上，中央研究院的後面。清涼寺在清涼山的西部，清涼山大部分已開闢作山西路高級住宅區，清涼寺與江蘇圖書館的龍蟠里尙保存有許多樹木。袁子才的隨園故址（建址在當時的小倉山）在清涼寺之東。現在上海路與山西路的大部分可能均爲隨園遺址。靈谷寺在陵園，其規模是在這些已知寺廟中的最大者，在太平天國時全毁，只剩下一個無樑殿，殿頂已破壞。迨建造陵園時，在後殿遺址，改爲陣亡將士祠，也修復了無樑殿，再在後面建了一個陣亡將士塔。並修復了前面的誌公塔（誌公爲梁朝釋寶誌禪師，出家修禪，披髮徒跣，着錦袍，往來於皖山劍水之下，以翦尺拂子挂杖頭，負之而行）以紀念誌公，也保存了靈谷寺的一個殘跡。棲霞寺在南京之東北，原爲隱者明僧昭的故居（明姓來源不詳，應卽「昭、屈、景」的昭姓所改。在晉以前無明姓，因避司馬昭之名諱，凡昭都改爲明，例如昭君改爲明妃），後改爲寺，爲南京郊外大寺之一，卽所謂千年古刹的棲霞山。

南京的名勝有明孝陵、中山陵、玄武湖、莫愁湖、燕子磯、秣陵關、雨花臺、棲霞山等，我三度來京，前兩次居期短暫，無暇遊覽，這次挈眷居留約有三月，因心情的關係，僅到過明孝陵、中山陵、玄武湖三處，不無遺憾。

十二月中旬，首都中央各機關人員眷屬實施疏散，啓泰攜兩兒隨張季春、賈維欒等兒眷屬搭教育部疏散火車，經杭州至南昌，我因奉推與陳禹山委員（遼寧人）調查中國紡織公司總經理束雲章被控違法舞弊案，逕之杭州返滬查案，彼等由杭州登車成行後，我在杭州多留一日，杭州是浙江的省會，位於西湖與錢塘江之間。所住旅社毗近西湖，杭州西湖，儀態萬千，四時俱秀，雨晴雲月，各具幽姿，美麗無比的湖山，不知沉醉了多少朝代，迷離了多少人心。我欣賞了西湖斷橋一帶的風景，散遊了杭州的幾個街巷，物富文豐的表現，雖然沒有心情詳加領略，但總覺比之南京、上海有說不出來的高雅氣氛。常言道：上有天堂，下有蘇杭，事實上遊過這兩地的人，都同意杭州優於蘇州，西湖的風景甲天下，這是無可否認的。最引人入勝的南屏山、淨慈寺、靈隱寺、雷峯塔、梅花嶼、放鶴亭、白沙堤等處未及遊訪，深以爲憾。中紡公司查案完結後，我於十二月底前往南昌，啓泰與兩兒在南昌旅舍相候，南昌自古爲江南重鎭，古蹟勝景頗多，如滕王閣、百花洲東湖（中有冠鰲亭）、西山萬壽宮，青雲埔廟（內八大山人畫）等都是觀光者必到之處，我在南昌逗留數日，只拜訪了贛皖監察行署金委員維繫、黃委員覺等，蒙其聯合公宴，在匆促疏散中，殊鮮閒情逸致未能一一遊覽。

民國三十八年（一九四九年）一月初旬，我們全家到了湖南省湘潭縣屬株州鎭，該鎭爲粵漢鐵路與浙贛鐵路的交接點，內兒童啓昧畢業於國立北洋大學土木工程系，曾任黔桂鐵路工程師，抗戰勝利後，在株州開設中華營造廠，承包兩路橋樑雨棚營繕工程，我們下榻該廠，準備經廣州往臺灣之行。株州瀕臨湘江，有不少幽美的天然風景，因值梅雨季節，連日霪雨，致少出遊。

傅作義晚節不終，平津失陷

元月十一日皖北蚌埠失陷，國軍邱清泉司令官殉職。共軍長驅南下迫近長江，南京安全大受威脅，十五日天津陷落，十九日塘沽失守。北平華北五省剿匪總司令傅作義被迫談和，三十一日共軍進佔北平。

憶當傅作義接掌華北剿總之時，其作戰計畫，原擬以自統基幹部隊三個軍，先掃蕩察哈爾省境內的共軍聶榮臻、楊成武之第二野戰軍，使平綏鐵路暢行無阻，由察綏兩省能順利通達平津。然後再會師河北平原，協同中央軍團對林彪所率之第四野戰軍決戰。故將其第三十五軍部署於懷來與宣化兩縣間，以新保安為中心；暫三軍布防於宣化、張垣之間，暫四軍留駐於張垣以西。

（三十七年十月間，蔣總統視察北平時，傅受命獨當一面，當 總統離平之際，傅請示平津危急時最後方針， 總統指示向綏遠集中。……）

平津戰役的地理形勢，在共軍方面，不能只注意到天津、塘沽地區，而無視張家口、新保安與南口一帶。因此等地區，係傅部北進的後路，如果當時傅決策先進河北，會合中央軍各部，也許可以打敗共軍的二十萬華北野戰軍。林彪所部在東北重新裝備了日本關東軍遺留之大量武器後，於三十七年十一月二十三日洶湧入關，首先注意傅部動態。孰料剿總秘書長王克峻（字明德，傅作義之小同鄉，一直隨傅任事，曾任機要秘書及綏靖主任公署之主任秘書等職，夙爲傅所深信。）久爲中共間諜，傅之作戰計畫，彼均全盤密報中共。林彪根據密報，即以兩個縱隊，進迫南口，以孤立新保安與張垣間之國軍，並封鎖傅部北進的後門。林彪部出熱河，經沽源、獨石口、龍關而直迫懷來、宣化間之新保安。駐防新保安之第三十五軍郭景雲軍長所率三師主力，措手不及，未及與共軍正面作戰，即被林彪部的猛烈砲火擊潰於新保安兩山的深溝中，郭軍長殉職，全軍傷亡過半。共軍於十二月二十二日攻佔新保安。暫三軍安春山軍長聞三十五軍被困，趕速率部赴援，適以天氣嚴寒，冰雪載道，交通阻困，遭林、聶等部共軍分路進襲，進退失據，亦告敗潰。暫四軍袁慶榮見大勢已去，只得掩護潰退友軍，向察北與綏東撤退。張家口於十二月二十四日淪陷，傅部三個精銳的基本部隊潰損慘重。

共軍攻陷張垣後，會同由山海關入侵的另一主力，進佔津沽地區，此後北平四面楚歌，成爲孤城。駐守北平之國軍，除少數中央軍外，傅部僅有自察哈爾潰散撤至平西郊區的三十五與暫三兩軍之殘部，戰鬥力已大減弱。傅作義外受毛澤東嗾使之鄧寶珊、張治中、邵力子等靠攏變節份子的勸誘，推波助瀾，內以部屬共諜王克峻、周北峯（曾任綏遠地政處長）、閻又文（曾任傅所辦奮鬥日報社長）等的慫恿，自覺挽救危機，苦無對策，一念之差，接受和談，拱手投降。

我自民國三十五年冬，傅作義任察哈爾省政府主席兼察綏綏靖主任以至三十七年擔任華北剿匪總司令以還，先後兩年餘，約有六度與之因公晤對，覺其氣態和諧，平易近人，語頗扼要警惕，鮮有一般舊軍人官僚習氣。他在抗戰前後，無論軍政各方面，都有輝煌表現。但一個人的氣節，不能單看平時，而要視其在危疑震撼時的風骨，所謂「時窮節乃見，世亂識忠奸」，正是說明了證實邪正，辨別善惡的關鍵。傅作義晚節不終，前功盡棄，不勝惋嘆！

蔣總統迫於大勢，元月二十一日宣布暫行引退，由副總統李宗仁代行總統職權以冀消兵弭戰。李宗仁派張治中、邵力子、黃紹雄、章士釗、李蒸、劉斐六人飛北平與中共進行渺茫的和談。中共代表爲周恩來、林彪，選定四月一日愚人節爲舉行和談日期，一面揮軍進逼，一面叫囂和談，故布疑陣，軟化政府軍戰力，結果李宗仁上了大當。

中央政府走向失敗的種種跡象，早於民國三十七年底完全暴露。在經濟上，金元券急劇貶值，物價一日數漲，物資來源缺乏，使人民發生不安與不滿情緒。在政治上，領導階層意見不一，分主戰派與主和派，重演南宋敗亡的悲劇。主和者不認識中共的狡詐與野心，竟暗與聯絡企圖迫使主戰者就範，而放棄其職位。而主戰者不能把握軍心，發揮戰力，內部且有共諜潛伏，從中作祟，因而導致軍事上着着失利，徐州陷落與北平的所謂局部和平以後，在主和派首領即當時的副總統李宗仁極力策動之下，止戰求和的空氣，瀰漫全國，中共因其統戰計謀已達相當成功的階段，乃進一步提出招降式的八項苛刻條件，此時大局已到不可收拾的地步。

株州小住月餘，農曆春節後，挈眷及內妹童啓新女士赴廣州，先在小客棧住了一週，嗣移寓金龍酒店，膳食可以自炊，較爲省錢方便，未幾，湖北吳委員大宇兄全家亦自武昌前來，住於該店，時相過從，聊解寂悶。監察院派專門委員楊覺天，科長王汝楠，科員喬錫永、張哲民等來穗設立辦事處，亦住於此。監察院兩廣區監察委員行署設於廣州市龍津西路逢源沙地一巷，行署委員王宣、邢森洲、張駿均係至交，多承關照，生活未感困難，在穗遊了荔枝灣、觀音山，並憑弔黃花崗七十二烈士墓園，在烈士墓前，不禁落淚飲泣，黃花崗風景雖美，只是我的心情沉重，那有興致欣賞。

京穗棄守，集會臺北

監察院三十八年總檢討會議於三月十四日在南京開幕。我與權委員少文飛京出席，住於西康路監察院委員宿舍，那時國軍由於徐蚌會戰受挫，共軍陳兵江北，李宗仁正與中共進行和談，立監兩院委員意見龐雜。自有爭執，我到于右任院長公館造訪兩次，均見邵力子等多人在座，所談無非和戰問題，三月二十五日監察院行使同意權，同意鈕永建繼任考試院副院長。先是考試院院長張伯苓於三十七年十一月呈請辭職後，由副院長賈景德代理院務，玆以賈景德出任行政院副院長，乃提鈕氏繼任。二十八日，對補提大法官及考試委員人選，分別行使同意權，投票同意魏大同、夏勤、梅汝璈、翁敬棠、葉在均、向哲濬、李浩培、蘇希洵爲大法官；高一涵、馬師儒、水梓、張其昀、柳詒徵、艾偉、鄭鴻藩、張儐生、陳劍脩爲考試委員。

我於四月初自南京飛返廣州，十六日搭金剛輪離穗，十八日上午抵臺灣省基隆市，承曹秉鋥、賈寶元兩弟（均察省第一師範畢業，曹在基隆海關任職，賈任警察局巡官）在基隆碼頭迎接，午餐後搭火車往銅鑼，晚八時許到達，武純仁兄（時在銅鑼私立文林中學任教）在車站候接，承已洽借文林中學校長李白濱（字白平）的官舍備住，銅鑼居留月餘，張信河鄉長承以同宗之誼設宴款待，並多方照顧，不勝感激。五月中旬以黃金五兩頂押臺中市南區綠堤巷十四號日本式木造房屋一幢，除厨厠外，臥室兩間，計十四疊蓆，後有小院可以養鷄，屋前路邊種菜，生活稍漸安定。

四月十三日臺灣省實施三七五減租，省政府主席爲陳誠（字辭修），從此一連串的土地改革，實現了三民主義平均地權的經濟政策。

四月二十日政府電令在北平的和談代表拒絕中共要求，和談破裂，長江北岸共軍猛烈進攻。監察院大部同仁於二十一日分批疏散上海與廣州，二十二日共軍一部由荻港渡江，二十三日中央政府各機構撤出南京，當晚，江陰兵變，迎共軍渡江，進佔無錫、武進，包圍南京。

山西方面，中共以六十萬優勢兵力，圍攻太原，守軍抱與城共存亡之決心，浴血苦戰，前仆後繼，犧牲慘重，至四月二十四日清晨，彈盡援絕，城垣被陷。山西省代主席梁敦厚（字化之）

一面領導軍民奮勇殺敵，作最後掙扎。同時將三十七年多卽已配製好的自殺藥水，分發給所有官兵及省府同仁，以備陷於絕境，萬無生理時，便集體從容服毒自殺殉職。自盡地點在省府大樓，爲不使屍體爲敵人所見，梁代主席並令副官白光榮儲備汽油數桶，於集體自殺後焚樓。省垣警察局長師則程指揮所屬警士進行巷戰至最後一刻，予共軍以重創之後，決心全家成仁，不使遺孤爲敵所俘，先以手槍擊斃子女二人，繼而殺其愛妻史愛英，然後擧槍自戕。部屬七八十人，亦相繼集體自殺。迨共軍攻至省府時，省府大樓已烈火騰空。數百革命志士從容不迫，葬身火海，以遂其與敵不共戴天之大節。他們這種視死如歸，忠勇壯烈的表現，不但將革命精神發揮至極點，同時亦將其對共黨的憤怒仇恨表露無遺。（集體成仁的烈士中，有不少曾在察省張垣從政與我交識者，如師則程、孟炳仁等。政府播遷臺灣後，在臺北市圓山建立「太原五百完人招魂塚」，每年四月二十四日，臺北首都各界及山西省旅臺人士，例往該塚擧行祭典，追悼忠魂。）

二十五日中央政府遷至廣州辦公，二十七日共軍大擧過江，　蔣總裁不顧危險，進駐上海市區坐鎭，發表文告，指導作戰。謂當國家民族存亡生死之交，願以在野之身，追隨愛國軍民之後，擁護李代總統及何應欽院長領導奮鬥到底，五月三日杭州失守，十五日武漢淪陷，二十日國軍撤離西安。二十七日上海國軍殲敵十萬人後自動撤守。

監察院於五月三日起在廣州擧行五月份院會（會場在廣州市廣衞路廣東審計處大禮堂），我與陳志明、楊宗培、孫玉琳、劉耀西、張志廣等飛往出席，得悉各國駐華使節除蘇俄外，其他均未遷穗，美國駐華大使司徒雷登亦留南京觀望風色。廣州各報沒有一條能使人心振奮的消息，金圓券按分按秒暴跌，在穗流通的港幣，時刻上漲，政府官員大都缺乏鬥志，何應欽內閣的閣員多欲掛冠求去，靡敗的局勢已經形成，使我心中感到無比的悲憤。當然中央各部會也有不少孤臣孽子，爲國家前途憂心如焚，將生死置於度外，表現時窮節見的情操，院會結束後，我們於六月初飛回臺灣。

六月三日閻錫山經立法院同意出任行政院長，十五日臺灣省改革幣制，發行新臺幣，以舊臺幣四萬元折合新臺幣一元，收回舊臺幣。

八月十七日，國軍撤出福州，十月十二日中央政府遷於重慶，監察院亦正式在渝辦公。十三日國軍撤離廣州，回憶民國十五年國民革命軍由此革命策源地誓師北伐，統一全國定都南京，如今再自南京撤退廣州，未幾廣州亦竟不守，勝敗興替，演於轉瞬之間，怎不令人感慨萬千？

政府遷渝後，正值共軍大舉侵入川境之際，中樞無主，人心惶惶，一部川人及地方將領，愚昧無知，受共黨惡意挑撥，意志動搖，頗有妄主「川人治川」，企恢復昔日軍閥時代之防區制度者，值此風雨飄搖之秋，　蔣總裁以中國國民黨首領身份，不顧艱危，特由臺灣飛蒞重慶，期能協助政府挽救危局，終以局勢垂危，雲南主席盧漢亦告不穩。大勢已去，徒喚奈何。

十月一日中共在北平成立中華人民共和國，翌日即經蘇俄承認。共軍兩萬餘人於十月下旬突襲金門，當地守軍奮勇迎擊，於激烈戰役中，二十六日在古寧頭擊斃共軍八千餘人，俘虜逾六千名，戰果輝煌，震驚中外，即所謂金門古寧頭大捷。

十一月三十日，重慶失守，中央政府於十二月初旬由成都播遷臺灣，二十七日成都棄守，代總統李守仁自廣州撤離後，始終未到四川，初則稱病避居廣西省南寧，繼則潛赴香港，於十二月五日携帶隨員，包了專機，飛往美國，由行政院長閻錫山主持中樞軍政，支撐危局。政府遷臺後監察院同仁於四十年十二月十三日以李宗仁逗留美國不作歸計，爰即提案彈劾，經國民大會代表決議罷免其副總統及代總統職。

大陸撤退，有很關重要值得大書特書的兩事：㈠將存於上海中央銀行的黃金（準備金）五十萬盎斯安全運到臺灣，賴以支持臺灣建設的經濟基礎。㈡薈萃中華文化精華的故宮文物二十五萬件疏運來臺，現在展列於臺北市外雙溪國立故宮博物院，燦然呈現中華文化五千年歷史的光輝。前者歸功於時任中央銀行總裁的俞鴻鈞，後者朱家驊（騮先）先生的功不可沒。

故宮文物的運轉，也像逃難一樣，抗戰時往後方疏散，分別存於四川省的樂山、峨嵋及貴州省的安順，各設辦事處負責保管。抗戰勝利後，運回南京。三十七年，大陸局勢逆轉，乃分批運來臺灣，共計文物一千四百三十四箱。前故宮博物院院長馬衡（字叔平）因兼任北平文物整理委員會主委，留平未來。

民國三十九年（一九五〇年）一月五日，美國總統杜魯門發表文告說：「美國並不採取足以涉入中國內戰的途徑，也不供給軍援與軍事顧問於臺灣的中國軍隊。」美國國務院在此之前，曾於一九四九年八月初發表所謂中國白皮書，題目是「美國對華關係」，內容特別着重一九四四年至一九四九年期間的記述，其中艾奇遜國務卿上總統書有下面的幾句話：「……中國內戰之惡果，非美國政府所能左右，此項結果，不因我國之任何所爲，或我國能力合理範圍以內之所能爲，而卽可以使之改變者，亦不因我國之任何所未爲，而致使之發生者。」我們讀到這幾句話，想起新約聖經馬太福音第二十七章第二十四節的一段紀錄來，原文是：「彼拉多看見說也無濟於事，反要生亂，就拿水在衆人面前洗手，說，流這義人的血，罪不在我，你們承當吧。」因爲在雅爾達秘密會議中了蘇俄的圈套，出賣了中國，因爲在緊要關頭迫使國軍停火，容讓共軍發展，停止了對華的有效援助，而最主要的，因爲自己是有大的權力與無人可與抗爭的世界領導地位，所以倒下來的中國流着血的時候，美國可以說罪不在我。

彈劾胡宗南

監察院於是年一月十四日在臺北市舉行院會，此時海內外同胞以中樞無主，國運如絲，函電交馳，籲請　蔣總統復職，二月二十四日立法院的院會中，以出席者三百三十一人一致通過決議，請求　蔣總統履行總統職權，監察院亦作同樣請求，　蔣總統遂於三月一日復職視事，並着手改組內閣，提名陳誠先生爲行政院院長，積極推進保衞臺澎反共抗俄的國策。是月十七日舟山駐軍撤來臺灣。五月十二日監察院舉行年度總檢討會議。十六日行使同意權，同意謝冠生繼任司法院副院長，十八日我與李委員夢彪等四十六人提出「彈劾西安綏靖主任西南軍政副長官胡宗南喪師失地貽誤軍國案」，經審查成立後，移付公務員懲戒委員會及國防部審理。彈劾案全文如後：

爲西安綏靖主任西南軍政副長官胡宗南喪師失地貽誤軍國，依法提出彈劾，以肅紀綱而振軍威由：查本院前以積弊不除，難期振作，曾向政府提出糾正，旋據行政院三月九日咨覆，內開，監察院之糾正案，切中時弊，應由院及有關部會首長，切實查照辦理，以振紀綱，而挽頹風等語，似乎政府整頓紀綱，已有決議。乃觀其措施，除將李延年交付軍法外，而對於受任最重，統軍最多，蒞事最久，措施乖方，貽誤軍國最鉅之胡宗南，一無處分，殊深詫異。查胡宗南以師長進駐陝甘，洊至專閫，地位不爲不高；畀以防共戡亂保衛西北之事權，責任不爲不重；軍政大權，一手操持，大小軍官，由其委任，倚畀不爲不專；關中控制延綏，綰轂隴蜀，俯視中原，有若建瓴，形勢不爲不要；平時養兵四十五萬，部隊不爲不多；新式武裝當全國三分之一（各倉庫所儲其數尤多），配備不爲不精；國家所給餉項，未欠絲毫，地方供應糧秣，十足輸納，加之臨時征而又征，借而又借，軍需不爲不裕（國防部、財政部、糧食部、田糧處皆有帳可查）。三十七年冬夏，兩度徵調民工，環繞西安省垣挖掘三五丈寬深之濠溝一百六十里，沿濠一帶，砲壘相望，即其司令部四週，莫不修築工事，用民不爲不勞（三十八年五月十八日退出西安時，民工尚在機場周圍工作），自駐軍西北以至放棄，將近二十年，蒞事不爲不久。夫胡宗南受如此之重任，據如此之形勢，有如此之兵力，苟能措置有方，保此雄藩，豈惟作西北之長城，抑且爲國家之柱石，不料三十八年五月十八日竟放棄西安而去，使其放棄之動因，果受優越之匪勢所壓迫，而作有計劃之撤退，猶可言也，乃爲匪諜李茂堂所中，虛聲恐嚇，不曰匪軍六十萬渡河而西，卽曰三十萬人已抵涇河北岸。胡宗南不察虛實，遽作走計，地方人士公推代表請其勿信謠言，輕棄重地。陝西之人非盡聾瞽，如此匪勢，豈無聞見，堅不採納。五月十八日天甫黎明，乘機離去省垣，二十二日中午十一時匪方政工人員始至。匪兵到者不滿千人。直至六月初旬，徐向前一股竄入，匪燄始張。然使胡宗南當時識破匪情，立行反攻，猶可撲滅，或聯合青、寧、隴、東各軍，同心協力，比肩作戰，亦足以遏止兇鋒，乃胡宗南雖應青、寧軍團之約，共取關中，迨青、寧軍鋒已抵咸陽城下，連電催促，胡部行至盩厔一帶，按兵不前，以致青海騎兵喪身於渭河者，達一團之衆，此軍旣敗，而關中區域，遂全部淪陷矣。蘭州圍急，馬步芳部隊浴血苦戰，日夕呼援，迄不一應，蘭州旣陷，寧、青繼之。是西北之喪失，雖非胡宗南一人之罪，而胡宗南實負重大之責任。政府不加罪責，復畀川陝邊區，使胡宗南感激奮發，於此時期重新布置，南倚巴山，北據秦嶺，扼玆山岳地帶，尙可以作巴蜀之屛藩，但匪軍之進擾，乃在陝南，旣不爲長久固守之策，又不爲從容撤退之謀，一聞匪至，又棄陝南而去。據目睹者言，倉皇淩亂之情形，其非預有計劃可知。陝南旣失，政府又委以西南軍事任務，且以最後反共基地之西昌畀之，撥軍機二十架歸其控制，責任何等重大，四川情形固甚複雜，然胡宗南月向四川省政府索三十萬人軍糧，則其勢尙不爲弱，又加以楊森、彭斌、羅廣文部亦分駐附近各縣，使胡宗南善於運用，早爲布置，何至一敗塗地。乃當將士捨命疆埸，前仆後繼，軍情正萬分緊急之際，遽於十二月二十二日由成都飛三亞。主帥既去，各軍因之解體，或死敵、或潰散、或投匪、或被俘、或引部而打游擊，十餘年所養之大軍，一朝俱盡，胡部覆沒，川軍繼之而崩潰。共匪於十二月三十日侵入成都，四川大局遂不可爲矣。胡宗南到西昌後，其所措置，尤爲乖方。師長田中田不甘隨趙子立降匪，率其所部轉戰千里，由川東而至松藩，傷亡雖僅存數百人，而反共意志益堅，戰鬥益力，其後會合胡部由川西退下之陶慶林、任顯峯、張天霞等團總約三千餘人，率之進攻，於三月五日收復康定、瀘定，並進駐二郎山等處，以爲恢復天全雅安之計，中央曾有電嘉勉。胡宗南乃於此時置田中田於不理，又不以人槍最多戰鬥最強之陶慶林升師長，而以最弱之張天霞充任，以致陶慶林將兵撤退，匪乘虛而入，康定遂於三月二十五日復陷於匪。又川康一帶反共志士紛起游擊，以子彈缺乏，向胡宗南請求補助，胡宗南不予立時延見，即見亦不三兩言，便向其要計劃，以爲准駁。雖以富有號召力量之羊仁安，亦僅給槍十枝，其他可知。迨其去時，始下手令發給槍枝，皆不及具領，爲匪所得，游擊隊首領唐式遵、羊仁安諸人以缺乏武器，兵敗身殲，而政府所希望最後一線之大陸，至是喪失無餘，其貽誤軍國之罪，豈屬尋常。或謂胡宗南派別觀念最深，凡非己之嫡派，皆在不信任之列，何況地方人民所組織之游擊隊，又心所不喜，縱能力戰，亦不爲補充。其調遣部隊，任意分化，致使軍師旅長無法直接指揮。又謂其總部多有共匪份子滲入，故胡宗南飛三亞後，盛文坐鎮成都，乃其司令部竟有開會商議集體投降之事。又謂胡宗南所部號稱四十五萬人，實不及半。空運西昌，僅只兩營，猶月向政府索十萬人軍餉；又謂胡宗南飛出西昌之日，下午二時，召集地方士紳聲言決與城共存亡，乃於六時而去。凡此種種，胡宗南猶可藉口，無可查考，以自規免，而不知其不能逃責者，國家歲靡鉅餉，為胡宗南所養之數十萬大軍，今皆何在？所畀予之重地，節節放棄，以至於寸土無存，喪師失地，事實昭然。全國之人，共見共聞。何庸更問其他。昔齊晉之戰，平河餘子亡戟得矛，猶以為恥，反而戰死。荆吳之爭，子囊以衆寡不敵，全師而遁，恐人效尤，自請伏劍，楚君從之，以成其義，今胡宗南戟已亡矣，並未得矛，身已遁矣，師則覆沒，既不能死綏以成仁，又不聞泥首以請罪。政府對之亦不聞有若何之處分，是則令人不解。吾人固不願拘古義以繩人，亦不願作過分之苛責。念自東北失敗以來，除張靈甫、黃伯韜、李仲莘諸人自殺，太原將吏集體殉職而外，其他失守之官，僨軍之將，並未聞一人有引咎之言，甚且以挫敗之由，諉為奉令所致，亦不聞政府有懲罰之令，即有懲罰，不過撤職查辦四字，以致喪師失地，覆轍相尋，大陸淪亡，實由於此。竊以為胡宗南者，自上尉連長不三數年洊升少將師長，又不數年位至秉圻，軍政大權操於其手者十餘年之久，受國家特殊之優遇，居軍事特殊之地位，自當不同於凡衆，失敗之後，無待人言，應向政府自請議處，非惟有以謝國家，且使廢弛之紀綱，由我而立，政府之威信，由我而尊，天下之人孰不以胡宗南為知恥明義，乃竟不聞有此也。政無紀綱，國無與立，誠如行政院咨覆所云，而整綱飭紀，非徒空言，要在功罪分明，賞罰平允，賞不爲一人而寬然後賞罰行，而人知激勵。其在今日，關係尤鉅。紀綱一立，軍威丕振，大陸之復，可立而待。政府不予處分，豈以飛出西昌，係有政府命令歟？而不知胡宗南應負重大之罪責，已定於棄成都飛三亞之前，重以西昌之措施，適足以促西昌之速亡，事實俱在，焉能爲諱。將以全軍覆沒爲無罪歟，何以激勵軍心，振作士氣！將以爲人才而欲保全歟，人才固宜保全，紀綱尤須尊重。政府不欲反攻大陸，則亦已矣，苟欲反攻大陸，除醜類而奠神州，奈何使紀綱不立，爲國家前途計，理合依法提出彈劾，以肅紀綱，而振軍威。是否有當，靜候公決。提案人李夢彪等四十六人。

余按抗戰勝利後，中樞爲求軍事的澈底統一，軍事部署，儘量打破各類小集團的系統，除川、康、青海、寧夏幾省情形特殊的部份軍隊，暫維其原來的隸屬關係外，其他大部國軍的建制指揮，統同重新調整，就是將不專兵，兵不屬將，以期達成軍隊國家化。此中惟一例外的，乃是雄踞西北的胡宗南所部大軍，不但未受此一措施的影響，而且由其原屬範圍內調到其地區的部隊，他仍握有相當的人事權力，不能不說是異數。胡宗南受此優異恩寵，不思圖報，反而辱命，實不可諒。

五月十九日晨七時女兒一芬在臺灣省立臺中醫院出生。在我們憂心忡忡中，湧來了莫以言喻的喜慶。

中共於本年四月侵陷海南島後，在臺灣對岸閩粵沿海集結重兵動員了所能利用的船隻，準備試攻臺澎，飛機不斷凌空偵察，廣播喊叫血洗臺灣，在臺潛伏的共諜，到處散發傳單，暗殺、綁票，製造恐怖事件。物價漫天漲，謠言滿天飛，撤退來臺的軍民，驚魂甫定，而鬥志已弱，有些人甚至已屈指計算共軍渡海日期，撤來的外國使節，寥寥無幾，接着英國承認中共，我們一向爲印度的獨立對英國仗義執言，而印亦不顧前情，隨英靠攏，美國軍事代表團更是公開宣布撤離，四顧茫茫，舉世無一親人。洋文報章雜誌提到中華民國政府就加上一個「垂死的」(Dying) 形容詞。正在孤立絕望，人心惶惑之際，北韓共軍於六月二十五日侵入南韓，韓戰爆發，美國總統杜魯門於二十七日下令第七艦隊協防臺灣海峽，前此放棄過問臺灣的態度，基於切身的利害，不得不予修正，但爲遷就英國的意見，而對中共採安撫政策，指令第七艦隊制止國軍對大陸的間歇性的進攻，（一九五四年十二月二日中華民國外交部長葉公超，美國國務卿杜勒斯簽訂中美共同防衞條約，至是作爲維護亞洲和平樞軸的自由中國的防衞，在國際法上於焉確立。）國際道義向難依恃，世界和平故難希求，救亡圖存，惟有自強，諺云：「自求多福，自助天助。」我們惟有團結民心，改革建設，自力更生，摒除希求美援依賴外人的心理，如果本身不健全，雖有美援，也沒有用，本身基礎穩固，美援就會不求而自來，政治是現實的，不是我們想如何就如何的。

長男一山於暑假後考入臺灣省立臺中農學院（國立中興大學前身）森林系肄業。

聯合國援韓軍最高統帥麥克阿瑟，於七月三十一日由東京飛臺北訪問，八月一日發表聲明：

「蔣總統之決心與美國人之共同利益相符合」。

蔣總裁蒞臺後決心改造中國國民黨黨務，三十九年七月二十二日，中央常務委員會修正通過「中國國民黨改造方案」。二十六日 總裁遴派陳誠、張其昀、張道藩、谷正綱、鄭彥棻、陳雪屏、胡健中、袁守謙、崔書琴、曾虛白、蔣經國、蕭自誠、沈昌煥、谷鳳翔、連震東、郭澄爲本黨中央改造委員。中央改造委員會於八月五日成立後，通過中央改造委員會組織大綱，並以張其昀爲秘書長，周宏濤、谷鳳翔爲副秘書長，以陳雪屏、谷正綱、鄭彥棻、曾虛白、袁守謙、唐縱、郭澄爲第一、二、三、四、五、六、七各組主任，李文範、蔣經國、俞鴻鈞、陶希聖爲紀律、幹部訓練、財務及設計等委員會主任委員，羅家倫爲黨史史料編纂委員會主任委員。

中央直屬監察院監察委員黨部改造委員七名，由監察院監委黨員大會選舉孫玉琳、陳達元、張國柱、侯天民、郝遇林、于德純、王澍霖，報經中央任命。

彈劾蔡玄甫與毛邦初等

民國四十年（一九五一年）七月十四日，我與曹委員德宣，侯委員天民，爲臺灣省菸酒公賣局前任局長蔡玄甫、現任局長楊允棣、副局長張廉驤、主任秘書萬心權、主計室主任林渚霖，第五科前任科長李庶熙、現任科長黃坤等及臺灣造船公司總經理周茂柏，購辦縛用鐵帶串通商人舞弊貪污違法瀆職，經查屬實，提案彈劾，經審查成立移付公務員懲戒委員會懲戒，有關刑事部

份，送最高法院檢查署依法偵辦。（彈劾案全文較長從略）

九月四日，我與李委員夢彪等四十人提議：「空軍副總司令毛邦初失職抗命，事非一端，時非一日，情節重大，牽涉甚廣，國防部不早制裁究何情弊，應請徹查。」經院會決議，交國防委員會輪派委員三人徹查，並於二日內向大會提出初步報告。

八月十五日，我與丘念臺、楊宗培、丁俊生三委員提案糾舉臺灣農林公司總經理陳舜畊、財務部經理吳夢禎變更財務處理違背法令，經付審查通過，函臺灣省政府依法處理。

彈劾副總統李宗仁

我與金委員維繫等六十一人於十二月十三日，為副總統李宗仁棄職他往，寄身異域，言行荒謬提案彈劾，經委員九十三人出席審查會，決議成立後於四十一年一月十二日以院函分送國民大會及司法行政部辦理。彈劾案文曰：查副總統李宗仁前於代行總統職權期間，當三十八年十一月匪焰正熾，西南軍事緊急之際，遽離國土，始而寄跡香港，旋即稱病赴美，不顧輿論指責，與各方勸阻，棄職遠走，希圖自全。三十九年二月，本院曾以哿電促其明示態度（附件一），乃所復艷電，竟謂「在美照常批辦公文，府務並未廢弛。」（附件二）依憲法第三十五條至四十四條所規定之總統職權，豈能在外國行使？其弁髦憲法，已屬顯然。國人以國難方殷，中樞不可一日無主，敦請　蔣總統於三十九年三月依法復行視事。總統視事之日，以副總統代行總統之狀態，卽不存在。李宗仁如猶憶遵守憲法盡忠職務之誓言，應立卽回國，以副總統身份，共濟時艱，乃竟長期留美，無異自絕於國人，最近政府爲處理毛邦初、向維萱抗命失職案，派員在美延聘律師訴請美國法庭勒令毛邦初交出所管公款文卷，李宗仁竟接受毛邦初十一月十七日呈文，於十一月十九日並以代總統名義批令毛邦初及其員屬繼續執行職務，對於　蔣總統所發有關之命令及所採行動，一概置諸不理（附件三），復於十二月五日在其紐約寓所招待外國記者宣稱：「余已擬有恢復中國合作政府計劃，不久卽可宣布，此計劃並非完全依賴武力云云」。十一月十九日節略送美國國務院，聲明彼仍爲中國合法總統（附件四），更指使甘介候致函毛邦初所延聘美籍律師謂：「彼自一九四九年一月二十一日起繼續爲中華民國之總統，應至下屆大選之後爲止。」（附件五）似此行爲，顯係盜竊名義，僭越職權。基於以上事實，副總統李宗仁在此國難嚴重之時，棄職出國，已歷兩年，就副總統職位而言，構成失職行爲，就其以業經解除之代總統名義，在外國發布命令而言，構成違法行爲。至其公開聲言「余已擬有恢復中國合作政府計劃，不久卽可宣布，此計劃並非完全依賴武力」，查中華民國行憲以來，並無所謂「合作政府」，而李宗仁竟聲言計劃恢復之，其顚覆政府危害國家之意圖，實昭然若揭。顯係觸犯刑法第一百條之罪行，合依憲法第一百條之規定，提出彈劾案。

民國四十一年（一九五二年）三月十八日，監察院以總統咨爲司法院大法官林彬轉任司法行政部長，李仲中辭職，夏勤、魏大同、孫子潯、葉在清均病故，梅汝璈背叛政府通緝有案，提名何蔚、徐步垣、曾紹勳、黃正銘、王風雄、韓駿傑、蔡章麟等七員補充遺缺，投票均得同意出任。

內妹童啓新北平輔仁大學畢業，於四月六日與山西省沁水秦冠紹先生在臺中市結婚，時啓新妹在臺中縣立豐原中學執教，冠紹先生任職於臺灣糖業公司月眉糖廠。我與啓泰協同內兄童啓昧先生爲之籌辦一切，親朋多來致賀，我家連日親友歡聚，至爲熱鬧。

四月十日，總統以考試院院長張伯苓早經辭職，院長職務由副院長鈕永建兼代迄今，茲據鈕永建呈請辭去本兼各職，經予照准，擬以賈景德爲考試院長，羅家倫爲副院長，咨請同意，監察院於十二日下午行使同意權，投票結果，均獲同意出任。

次男一岑於六月杪由臺中市立幼稚園畢業，堅欲投考臺灣省立臺中師範附屬小學，該校爲臺中市最好的小學，校中設備較好，師生水準都高，考入匪易，岑兒時方五歲，以年齡不足未准報名，嗣承幼稚園沈主任以其智商較高，成績優異，特予商請該校張校長錫卿准予試考，報考者一千餘人，彼竟考取，名列前茅，該校遠在西區柳川河之西，向上路附近，距我住所約有數里，自非遷居不可，但我無何積蓄，迫得一面出讓舊居，一面尋購新宅，舊住所以新臺幣八千元出讓，而以九千五百元頂購模範西巷一百七十三號（後改爲模範街十七巷六號）日本式木造房屋一幢，，院約五十坪，房屋十五建坪，較舊址稍形寬敞。岑兒因以如願入學。民國四十四年暑假後，女兒一芬亦考入該校幼稚班，畢業後以績優直升小學一年級。兩兒讀書升學之一帆風順，該校的優良教學，實爲重要關鍵。岑兒讀小學時，除訂閱國語日報外，課餘之暇，啓泰購古文古事一書選以教讀，每星期一篇，六年約讀兩百餘篇，均能背誦如流，並誘導其閱讀小說。芬兒亦喜旁聽記誦，故她於小學四年級起卽能不斷在國語日報投稿。兩兒的求知欲與寫作能力，都由此養成。求知欲在孩提時卽應培養。兩兒未入幼稚園前，啓泰嘗以唱歌謠，講故事爲逗哄方法，此亦不無相當作用。

民國四十二年（一九五三年）一月五日，行政院長陳誠宣布實行耕者有其田與四年經濟建設計劃，爲本年兩大施政。二十九日指定臺灣省爲實施耕者有其田之區域。

先是陳誠先生接掌臺灣省政後，深以臺灣省租佃制度，未臻合理，及耕地利用，未盡健全，決心實施土地改革。旨在以三民主義之土地政策，達成平均地權。但顧及臺灣省當前情形，必須就地主與佃農兼顧並籌，免生障阻。故先行減租，着手實施「三七五減租」。同時將公地放領與自耕農，而使耕者有其田，以爲之倡（如貿然推行改革，恐遭地主之反對，甚至釀成不可收拾之局面），並以公費邀請知名之地主出國考察，使其明瞭先進國家土地利用情形及外人投資經營企業方式。復將國營公司的股票，作爲向地主們收購土地的代價，以此又間接協助了臺灣的工業化。臺灣的土地改革績效，馳名國際，每年有不少的外國人士前來摹仿學習。臺灣的佃農變爲自耕農，生活改善，奠定了經濟繁榮的基礎，難怪臺灣的農民一致稱他爲「陳誠伯」。

一般人嘗說，韓戰是我們國家命運的轉捩點，韓戰確使我們不再感孤立，但是國運的最大轉機，還是在由大陸撤退之初，我們在臺的措施，得以立定脚跟。如果當時未能實事求是，勵精圖治，恐難等及一九五〇年的韓戰。

蔣總裁年來所最致力者，除軍事部署黨務改造與財經興革而外，爲黨政軍幹部訓練，在陽明山設立革命實踐研究院，分期調集黨政軍幹部同志實施研究訓練，以一月爲期，我奉調於民國四十二年二月二十一日參加第二十四期受訓，至三月二十三日結業，同期受訓者三百人。監察院委員爲我與趙季勳，職員爲主任秘書景佐綱，總務組長劉愼堂。

糾舉中央信託局貸款違失

民國四十三年（一九五四年）一月七日，監察院副院長劉哲病故。二十九日，大法官會議解釋在第二屆立法委員及監察委員未能選出集會之前，仍由第一屆委員行使職權。

中共以林彪指揮的第四野戰軍主力自稱，志願軍於民國三十九年十月二十五日渡過鴨綠江，對聯合國援韓聯軍展開反擊，雙方拉鋸式的戰爭對峙於北緯三十八度線附近，形成膠着狀態，至四十二年七月成立停戰協定，中共軍傷亡一百五十四萬餘人，其中一百萬人爲以往屬於國軍的士兵，他們是被迫立功贖罪而驅遣赴韓參戰的，這些原屬國軍的士兵之中，有不少趁機投奔自由，爲數超過一萬四千人，他們高舉青天白日旗，以鮮血書寫反共抗俄，誓願投歸中華民國陣營，於四十三年一月二十三日由美機運送來臺，各界舉行歡迎大會，是日定爲「一二三自由日」（義士中屬於察哈爾省籍者六十餘人）。

五月二十日，中華民國第二任總統　蔣公中正、副總統陳誠先生宣誓就任。

八月十一日，監察院補選副院長山西梁委員上棟（次楣）得五十票當選。十六日，監察院行使同意權，同意以莫德惠爲考試院院長，王雲五爲副院長。盧毓俊、張默君、黃麟書、馬國琳、方永蒸、陳固亭、張廷休、王立哉、李紹言、查良釗、楊亮功、羅時實、潘貫、張儐生、陸錫光、陳玉科、賈宣之、黃崑山爲考試委員。

民國四十四年（一九五五年）二月中旬，我與陳委員嵐峯承推調查經濟部部長尹仲容於中央信託局任內對揚子公司（董事長胡光麃）等貸款違法失職案，調查結果，發現該局長尹仲容、副局長前兼購料易貨處經理周賢頌，辦理大信公司等貸款墊款多宗，弊竇叢滋，致公帑蒙受重大損失，確有違法失職咎嫌，經提案糾舉，於四月二十七日審查成立，移送行政院依法處理。（案文附後）

糾舉案文

爲中央信託局前局長尹仲容、副局長前兼購料易貨處經理周賢頌，辦理貸款墊款，弊竇叢生，致公帑蒙受重大損失，違法失職，特依法提案糾舉由。

查本院前以中央信託局對揚子木材公司等廠商貸墊各款，頗多循情背法，曲予通融，弊竇叢滋，公帑蒙受重大損失，經於四十二年十二月二十六日以(42)監臺秘一字第一六八號函行政院予以糾正，經行政院轉飭該局對原糾正案所列各項貸款嚴限清理，或依法訴追，或處分抵押品，隨時具報，並曾於是年七月及十一月，一再令飭該局限期結束貸款業務，乃該局局長尹仲容等藐視功令，繼續貸墊，任令廠商益肆侵漁，致公帑尤蒙重大損失，茲就其犖犖大者，列舉事證：

一、揚子木材公司借墊各款

揚子木材公司（經理胡光麃）早於民國四十年八月，以承製國防木材爲名，洽准該局購料易貨處墊款六十三萬一千零八元，向非律賓代購柳安木一百萬板呎，訂明月息四分五厘，逐月計收，另取手續費百分之五，木材運到時先由該公司控制，於二月內付款提貨，否則由該局出售，扣償本息。乃貨到後，該公司未能履約辦理，該局竟予通融，准予陸續提用，至同年十一月二十二日合約期滿，應還墊款八十餘萬元，分文未付。四十年九月，該局信託處以機器抵押貸給該公司一百二十萬元，限期六個月，並委託購料易貨處代購柳安木一百萬板呎及膠料，由旋即倒閉之利濟實業公司作保，不惟此項定期抵押貸款到期本息未能償付，連同四十年八月承製國防木材墊款六十三萬餘元亦未收回，似此該公司信用已臨破產，該局復徇其請，於四十一年二月，違背該局放款規定貸給購料放款一百十二萬六千餘元，旋審計部於四十一年二月二十二日曾函該局，以該公司積欠國家行局貸款本息五百餘萬元，屢催不還，且其財務實況虧損已鉅，如再濫予墊放各款，損失堪虞，促請該局對該公司墊借各款分別停借清理，當經該局局長尹仲容核定，將前項第二批柳安木及膠料改爲自購，列記預付款項帳內，所欠信託處本息一百五十餘萬元，移由購料易貨處轉帳，據查該局信託處四十二年四月簽呈所稱，以強制清償宿帳，乃係債務移轉，以應付監察機構，實際並未清償等語，其隱匿債務由是可資證明，該公司財務情況既已不良，且積欠臺行鉅款，審計部又促請注意，該局派駐該公司高雄廠稽核專員馮成仁於四十年十一月二十七日對該局局長亦有詳細之報告，再證以對該局違約鉅欠，久難清償之事實，該局局長尹仲容等不惟不即停止墊借，並對積債依法訴追，復於四十一年五月批令墊付該公司三十九年應繳所得稅，遠期支票票款，工廠保險費，工人獎金等計二十五萬五千元，致使積欠總額增達四百餘萬元，嗣爲消除各方注意，並將以前改爲自購之第二批柳安木及膠料，准由該公司分別具條全部借用，另將該局之牛毛毡讓售與該公司一千六百捲，供其承攬軍車工程委員會活動營房工程需要，而該局代收上項工程款則以之扣償前項積欠，隨之該局信託處於四十一年十二月准該公司以其全部設備押借三十五萬元，逾期十月始行償付，至四十二年二月底止，貸墊各款本息淨欠三百數十萬元，較之抵押品價超過遠甚（見該局四十二年二月臺購局發字(42)第五〇六三號函），乃徇該公司請求，分別予以減息停息，並改按總價百分之三計算，手續費率，四十二年十月三日，復以該公司訂約墊款二百五十萬元，代購柳安木一五二板呎，月息二分七厘，手續費百分之二，應於四十三年三月期滿，至四十三年八月此項墊款本息結欠已二百九十餘萬元，後應該公司擬訂辦法請求將其剩餘柳安木動用加工製造三夾板，以便出售歸還墊款，經該局副局長周賢頌簽准，又無息墊款加購所需之膠料約七十九萬三千元，麵粉九萬元，工款半數三十六萬元，並另將該公司舊欠四十二萬四千元加入計算，連同上項結欠本息共四百餘萬元，估計出品三夾板二百七十萬方英尺，作價四百五十萬元，由該公司還款提貨（附件三），此實爲不合規定之變相墊款，四十二年十月二十一日復洽定由該局墊款二十萬元，爲該公司代購墊壓機鋁片，月息二分七厘，期限五個月，四十三年三月期滿，本息未付，乃於五月十一日應該公司所請再予增墊十三萬元，並重訂合約爲期一年，結至四十四年三月十五日止，此項本息計欠四十四萬餘元（附件四），四十二年十一月二十四日該公司以普通外滙進口柳安木膠料、牛毛毡等，向該局洽定墊款一百六十萬元，月息二分七厘，手續費百分之二，期限六個月，屆期僅還部份墊款，本息尚欠二百九十餘萬元（附件五），四十三年一月七日該公司以承辦軍工會1174-54工程，請准墊款一百二十萬元，月息二分四厘，七個月爲期，嗣以不敷週轉，又增墊一百萬元，是年五月該公司又爲承辦臺電工程，續墊十二萬元，未經訂約手續，均經該局副局長周賢頌批准照辦，此款本息結欠三十三萬餘元（附件六），綜核該局對該公司先後貸墊各款截至四十四年三月十五日止，共欠本息七百三十八萬四千七百二十五元九角四分（附件七），其間徇縱通融種種事實，不惟超越貸款墊款應有範圍，且多違法措施，如非別有作用，何至於此。

二、大信貿易公司墊款

大信貿易公司（經理符逸冰）曾向該局信託處數度借款，均逾期償付，信用已有問題，該公司於四十二年二月間以保證進口西藥平抑市價爲由，呈准臺灣省政府結滙美金三萬六千元，原向土地銀行及華南銀行商請承墊，而以信譽不佳，未獲接受，乃於四月十四日與該局訂約，以透支方式墊款三百萬元，月息二分九厘，嗣又一再准其變更合約，擴大墊款標準，原定按結滙證准墊八成，已違該局所訂墊款標準規定（附件八），後又改爲按西藥市價六成墊與，竟較十足墊款而有餘（第一批西藥價美金三千四百九十六元，折合臺幣十九萬七千五百四十八元零二分，而市價六成爲二十一萬八千元。第二批西藥價美金二萬四千五百十二元五角，折合臺幣三十八萬九千零五十六元八角四分，而市價六成爲四十萬九千五百元，均經代墊，該公司並未出資）。且查本案旣無擔保，並輸入原合約訂明以外之藥品，復將天信西藥行結滙進口藥品併入墊購，使其套用墊款，手續費又優予降低，由百分之三至百分之七，改爲百分之二點五，並代償其前欠該局信託處借款十五萬元之本息，使其套用現款，減輕其利息負擔，甚至代付關稅倉租等費用，到期以西藥價落，該公司無利可圖，貨不提取，款不照付，截止四十三年九月間結欠本息一百四十三萬九千餘元，以後藥價漸漲，該局竟允其請，將代購西藥提出半數寄售，售後還款，使其漁利（附件九）。

又該公司於四十二年七月二十四日與該局簽訂合約以五十萬元爲限，進口打字機、計算機，訂明依進口簽證所列貨價墊款八成，餘由該公司自籌，自墊款日起，到期不論貨到與否，該公司應清還全部本息，否則依複利計息，經查第一次墊款自七月二十九日起，至十一月二十九日止逾期四個月，結滙美金一千七百八十五元四角七分，墊款八成計臺幣二萬一千六百五十五元五角二分，第二次於八月五日墊付臺幣五萬二千八百四十元七角二分（以美金四千三百五十六元六角五分之八成計），均違約拖欠。

三、利濟實業公司等行廠貸款

㈠利濟實業公司：

該公司（董事長劉航琛）於四十一年一月十七日以資金週轉不靈，向該局請貸五十萬元，以該公司所有利華輪作押，因該輪尚有其他借款關係，未辦抵押手續，該款於是年二月二十八日一次借出，約定三個月歸還，然屢經展期不予履行合約，該公司又以債臺高築無法週轉，所欠該局本息一百八十餘萬元迄未償還。

㈡臺灣雲母礦業公司：

該公司（由劉航琛經營）於四十一年七月二十五日向該局申請以承兌方式貸款二十萬元，限期一個月，由該公司出票，永祥印書館承兌，依照規定，貼現票據承兌人應爲公營事業機構，乃該局不顧規定，竟予照辦，到期後該局一再催索，迄未清結，仍在訴追中。

㈢東西熱水瓶廠：

該廠（董事長張篤倫、總經理熊覺明）於四十年十一月二十一日經趙志垚、嚴家淦函介，大秦紡織公司擔保，向該局借得抵押透支貸款三十萬元，約期三個月，延至四十三年四月繼續三年，幾經展期，並予特准減息優待，目前尚欠十餘萬元未能清結。

㈣臺興礦業公司：

該公司（董事長戴安國）於四十一年七月八日向該局借款三十萬元，由大秦紡織公司，東亞公司化學廠，及復興航空公司保證，約期三個月，十月八日期滿後該局屢次催索，均無結果，最後雖經訴追勝訴，但該公司無財產可資執行，致以債務問題尚未結束。

㈤復興機器製片公司：

該公司（創辦人徐肇基）於四十年十二月十日由浦薛鳳、喬義生、朱一成、金克和函介，向該局基隆辦事處申請抵押借款三十萬元，經該局批復由懷特公司調查後再辦，至四十一年二月二十二日，復請先借十萬元，以一個月爲期，期滿後請准展期一月，至三月二十五日該廠重申前議，請貸款三十萬元，四月六日美援會通過貸放該廠三十萬元後，該局允予照借，約期三個月，到期又請准展期三月，同年八月五日美援會貸款三十萬元成立時，本應以之抵還前債，乃徇該廠要求，將美援貸款存入透支戶，繼續支用，後復一再展期，目前尚欠六萬餘元未清。

綜查前列各款經過情節多屬循情背法，曲予通融，既不審度其企業前途，尤不詳查其資金實況，且有公司登記手續未完，或無適當擔保，亦卽濫予貸款，甚至明知其財務情況已瀕破產，舊債未償，新債又舉，減息停息，更審展期，復予譸張爲幻，扶同隱匿，致該局貸款業務，深陷泥淖，公帑蒙受重大損失，該前局長等身膺重寄，際玆國命艱危之秋，爲顧私情，不惜違法抗令，重損公帑，實屬有失職守，用特依法提出糾舉，應請交付審查咨送行政院對該前局長等依法處以應得之咎，並將墊貸各款嚴限清理，以肅官常而重公帑。

本案移送行政院後，對有關失職人員分別予以懲處。

積勞致疾

本案閧動立法監察兩院，一時滿城風雨，舉國矚目，因牽涉廠商多家，內情複雜，查帳閱卷煞費周折，歷時十八日始得頭緒，在進行調查期間，監院財政委員會同仁多很關切，不無越份干預，迫致情緒數度激動。我於三月二十四日下午完成調查報告與糾舉案文後，在監察院七洋大樓寄宿舍突感頭暈眼花噁心，兩度昏倒，爲趕撰報告與糾舉案文稿，曾兩夜失眠，以爲過勞所致，經請監察院特約醫師，胡振華君診察配服鎭靜劑，熟睡一夜，次日到院將調查報告及糾舉案文面陳于右老院長，並詳告內情，二十六日遄返臺中，從此日夕頭痛、耳鳴、心悸、失眠、精神疲憊、食慾不振，迭向臺中公私立醫院就診，均謂爲神經衰弱，服藥迄未見效。七、八月間經臺灣大學附屬醫院神經精神診治，只是睡眠稍好，心力仍甚疲困。十一月初旬承前財政部貿易委員會副主委山東李毓萬兄勸告，由臺灣大學附屬醫院內科心電檢查結果，乃悉曾患心肌梗塞症，一場大病，有驚無險，實為大幸。遵囑每隔一週，於星期二內科心臟病特別門診由蔡主任錫琴診察配藥，漸以輕減，至四十七年生活始復正常。但遵醫囑，仍須長期繼續按時服藥，並定期檢查。四十七年全國公務人員保險開始辦理後，每月按期到公保門診就診，長期服藥。

我平生遭逢過三次驚險：㈠民國八年暑期患重傷寒症，初起頭痛很烈，而又感頸項僵挺，發熱怕涼，舌被厚苔，便秘，不思飲食，以為是感冒，其後病情日變，發燒不退，有時神識昏迷，屢發譫語，險象迭見，乃悉為傷寒，療治很難，家居農村，很少得病求醫，同村當時患此死亡者數人，我倖得痊癒。㈡民國二十七年秋，我由贛南往陝南安康時，轉經河南省淯川縣縣政府訪視至友王克佐縣長（字左人，山東省黃縣人，來臺後，歷任淡水、三芝及文山等中學校長），到淯川之次日，適有日本轟炸機數架凌空轟炸，我與王縣長等趨避於縣府左近之民宅堆房內，炸彈一枚，落於房外，窗戶震脫，倒我身旁，雖免覆壓，但土垢滿身，飽受驚悸。㈢此次嚴重的心臟病。我們中國人有句俗話：「大難不死，必有後福。」如今我體健如恒，能為國家竭誠服務，能說不是後福？

美國國務卿杜勒斯於四十四年三月三日訪華，中美共同防禦條約批准書由我國外交部長葉公超與杜勒斯代表兩國政府在臺北簽字並換文。美國總統艾森豪於三十日宣布美國決定協防金門、馬祖。

民國四十五年（一九五六年）一月十七日美國國務卿杜勒斯聲明：局勢面臨戰爭邊緣，中共如對金門、馬祖發動攻擊，美國決不惜一戰。

臺灣省政府於四月九日通令實施都市平均地權。

長男一山於民國四十三年六月由臺灣省立臺中農學院畢業，經大專畢業生就業考試及格，並服兵役後，四十四年八月應聘爲臺中農學院助教，四十五年四月十五日與立法院河北省韓振聲、王多珍兩委員的長女韓紹珍結婚，紹珍係四十四年六月臺中農學院農業經濟系畢業。（按山兒於四十七年到臺灣省林務局任技士嗣晉升科長兼航空測量委員會副主委，並於中國文化學院兼課。）

民國四十六年（一九五七年）十二月十四日長孫允文出生，諺云：含飴弄孫，我在未得孫子之前，怎麼也體會不出此中意味，但自允文孫出世之後，日新月異的成長，見到他就感覺莫名的愉快，這才體會到言之有理。

監察院副院長梁上棟於是年七月四日病逝，四十七年（一九五八年）四月十六日補選河北李嗣璁（蔭翹）爲副院長，六月九日，監察院對司法院正副院長人選行使同意權，投票同意謝冠生繼任已故王院長寵惠爲院長，傅秉常爲副院長。九月十一日，監察院以 總統咨爲考試院副院長王雲五另有任用，擬提程天放繼任，投票同意程天放出任考試院副院長。十三日，對司法院大法官人選行使同意權，林紀東、徐步垣、胡伯岳、黃正銘、曾紹勳、王之淙、洪應灶、金世鼎、景佐綱、曾繁康、黃演渥、史尙寬、胡翰、史延程、諸葛魯，均獲同意出任大法官。

四十七年八月二十三日，大陸中共軍突發動大規模砲戰，向金門狂射砲彈數萬發，金門防衛部副司令趙家驤、吉星文、章傑重傷殉職，砲戰四十日，海陸空三面進攻，防衞部隊擊落中共飛機二十七架，打沉其艦艇一百零七艘，即所謂八二三戰役。

是年八月一日全國公務人員保險開始辦理。

監察院邀行政院俞院長列席調查會問題

監察院爲了「杜絕浪費、調整待遇」的糾正案，經根據十委員會聯席會議的決議，於四十六年十一月三十日起，曾經三度邀請行政院俞院長前往監察院就本案之處理經過提出報告，並三度爲俞院長所拒絕。同時，行政院曾派遣主計長、財政部長與秘書長三要員前往監察院以備詢問，亦未爲監察院所接受。兩院爲此，乃發生爭執，並各發表書面聲明，說明經過。

監察院邀請行政院長列席院會備詢，在我國行憲史上，誠無前例，但却並不能說是沒有法律根據。緣監察法第二十五條規定：行政院或有關部會接到糾正案後，應即爲適當之改善與處置，並應以書面答覆監察院；如逾二個月仍未答覆，監察院得質詢之。第二十六條規定：調查人員於必要時得通知被調查人就指定地點詢問。此次行政院雖已就本案提出書面答覆，却已超過了二個月的限期。監察院之邀請行政院長赴監察院備詢，事實上已把行政院長視爲「被調查人」，邀請云云，只是一種禮貌的說法而已。行政院則指出根據同一監察法的第二十六條，監察院儘可派員赴各機關詢問，不必以綜理院務之行政院長爲「被調查人員」，而爲第二十六條條文之適用。

本來，行政院長總攬各方政務，所屬機關至爲衆多，任何機關發生問題，都可以說是應由行政院長間接負其責任。倘若監察院爲任何糾正案件，都要把行政院長視爲「被調查人」，縱令於法有據，將使行政院長疲於奔命，最好不要使之成爲一個慣例。但事實上，監察院是從未邀請行政院長赴會。此次的「杜絕浪費」案，一方面爲監院十個委員會所共同關切，同時又直接牽涉到行政院所屬各部、處、局、委員會，以及臺灣省政府等十五個單位，顯而易見的是一個全面性的問題，而非局部性的事件。且此案提出以後，行政院的答覆，不僅逾越二個月的限期，且措詞都籠統含混，只是表示當「注意研究改善」，只把如此重要一件關係整個國計民生的糾正案，視同參考性質，監察院對此答覆之未能滿意，自在意料之中。監院爲愼重起見，不遽行提出糾舉或彈劾案，仍禮貌的邀請行政院長赴院備詢，使有說明與辯解的機會，事實上已爲最低限度的處理方法，而政院方面仍然一貫的不能尊重監察職權，實不無遺憾。

我不願在此咬文嚼字的討論法律條文，但深深感覺杜絕行政上的浪費開支，實爲當前首要之途。除監察院外，立法院有此主張，行政院長自己也曾說過財政節流重於開源，輿論界更是一致的催促。大幅度的調整待遇縱或有事實的困難，現在的調整辦法雖未能令人滿意，各方面亦不便過於逼迫。但杜絕浪費既經監察院列舉具體事項，應該是能夠辦到的，不幸政院至今無具體的方案提出，甚至沒有一點事實表現，不僅監察院不滿，全國人民，莫不感覺萬分焦慮，認爲長此以往，定將遭致財政與經濟的重大危機。行政、監察兩院的齟齬還是小事，國家的命脈不可不顧。

我們仍望行政院能在此方面有確切的建樹，庶能無愧於國家。

茲將兩院針鋒相對之爭執與論辯列後：

㈠行政院於十二月一日發表關於俞院長未能參加監察院財政等十委員會聯席調查會之解釋，並列述處理節略。

㈡監察院於是月二日對行政院所提解釋發表聲明，認俞揆應列席監院備詢，全文列後：

監察院發言人頃就一日報載行政院負責人關於俞院長未能參加監察院財政等十委員會聯席調查會議所為之解釋，發表聲明如下：

本院十一月三十日舉行之十委員會聯席調查會議，係屬秘密會議，故未發表新聞，乃行政院不同本院解釋俞院長拒絕來院之理由，而在報章上對本院公開指摘，本院因此不得不有所說明，實深遺憾。

查憲法第九十六條規定：「監察院得按行政院及其各部會之工作，分設若干委員會，調查一切實施，注意其是否違法或失職。」又第九十七條規定：「監察院經各委員會之審查及決議，得提出糾正案，移送行政院及其有關部會促其注意改善。監察院對於中央及地方公務人員，認為有失職或違法情事，得提出糾舉案或彈劾案，如涉及刑事，應移送法院辦理。」國家為保證監察院糾正案之能貫澈實施，特以監察法第二十五條規定：「行政院或有關部會接到糾正案後，應卽為適當之改善與處置，並應以書面答覆監察院。」此爲行政院及各部會應盡之職責，行政院長接到糾正案後如不能爲適當之改善與處置，監察院卽可以質問，如經查明在處理上有違法失職情事，並可提案彈劾。但爲審愼將事，並予行政院院長以說明辯解之機會，在確認其違法失職之前，監察院自當先加質問或調查。而依監察法第二十六條第二項「指定地點詢問」之規定，監察院自得約其來院備詢。行政院院長在接到監察院此項通知時，應卽如期到院，就糾正案之處理經過提出報告，並答覆監察委員之質問或查詢，此卽本院致行政院函中所稱之「來院」以及「報告及查詢」之意義與法律根據，乃行政院負責人未能崇法務實，而在報章上作輕率之指摘，實屬不當。

復查行政院年來處理糾正各案，率多推拖敷衍，例如：本院糾正美援會人員待遇過高案，股臺造船公司案，及行政首長違法兼職案等，迄今多日，俱未見其有所改善。故在本院討論行政院就杜絕浪費調整待遇糾正案，所爲之書面答覆時，認爲有依監察法第二十五條及第二十六條約請行政院長來院備詢之必要，俾行政院長得詳爲說明，庶本院得以確定其有無違法失職情事，但行政院院長雖經三次函邀，然仍不允來院，且未說明理由，本院職司監察，而行政院長對本院之監察權，包括質問、調查及彈劾等並未享有豁免權，故十一月三十日之聯席調查會決議，仍須請其如期來院備詢。

行政院負責人解釋中又稱：「如監察院方面認爲對糾正各案未能注意改善，似亦應就行政院前次對糾正案之函覆內容，敍述其應行質問之點，依監察法第二十六條之規定派員赴各機關詢問，亦未便以綜理院務之行政院長視爲『被調查人員』，而爲監察法第二十六條第二項之適用。」查行政院長既無監察上之豁免權，自得被視爲「被調查人員」，且唯其係因綜理院務，而杜絕浪費調整待遇之糾正案，又係行政院長負責處理，本院自當以其爲「被調查人員」，而爲監察法第二十六條第二項之適用，不容曲解。（原載四十六年十二月二日中央日報）

㈢監察院對杜絕浪費調整待遇糾正案，發表處理節略

監察院因報載行政院發表處理「杜絕浪費調整待遇」糾正案之節略，於十二月五日發表該院處理該糾正案之節略，並申述其法律論據如下：

一、監察院四十五年十二月份院會，以軍公教人員待遇菲薄，行政院有加注意改善之必要，而政府機關各項支出，如能加以撙節，卽可移充調整待遇之財源。因經決議：交財政等十委員會調查處理，旋經十委員會於四十六年三月就專案調查小組之調查報告，提出杜絕浪費調整待遇之糾正案。其時，四十六年度之中央及地方概算尙在行政機關編訂之中。此項糾正案之及時提出，自可促使行政機關在編訂概算時加以注意改善，且可供立法機關審定預算之參考。初無就四十五年度經費支出，追究行政機關責任之意。但行政院對該案未能爲適當之改善與處置，且於三個月又十九日後，方始答覆。監察院對行政院過去處理糾正各案率多推拖敷衍，雖常表示不滿，然除再提糾正案外，從未向其質問。但因鑒於再糾正案之仍無適當結果，而本案性質又相當嚴重，故不得不依監察法第二十五條加以質問。而依監察法第三十一條（本法施行細則由監察院定之）所

訂之監察法施行細則第三十九條，監察院「得經決議以書面質問或通知行政院或有關部會主管人員到院質問」之規定，監察院自得通知俞院長到院爲口頭之質問。此項質問之性質，自與立法院之質詢不同。然不能因其非爲質詢，而卽可排除其依法規定之口頭質問方式。故所謂「質問自限於文書」云云，顯屬曲解。監察法施行細則中此項依據「委任立法」或「職權立法」所訂之法條，俞院長自須受其拘束。

二、至俞院長處理本案之違法失職問題，監察院於質問外，自得同時加以調查。此項調查權明定於憲法第九十六條：「監察院得按行政院及其各部會之工作，分設若干委員會，調查一切設施，注意其是否違法或失職」。至謂：「監察院委員會是可以調查的，但不是調查人，而是調查設施的」。但調查設施時如何可以或何以必須避免對於有關人員之查詢；且憲法旣規定監察院得彈劾行政院院長，則監察院自得而且必須向其調查及詢問。而依憲法制定之監察法第二十六條，又明定調查程序，自爲一切調查人員及被調查人員所當遵行。故綜理院務之俞院長，其得被視爲「被調查人員」並應接受查詢，實屬毫無疑義。至所謂「來院」與「就指定地點」之關係云云，查監察法第二十六條旣經授權監察院得指定地點，通知被調查人員就指定地點爲詢問，則監察院自得指定監察院爲詢問之地點，而通知其來院備詢。此項通知之用語，監察院致行政院第一次函中係用「邀請」，第二次函中係用「函請」，第三次函中係用「請」，絕非所謂「傳訊」。實則依據監察法第二十八條之規定，監察院調查人員固得知會法院爲必要之協助，但因過去被邀請或被通知就指定地點備詢之人，皆能應邀到院，故無知會法院代傳之必要耳。

三、憲法旣科監察院以注意行政機關是否違法失職之責任，故特授以「調查一切設施」之權力（憲法第九十六條）。至調查之方式，自非憲法所能具體規定，而有待於監察法規之補充，故在不違反憲法之條件之下，監察院自得依監察法規（包括監察法施行細則）之規定，採用一切必要之調查方式。其中之一，卽爲提出問題，邀請行政院及有關部會首長列席各委員會院之調查會，就各該問題提出報告，並答覆詢問。但監察院從未邀請其列席院會或各委員會之常會。此與行政院及各部會首長列席立法院院會之性質，並不相同。其報告或答覆查詢，亦不同於憲法第五十七條關於立法院之施政報告或質詢。此項基於監察院調查權之詢問及其答覆或報告，與立法院之權力，本無所謂衝突或重複。此項報告及查詢之調查方式，行之有年，行政院方面從無異議，世人亦從不疑爲違憲。

而且民意機關之有權聽取行政首長之列席報告，久已成爲世界各國之通例，吾國亦非例外。遠如國民參政會，近如國民大會，例須聽取政府之施政報告。而國民大會所聽取之範圍，且不僅行政院一院之報告，此在憲法上亦並無明文規定，然世人皆認爲適法。今監察院經司法院之解釋已與國民大會及立法院同被確認爲相當於民主國家之國會，而舉世憲法學家或政治學家皆公認國會之有權聽取施政報告，乃爲國會與生俱來之權力，初無待於憲法之授予，故監察院自亦有權作此邀請。但監察院迄今尚未依此法理或通例或先例，以邀請行政首長列席院會或委員會作施政報告，蓋因監察院自有調查權作爲邀其來院報告或答覆之法律依據，自無引此法理通例或先例之必要。

或謂行政首長之列席立法院會議，在憲法上有明文規定，而其列席監察院之會議則並無根據，但司法院大法官會議釋字第三號解釋之論據可以類推，以釋此疑義，其辭曰：「監察院關於所掌事項是否得向立法院提出法律案，憲法無明文規定，而同法第八十七條，則稱考試院關於所掌事項，得向立法院提出法律案。論者因執『省略規定之事項，應認爲有意省略』以及『明示規定其一者，應認爲排除其他』之拉丁法諺，認爲監察院不得向立法院提案，實則此項法諺，並非在任何情形下均可採用。如法律條文顯有闕漏，或有關法條尚有解釋之餘地時，則此項法諺卽不復適用，我國憲法間有闕文，例如憲法上由選舉產生之機關，對於國民大會代表及立法院立法委員之選舉，憲法則以第三十四條及第六十四條第二項載明『以法律定之』。獨對於監察院監察委員之選舉，則並無類似之規定，此項闕文，自不能認爲監察委員之選舉可無需法令規定，或憲法對此有意省略或故予排除，要甚明顯。」故釋字第三號解釋認爲憲法雖無明文規定，但監察院仍得有提案權。是以根據憲法有明文規定之調查權，監察院固得邀請行政首長來院列席報告及查詢，而依據上項法理通例或先例，監察院亦有聽取行政首長列席報告之權。

監察院歷來提出之糾正案糾彈案，以及審計權之行使，一切皆以國家法制或預算爲標準。對法律之貫澈及預算之執行，雖不無相當貢獻，然亦甚感監察工作收效之不宏。此次事件，卽在貫澈憲法所賦予之職權，以期善盡職責，藉補時艱。但於五權相維之精神，未嘗稍有逾越，而在處理之過程中，尤不敢稍涉意氣。故今日之問題，非為如何限制監察權之內容，貶抑監察院之地位，而應為充實及加強監察權之績效，此當為邦人所共鑒者也！

此事發生後，聯合報、大華晚報、民族晚報等先後發表社論，有的支持監察院的立場，有的認為係法律解釋之爭，應請大法官解釋。自由人報十二月四日「自由談欄」馬五先生（雷嘯岑）則謂：「此事癥結，在於一方是要打破砂鍋問到底，一方是醜媳婦害怕見翁姑，結論是吵吵鬧鬧，原屬民主政治的常有現象，不足為病，最要緊的是大家皆有毋固、毋我、毋必的精神，遇事控制着感情作用，不致流於衝動橫決的境地，則爭論愈烈，眞象卽愈明，那就無傷大雅。」

俞鴻鈞被彈劾，申誡，辭職

十二月十三日，監察委員蕭一山等十人以行政院院長俞鴻鈞違法失職，貽誤國家要政，妨害監察權，特依法提案彈劾，經陳訪先等十委員開會審查成立，由院移送公務員懲戒委員會議處。彈劾案文附後。

彈劾案文

查俞鴻鈞自任行政院長以來，已逾三載，因循敷衍，不求振作，號稱財經內閣，而財經問題，日形嚴重；標榜崇法務實，而法治精神敗壞殆盡。大陸淪陷之後，國人忍辱含垢，義憤如山，服勞作苦，夙夜兢兢，所望無他，曰反攻光復而已。將士枕戈以待命，國民輸粟而犒師，樓船橫海，鐵馬嘶風，歲月蹉跎，於茲數稔。顧念事業艱難，環境特殊，對當道不忍過責。但為行政首長者，寧能無履冰絕臏之懼耶？乃俞鴻鈞任職至今，極盡推托之能，終鮮綜覈之效，政治則泄沓成風，社會則乖戾充盈，不肖官吏，寵賂彌彰，軍公人員，仰屋興嘆。事例綦多，不遑枚舉。本院各委員會曾就其重大者，提案糾正，促其注意改善，而俞鴻鈞全未作改善之措置，為適時之答復，又復拒絕調查邀詢，其違法失職，顯然可見。本院職司所在，豈能默爾而息，是以院會推定委員十一人，組織處理小組，調查研究，審慎再四，國事至此，寧堪再誤？既不敢貽寒蟬仗馬之譏，更不願作孟浪邀譽之行，茲特就俞鴻鈞違法失職事件，在本院有案可稽者，約略述之：

一、查憲法第九十六條規定：「監察院得按行政院及其各部會之工作分設若干委員會，調查一切實施，注意其是否違法或失職。」又第九十七條規定：「監察院經各該委員會之審查及決議，得提出糾正案，移送行政院及其有關部會，促其注意改善。」本院各委員會依據憲法規定，行使糾正權，如行政院不就糾正案加以注意改善，自當予以督促。倘認為有違法失職情事，並應予以糾彈。是為本院之職責所在，寧能置而不問？設使謂行政院對糾正案可以不負責任，則憲法「促其注意改善」之規定，勢必成為具文。故監察法第二十五條乃明定：「行政院有關部會接到糾正案後，應即爲適當之改善與處置，並應以書面答復監察院」。行政院如不爲適當之改善與處置，或不於法定期限內答復本院，或雖答復，而未有改善與處置之具體事實，依照公務員懲戒法第二條之規定，負責處理糾正案之行政院院長應負違法失職責任。玆舉下例以資證明：

按本院財政委員會以行政院美援運用委員會人員待遇，較之一般公教人員高出約五倍，經向行政院提出糾正案，該案於四十五年七月三十日移送行政院，乃行政院遲至十月三十日方始答復，已逾法定期限三十五日。行政院且以該會「一切工作須與美方機關經常接觸聯繫，相互配合……其工作人員之服務技能與待遇標準，勢不能不參酌美方機關華籍人員情形辦理」，對本院糾正之點未能加以改善。本院復於四十六年二月九日提出第二次糾正案，其理由爲：「查美援會須與美國機關經常接觸聯繫，相互配合，自係實情，但在政府與美國訂立共同防衞條約以後，全國軍公人員與美方機關經常接觸聯繫配合者，何止美援會工作人員？他如外交人員及軍事人員，亦多與美國機關有經常之接觸聯繫或配合，其中陸、海、空、勤之官兵，且須與美國官兵共同在戰地比肩擔負防衞之任務，其接觸之多，聯繫之密，配合之強，及其使命之艱巨，貢獻之偉大，視美援會人員當有過之而無不及，然未聞行政院比照美援會辦法提高彼等之待遇。此蓋因國家財政困難，不勝負荷，故不得不勉其忍苦爲國，努力以赴。然則行政院核准美援會人員之待遇時，何以竟不顧慮及此，且由此破壞一般公教人員待遇之標準，殊欠允當。故美援會人員待遇，仍有再予依法核減之必要」。行政院於逾期九十日後答復本院，並以減少待遇足以影響工作情緒，引致職員離職為理由，拒絕本院之糾正案。俞鴻鈞身為行政院長，自應負違法失職之責。

二、本院四十五年十二月份院會，以軍公教人員待遇菲薄，行政院有迅加注意改善之必要，而政府機關各項支出，如能加以撙節，即可移充調整待遇之財源，爰經決議：交財政等十委員會調查處理。旋經十委員會於四十六年三月就專案小組之調查報告，向行政院提出杜絕浪費調查待遇之糾正案。行政院於逾期四十九日後方始答覆，且未能為適當之改善與處置。本院鑒於再糾正案之仍無適當結果，而本案性質又相當嚴重，故不得不依監察法第二十五條及監察法第三十一條適用監察法施行細則第三十九條，監察院「得經決議以書面質問或通知行政院或有關部會主管人員到院質問」之規定，通知俞院長到院為口頭之質問。並因俞鴻鈞處理本案涉及違法失職問題，本院復依憲法第九十六條所賦予之調查權，適用監察法第二十六條第二項指定本院為查詢之地點。又因該次質問及調查之事項俱與本院各委員會有關，本院依據憲法第九十六條：「監察院得按行政院及其各部會之工作，分設若干委員會，調查一切實施，注意其是否違法或失職」，自得以各委員會為調查之主體，邀請俞院長列席本院十委員會聯合調查會議備詢。此與行政院及各部會首長列席立法院院會之性質並不相同，此項基於監察院調查權之詢問及其答覆或報告，亦不同於憲法第五十七條關於立法院之施政報告或質詢，與立法院之權力，並無衝突或重複。且此項方式行之有年，行政院各部會首長之來院報告或答覆調查詢問，不下百十次，行政院方面亦從無異議。俞鴻鈞雖為行政院長，然亦屬公務人員，並不享有監察方面之豁免權，今乃拒絕來院備詢，實屬曲解法令，蔑視監察職權。

三、本院據控俞鴻鈞在中央銀行因非法兼任該行總裁，浪費公帑，該總裁公館飯菜金、醫藥費及一切開支悉數由行供應，破壞國家銀行人事制度；派任其弟俞鴻潤為中央印製廠協理，其婿繆其威、李福泰二人均任銀行要職，派駐國外等情事，經派委員吳大宇、劉永濟及本院秘書程祖劭、審計部審計郭承緒，會同調查該行總務及業務等費之帳册，郭審計等經在央行開始逐日查閱帳卷，至本月十八日止，業已查明者如中山北路二段二十巷五號該行總裁公館之四十六年上期六個月內，關於木炭之開支已達七千五百斤，計共金額一萬零八十元，尚有煤氣費一千六百零八元，以及某一高級職員宿舍，除押金二十萬元外，月仍須付租金三千九百元等項，其浪費情形已可概見。其他訴狀所述，正待繼續查明，詎十九日上午九時郭、程二員再到央行查帳時，該行秘書處處長面告奉上峯命令，拒絕本院調查，彼等乃返院報告主辦委員及本院院長。二十日下午再由本院主辦人員往該行約晤兼總裁俞鴻鈞及副總裁俞飛鵬，查詢拒查經過，俞鴻鈞竟直承其事。詢以：「我們如果繼續調查，貴行是否繼續供給資料？」俞鴻鈞仍託詞予以拒絕，並謂行政院方面之帳目亦暫緩調查，當場錄音並製成談話筆錄，由雙方人員簽名存證，必要時當公開宣布，以待國人之公斷及歷史之裁判。查監察院之調查權及審計權載在憲法，任何人不得侵害或蔑視。監察法第二十六條第一項更明定：「各該機關部隊或團體主管人員及其他關係人員不得拒絕。」而審計部且以查帳為唯一之職責，俞鴻鈞之拒絕本院及審計部之調查，實開行憲以來機關首長拒絕調查之惡例，毀法亂紀，莫此為甚。

四、本院前以行政院處理中國石油公司與海灣油公司訂約，予工程油輪公司以十年運油之特權，以及臺灣造船公司將船廠、船塢出租與殷臺公司以為工程油輪公司造船等案，違法越權，損害國家利益，經於四十六年五月十八日提案糾正，並以該案經辦人員江杓等有圖利瀆職之重大嫌疑，同年五月二十五日另行提案彈劾，經公務員懲戒委員會審議，將江杓等刑事部份移送法院審理。本院又以其違法行為情節重大，有急速救濟之必要，特依監察法第十四條於七月二十三日函請行政院為急速救濟之處理。嗣准行政院就本院糾正案提出答復，雖已飭經濟部洽商縮短工程油輪公司運油年限及洽購中國國際基金會所佔殷臺公司百分之三十六之股權，並促前人人企業公司份子魏重慶、屠大奉等退出殷臺公司，然執行行政院此項命令者，仍為瀆職圖利之江杓等人員，行政院此種措施實係敷衍塞責。其時立法院對於殷臺公司造船案審查報告書亦認為措施失當，並以經辦本案之違法失職人員應請政府澈查議處，決議九項函請行政院辦理，亦未見行政院有何適當之措施。而對本院依法函請急速救濟處理之函件，置不答復。是皆足證行政院對本案並無改進之決心。旋經本院財政、經濟二委員會之審查決議補充事實闡明理由，再予提案糾正，其中指出行政院辦理此案，事前既無明確之政策，任令二三人員矇混舞弊，臨事未能從容研究，審愼將事，而僅以一次會議輕率決定，以致造成重大錯誤，行政院長自應負處理失當之責。但行政院復文，仍任令江杓等逞其詭辯，諉卸責任，不加糾正，又為其轉達本院以為搪塞。其中關於十年運油年限，行政院前次復文既認有洽商縮短之必要，已飭經濟部洽辦，乃復文又以爲「不如維持原約之爲妥」，前後矛盾。現爲時將及一年，臺灣銀行依約墊款，大部份均已支用，殷臺公司造船工作則迄未開始，而其員工薪金時有延不發給情事，此不僅說明造船計劃已難期其必成，而目前航運費空前低落，造船價格日趨下游，我政府蒙受重大損失，事實至爲顯明。凡此種種，均於歷次糾正案中早有論列，而行政院仍視若無睹，不予卽切改進，其貽誤失職，自屬百口莫辯。

五、查國軍士兵及中下級軍官薪餉非薄，生活艱苦，本院早經深切注意，並已迭向行政院提案糾正，促其從速改善。立法院亦有見於此，曾於本年十一月一日第四次院會有下列之決議：「查防衞捐收入總額，年達九億五千四百萬元，其中五億零四百萬元，未列中央政府總預算，歷年支出未盡得當。應自四十七年一月份起，全部繳入國庫，中央統籌支配，除原列中央一千五百萬元及臺灣省所需地方役政經費等開支，得由中央補助二億五千萬元外，餘二億三千九百萬元，及可能超收之數，作爲提高國軍士兵及中下級軍官俸給之用。應請行政院自四十七年一月份開始實施，並從速辦理追加預算。」（見十一月二日各報）此項決議，極關重要，行政院自應依照決議，切實執行，如有異議，亦應依照憲法第五十七條第二款之規定，經總統之核可，移請立法院覆議。乃行政院對於此項決議既未依法提請覆議，而依照該院本年十一月二十八日臺（四六）總字第〇七一號函送立法院之調整軍公敎人員待遇計劃所載要點，對立法院之決議多所變更，實屬違背憲法常軌。蓋要點中列載，國軍官兵月僅增支二千二百萬元，本年度按六個月計算僅增支一億三千二百萬元，就表面觀之，似未將立法院決議數字作大量之削減，然查其經費來源，由防衞捐節省項下支出者僅列六千萬元，超收項下支出者三千萬元，合計六個月僅九千萬元，核與立法院決議將歷年未列中央總預算及支出未盡得當之防衞捐餘額全年二億三千九百萬元及可能超收部份，全數以之改善國軍官兵待遇之原意大有出入，而其相差之數，年達一億一千九百萬元。（超收數姑照要點所列年爲六千萬元。）且立法院決議調整待遇對象係生活最艱苦之士兵與中下級軍官，而該要點則將將官一併列入，但不另加經費，致使士兵及中下級軍官可能增加之薪餉，因而減少，亦殊與決議原旨相違。行政院對立法院依法決議之案，既不依法移請覆議，又不切實執行，實屬違法失職。

六、查公務員服務法第十三條第二項規定：「公務員非依法不得兼公營事業機關或公司代表官股之董事或監察人」。揣其立法本旨，原以國家設官分職，各有專司，若啓兼職之端，勢必顧此失彼，妨害公務，尤其公營事業機關，若許其任意兼職，更易發生流弊，用意至善。但以行政首長不能以身作則，各機關遂視此法律爲具文，往往以一人而兼數職，相習成風，毫不爲怪。甚且蔑視該法第十四條第二項：「其依法令兼職者，不得兼薪及兼領公費」之規定，巧立名目肥私圖利，吏治混濁，久爲社會所詬病，迭經本院提案糾正，迄未切實改善，俞鴻鈞居行政最高地位，自應以身作則，力挽頹風，乃其本人迄今仍兼中央銀行總裁，違反公務員服務法第十三條之規定。本院曾於四十五年十月提出此項糾正案，但不爲行政院所接受。俞鴻鈞以行政院長而兼任中央銀行總裁，其影響所及，據本院當時調查，非法兼任公營事業董監事者，竟達八十人之多。此種惡例之養成，實皆俞鴻鈞啓導其端。

綜上所述，行政院長俞鴻鈞違法失職，事屬顯然，爰依監察法第六條提案彈劾，以肅綱紀，而整政風。

公務員懲戒委員會於四十七年二月十四日函送決議書，其主文：「俞鴻鈞申誡」。

俞鴻鈞於是年六月三十日辭職。

兩度糾正教育部處理私立中國醫藥學院案措施失當

民國四十八年（一九五九年）七月四日提案糾正教育部處理私立中國醫藥學院立案招生等事宜措施失當，經監察院教育委員會第一〇八次會議審議通過，移送行政院轉飭注意改善。糾正案文錄後：

爲教育部處理私立中國醫藥學院立案招生等事宜，措施失當，其他有關部門，對該院種種不法，未能適時依法處理，亦有未合，爰依法提案糾正由。

溯自政府遷臺後，厲行興革，人民生活普遍提高，青年就學人數亦與日俱增，現有公立學校已不足容納，政府乃倡導私人興學，此一決策，在當前國家財力短絀情況下，確屬必要。唯爲配合整個國家教育政策，教育部對於私立學校之申請籌設，應就其性質與內容嚴予審核，並須依照法定之手續及程序辦理，方不致發生流弊，查私立中國醫藥學院之設立組織等多未依照法令規定辦理，敎育部徇情遷就，竟准其立案，該院草創伊始，規模未立，各學年課程尚付闕如，教育部竟以臺灣大學醫學院歷年招收新生標準核定其招收新生名額一百五十名，該院竟增招備取生一百八十名，均予註册入學，甚而有未經考試之三十餘人亦准其註册上課，其種種弊端之發生，教育當局實難辭其咎責。查我國醫學歷史雖甚悠久，代出名醫，唯多偏重經驗，缺乏科學之根據，為闡揚固有之醫學，似應先由國醫研究機構，一面以科學方法整理醫學典籍，選編適用教材，一面徵訓優秀國醫，儲備師資，然後籌設學校，釐訂課程，納入正式教育體制，立法院決議函請行政院籌設中醫學校及中醫藥研究機構，用意諒不外此，而教育部不作通盤遠大之籌劃，遽准私人草率設校，一切無前規可循，其弊實叢生，當可想見，玆就調查所得情形應予糾正各點，述之如後：

一、查私立中國醫藥學院原由立法委員覃勤名義呈請籌設「私立中國醫政學院」，經教育部於四十七年六月六日核准籌設，並改名為中國醫藥學院。該院奉准籌設後，甫經一月，乃由覃勤以董事長名義於同年七月十四日卽教育部前任張部長其昀交卸之前夕，親自携帶董事會呈請備案暨該院申請立案文件，面呈張前部長當面批准。該部同日以臺（四七）高字第一〇二三一號令飭臺省教育廳轉知該院董事會准予備案，該院准予立案。查私立學校規程第二十一條規定，私立學校籌備完竣後，應由董事會呈請主管教育行政機關立案，俟核准後始得開辦，未呈准前不得招生；又第二十三條規定私立學校董事會呈請學校立案時，其申請程序照第十四條之規定辦理（按十四條規定應請由該管省市教育行政機關轉呈教育部核辦），而該院並未依照前條規定程序辦理。教育部長批准之前，有關申請備案與立案應附各種章則表册等既未依法呈經臺灣省教育廳核轉，亦未由該部收發室辦理收文登記及經管司科審核簽辦手續，逕行批准，且於當日完成擬稿判行發文等工作，開私立學校申請立案批准最速之先例，似此草率將事，置國家教育法令於不顧，不無循情枉縱之嫌，此應糾正者一。

二、私立學校規程第七條暨大學法第九條明白規定私立學校校長爲專任，除擔任教課外，不得兼任他職。查該院自開辦迄今，該院院長覃勤卽兼任董事長及立法委員，教育部於核准該院立案之初，不予糾正，嗣雖一再令知「改聘適當人專任，呈部核備」，但迄至本院調查時仍任其藉詞拖延，未予限期飭遵，以作嚴正有效之措施。此種現象，殊有損教育制度與法令之威信，此應糾正者二。

三、查四十七年國防部簽奉　總統核定之軍事學校招生改進事項所列改進招生方式第⑶點「大專學校聯合招生由教育部嚴格審核，招收名額以一次爲原則，無論招足與否，不再另行續招，或事後自行收容」，國防部於四十七年五月函教育部辦理，該部亦曾分令遵辦在案。查私立中醫學院於四十七年七月獲准立案時，大專學校聯合招生辦法業已確定，部令該院四十七年暫緩招生，嗣以該院請求招生，教育部乃函詢國防部函復無意見後，教育部於十月十五日令准該院單獨招生。查該院創設伊始，諸待籌備，教學課程標準，尤付闕如，招生開班，尙非急務，且該學年第一學期已近結束，教育部不依前案規定與實際情況為適當之決定，竟與國防部往覆函商雙方互相推諉，終於勉強准其所請，遷就依違，自壞規定，此應糾正者三。

四、查該院招收新生名額，按教育部核定為一百五十名，卽醫科一百名，藥學系五十名，而該院擅行錄取三百三十二名，其中備取生卽佔一百八十名，超過正取名額，而錄取名次，未盡依據考試成績，查備取生原為補充正取生之缺額，而該院竟准一律入學，且有旣非正取又非備取之學生三十餘名，亦准其註册上課，教育部對該院超額學生雖經令飭剔除，對原核准招收一百五十名正取生學籍，最初核定一百三十名，尙有二十名空額，部令就備取生中按照報考成績順序依次遞補報部，該院竟將未經考試之學生補入，蒙混報部。該院前後蔑視法令，事實昭然，教育部未能適時積極予以處理，拖延數月始行核定，不惟貽誤靑年前途，抑且妨害動員工作，此應糾正者四。

五、查私立中國醫藥學院學生均係適齡役男，該院不論正取備取暨未經考試入學之學生，一律發給申請緩征用在學證明書，學生藉此證明轉向當地政府申請緩征，其中並有獲地方政府核准在案者，經查得有正取生陳鎰源暨備取生李憲國、黃錦昌等三人，均經臺中縣暨宜蘭縣府核准。查兵役法施行法第六十條規定：「依兵役法第三十六條第一款緩征者，應由肄業之學校於每學期始業時造具學生名册，分別通知其原籍或寄居地縣（市）政府核定後轉報省政府並彙送團管區司令部」。依據上項規定，在校學生之緩征，由肄業之學校造具名册直接通知其原籍或寄居地縣市政府核定，該院竟不依規定辦理。復查該院備取生李堯堃前接獲臺北縣團管區司令部召集令後（大仁案十梯次召集令），由該院以四八院訓字〇〇二七七函申請儘後召集，該部因該生所提出之在學證明無教育部核准學籍分號，並與國防部（四八）季處字〇三〇三、〇三〇五號令規定不合，於四十八年四月以義康字第七二四號函復該院免議，而該院竟一再以申請中爲由，庇護逃避，對該部復文置之不理，且拒絕新莊分局派員前往臺中引導李生入營。又查該院學生劉飛避不入營，該院極力庇護緩召，經臺中市政府兵役科以妨害兵役罪報省府辦理有案。又查該院備取生蘇天佑暨未經考試入學之林玉山、陳顯煇等，均憑該院發給申請緩征用在學證明書分向該管動員機關申請緩役。似此該院院長覃勤顯係藉故庇護學生逃避召集，破壞動員制度，依兵役法第四十八條「意圖便利他人逃避徵集或召集而故爲虛僞之證明或記載，或故爲包庇隱匿者爲妨害兵役」之規定，其爲「妨害兵役」無可諱言。查私立學院學生須經教育部核准其學籍者方可申請緩征，國防、教育兩部早有此種默契，該生等均尚未經教育部核准學籍，且備取生根本不在緩征之列，地方政府不依照兵役法規定辦法辦理，其有虧職守，無待煩言。國防部以兵役主管之立場對該院濫發證明，妨害兵役，置若罔聞，及各報刊登檢舉該院破壞兵役制度事發生，始邀請有關單位會商對策，以謀補救，是該部事先既疏於防範，臨事又未能依法積極處理，顯有放任遷就之嫌，此應糾正者五。

六、該院被控非法斂財，妨害兵役等不法事實，案繫臺中地方法院，爲時甚久，尙未偵查終結，似應迅于積極處理，免滋物議，此應糾正者六。

綜上論述，私立中國醫藥學院開辦迄今，諸多未合，教育部等先後處理情形確有未當，特依監察法第二十四條之規定提案糾正，送請行政院轉飭注意改善。

十二月十一日糾正教育部舉辦私立中國醫藥學院四十七學年度備取生甄試，作爲四十八學年度新生，措施不當一案；經教育委員會第一一三次會議審議通過，送請行政院嚴令切實改進。

糾正案文

據調查教育部舉辦私立中國醫藥學院四十七學年度備取生甄試作爲四十八學年度新生措施不當應予提案糾正由。

一、事　實

查私立中國醫藥學院破壞教育法令，妨害兵役制度，前經立法院於四十八年六月五日決議，應請行政院轉飭教育部切實整頓。行政院陳院長於六月九日批：「中國醫藥學院董事會及院長着即停止執行職權，並令臺灣省教育廳先行派員接管整頓，在未整理前，暫行停止招生。」飭教育部遵照辦理。經該部擬具整頓辦法，於六月十五日呈院，其內容爲：「一、嚴令該學院董事會應遵照本部迭次指示迅即健全組織。二、飭該學院董事會遵照私立學校規程規定，限期選聘合格專任院長主持院務。三、該學院董事會開會時，由部派臺灣省教育廳劉廳長代表本部就近指導。四、在健全組織改選院長後，應將全部名單及其組織規程修正案呈部核定。在上述各項未經本部核定以前，暫停參加聯合考試。五、董事會應責成院長所有超額之備取生一律不得註册」。經行政院於六月二十日令准照辦，由該部於六月二十五日以高敎七五七一號令臺灣省敎育廳，及私立中國醫藥學院董事會遵照，並於文到七日內具報。嗣先後據該學院董事會呈報遵令整頓情形，及請准招收新生，經該部高敎司認爲：「現該院董事會組織尚未健全，院長一職尚係代理，四十七年度第一學期超收之學生仍未剔除，整頓情形尚乏績效，所請招收新生一節，未便照准。」（見該部八月二十八日令稿）但至九月九日，關於該學院一年級新生問題，又突以甲、乙兩案呈請行政院核定，（甲案係就超額註册之學生甄試爲本年度新生，乙案採公開招考方式收錄一年級新生）。經行政院於九月十五日以敎五一二四號令准照甲案舉行甄試，由該部舉行甄試結果，共錄取九十四名（准參加甄試之備取生爲一五九名，未到場參加者二十一名，實到一三八名）作爲四十八學年度一年級新生。

二、理　由

㈠查四十八年五月十四日本院教育委員會約請教育部梅部長報告，酆委員景福提出質詢，略謂：「道路傳聞教育部主管部門擬爲中醫學院設法將超額收錄之學生，轉爲下年度新生。」梅部長答：「現在未聞此議，將來絕不作此考慮。」陳委員江山詢問：「以超額招收學生作為下年度新生，本市東吳大學有此先例，何以中醫學院不能如此辦？」梅部長答：「兩校情形既有不同，亦且不足為訓。」唯據卷查，該部曾於五月二十二日令該學院，略以四十七年度第一學期招收新生名額，經本部核准為一百五十名，前已核示一三〇名，尚缺額二十名，准就備取生中按照成績依次遞補足額，限於五月十日前迅即報部審核，逾期即以一百三十名定案，不再予補核在案。該院既未遵令辦理，所送名册，其中包括既非正取亦非備取之所謂試讀生十名，意圖矇混，藐視功令，應于申斥，所請着毋庸議，所缺名額亦不再予遞補。」（高六〇七五號）但至六月二十七日，又准由備取生中遞補二十名，至其餘超收之備取生，仍飭遵令剔除，一律不承認其學籍。（教育部秘字第七〇七九號）行政院於九月五日對本院之糾正案亦復稱其餘超額學生教育部已悉數剔除（行政院教字第四九五二號）是所餘之備取生，既經一律剔除，則所謂超收之備取生，自已不再存在，此為衆所週知，但後竟又准以備取生資格參加甄試，前後政令，反覆矛盾，而梅部長在本院所答絕不作考慮之言將何以自解？

㈡教育部對於該學院之招取新生問題，依照原飭切實整頓之令旨，自應在該學院整頓情形報經核定後再議。但依據本院調查情形，浦薛鳳次長於七月三日以後，該學院方奉令整頓之時，即開始考慮備取生甄試問題。按該學院之辦理不善，應予切實整頓，不僅前經立法院之決議，及行政院陳院長之嚴令，而本院於七月四日亦對之提案糾正，並經行政院於九月五日令以「關於原糾正案第三項為中醫學院招生經過部份，該部核定其立案時，原令暫緩招生，乃該部竟徇各方要求准其單獨招生，復未派員監試，自難免予該院舞弊機會，監察院所指當屬事實，自應嚴予糾正。」（行政院四八教四九五三號）各在案，乃該部均未予重視，既令其切實整頓，又不問其整頓績效如何，甫令其暫停參加聯合考試，繼即考慮其單獨招生問題，出爾反爾，除該部有關人員徇情部份應另案處理外，該部執行政令未能貫澈，尤顯有不合。

㈢甄試辦法係就已錄取之學生予以淘汰，與考取新生之為選拔優秀者迥不相同，且大學法第二十六條規定，大學入學資格，須曾在公立或已立案之私立高級中學或同等學校畢業或具有同等學力經入學試驗及格者，方准入學。教育部此次擬就超額備取生加以甄試作為新生，不僅係破壞教育法令，且妨害及具有投考新生資格學生之參加考試權，此例一開，如他校相率援例辦理，教育部將何以處之？綜之，私立中國醫藥學院之各種弊端，均係由教育部擅准立案復准單獨招生而起，既因整頓關係令飭暫停招生，旋復准其要求以甄試方式將超額之備取生予以學籍，其流弊實較單獨招生為尤甚，所有院部整理之原旨，胥為之破壞無餘。

以上各點，均與教育部推行政令及教育政策有關，爰依監察法第二十五條提案糾正，送請行政院嚴令切實改進。

民國四十九年（一九六〇年）一月一日公務人員退休法開始實施。

五月二十日，中華民國第三任總統　蔣公中正、副總統陳誠先生宣誓就職。八月十六日，監察院對考試院第三屆正副院長及考試委員人選行使同意權，莫德惠、程天放獲得同意出任考試院正副院長，楊亮功、黃麟書、張默君、馬國琳、盧毓俊、張廷休、査良釗、陳玉科、陸錫光、方永蒸、羅時實、王立哉、陳固亭、翁之鏞、劉兼善、孫清波、康代光、成惕軒、劉象山均獲同意爲考試委員。

七月十日允中孫出生。

次男一岑於民國四十七年及五十年暑期先後考入臺灣省立臺中第一中學初中部及高中部，歷年成績，均見優良，五十一年二月報考省立臺北建國中學高中部第一學年第二學期編級試驗，經予錄取，轉學上課後，寄居監察院七洋大樓宿舍，是年暑期，女兒一芬小學畢業，考入臺灣省立臺北第一女子中學肄業。我家乃於八月初遷居臺北，先租明德新村八十一號暫住半年，五十二年二月以新臺幣八萬元購用新店七張路七號之七房屋，全院面積約八十一坪，房間二十五建坪。住入後將院中原舖石塊清除，栽種了些花木，環境顯現優雅，亦可藉以運動。門庭朝向文山，草木葱翠四季長青，而臨近北新路車聲隆隆，日夕不止，因書以下的聯語：「噪音雖震耳，景色尙怡情」。

民國五十三年（一九六四年）八月，一岑兒考入臺中私立東海大學物理系（次年轉於化學系）。

九月十日，監察院行使同意權，投票同意黃亮、王昌華繼補已故大法官曾劭勳、胡翰二員遺缺。十月十六日中共在大陸西部舉行第一次核子試爆。

監察院于院長右任於十一月十日下午八時病逝榮民醫院，享壽八十六歲。適當年度總檢討會議期間，經院會決議，休會三天，本院及審計部與臺灣省審計處下半旗三日，以示哀悼，院長職務由李副院長嗣璁代理。

巡察國營生產事業

本年度監察院中央機關巡迴監察經濟組之巡察工作，推由我與趙委員光宸擔任，這一次巡察注意方向，着重於國營生產事業機構的實況。巡察所至共計二十幾個單位，酌就各單位提供資料以及檢討所得，撰具共同意見，向經濟委員會及年度總檢討會議正式提出報告外，其在報告書中所述簡略，或報告內所無而為我個人感想者，特撰視察國營事業機構所感一文，投諸雜誌刊布，就教於賢達，深受有關各方注意。內容摘錄於後：

一、在這一次巡察中，本人最感欣慰的事情是：

㈠各國營生產機構的設備與生產情形，多有長足的進步；其中較為顯著的如：臺肥公司、臺碱公司、臺鋁公司以及中國石油公司等，舉例來說，臺灣肥料公司五十一年度的生產量有四十五萬多公噸，較之過去日據時期的最高產量三萬三千餘公噸，增加了十三倍之多，十幾年來，各單位的設備與技術種種，都在與年俱進，處處顯示其急劇的發展。

㈡近半年來，我國外滙貿易情況著有令人興奮的發展，似已步入正軌，可以說到了小康的境界，其顯著的事實是：⑴外滙存底增加，截至本年八月底止，外滙存底較去年年底約增一倍有半，去年十二月底中央銀行及臺灣銀行外滙結餘額共為美金六千三百餘萬元，本年八月底則增為一億五千七百餘萬元，計增加美金九千四百餘萬元。⑵外滙結餘額增加的原因是輸出的大量增加與輸入的減少。今年前八個月輸出物資總值為二億五千一百餘萬美元，較去年同期增加美金八千六百餘萬美元。輸入方面，今年前八個月政府外滙物資總值一億四千五百餘萬美元，較去年同期減少一千四百餘萬美元，美援物資到埠共五千七百餘萬美元，比去年同期減少二百餘萬美元。自備外滙輸入物資二千三百餘萬美元，比去年同期增加五百餘萬美元，以上三項輸入總額為二億二千五百餘萬美元，較去年同期共減少一千一百餘萬美元。⑶滙出滙入的款項增加。⑷黃金與美鈔的黑市價格下降，其與官價相差很小。⑸進出口貨物價格穩定等。這樣的表現，我們實不能不歸結於外滙貿易管理的成功，亦可預言其前途一定會有蒸蒸日上的厚望。

由此可以想見年來國內經濟建設的成就，並足證明關於經濟發展的各種改革與措施，是相當的正確而獲有實效。

二、各事業單位的體制業務各方面，亟待改進之處，不勝枚舉，就其犖犖大者，列述幾點：

㈠國營事業的人事制度亟待建立：查憲法第八十六條規定：「公務人員任用資格及專門職業與技術人員執業資格，應經考試院考試銓定。」又考試法第一條規定：「公務人員之任用與專門職業及技術人員之執業，均依本法以考試定其資格。」公務人員任用法施行細則第二條規定「本法所稱之公務人員指左列各機關學校組織法規中定有職稱及職等之文職人員……」，公營事業人員自包括於公務人員範圍之內。又國營事業管理法第三十一條明定：「國營事業用人除特殊技術及重要管理人員外，應以公開考試方法行之……」，同法第三十三條規定：「本法第三十一、三十二兩條所稱國營事業人員考試甄審及考績辦法由行政院會同考試院另訂之。」是國營事業機構人員的任用升遷，都應恪依考銓法規辦理。但據巡察所得有關資料，各屬國營事業機構現有員工總計五萬幾千人，因無體系完整的人事制度，各機構的人事運用，各自為政。譬如：(1)進用新人，既不依法經考試機關考試，也很少自行公開招考，多由私人憑人情關係介薦，致難吸收優秀人才，所用人員難免濫竽充數之輩，在經濟部座談會中，我們詢之主管部門負責人員，他們提出種種解釋，或謂考試機構考試合格人員不適用於生產事業機構，或謂考試機關舉辦的手續種種過於呆板等等，其實他們的說法有的近於遁詞，有的屬於技術問題，其屬技術方面的困難，都是可以研商解決的。(2)在職人員的晉級升等既不採行法定公務人員升等考試制度，其本身也無合理的措施，只依主管人員的意向決定，因此服務成績優異的，未必能夠晉升，而有特殊背景者，難免躐等倖進。遂致工作精神難期鼓舞，優秀人才無以保障。(3)經濟部所屬各事業單位借調人員太多，總計約有七八十人，幾佔該部中所有員額的半數，甚不合理。且其如何借調，既無適當法規可資遵循，而借調人員的待遇，亦不一致。大部份不只在其原服務機關支領薪津，享受福利，並在調用單位兼享津貼與各種福利，造成待遇的不平等，影響一般工作情緒。衡以設官分職，同工同酬之原則經濟部亟應制訂人員借調辦法與待遇標準，以昭公允，而免浮濫。

當前公營事業的浪費與缺乏效率，爲一般公認的事實，這種事實的形成與人事任用大有關係，人事制度的不健全，不僅影響其本身業務的發展，而且影響國家整個的政治風氣。爲建立國營事業機構人事制度的體系，促進其業務的發展，經濟部應依國營事業管理法第三十三條之規定，迅即制訂國營事業人員考試規則草案，送經考選部呈請考試院會同行政院公布實施，並納入銓敍。此外，諸如備用人員的登記，選用升職考核，人事評議，以及訓練進修等辦法，亦應及早規定。

㈡國營事業機構安置退除役將官問題：查各國營事業機構安置退除役將級人員約有一百五十餘人。每年支費不下三四百萬元，在各事業單位，枉任重大負擔，而被安置人員多因沒有工作，坐領乾薪，顧名思義於心亦感不安。他們都是半生戎馬，爲國効命，著有勳績的人士，政府似應特設機構正式編列國家預算，予以名正言順的適當安排。記得北洋政府時期，中央政府有將軍府之設，就是專門安置退除役將級人員的機關。

㈢棉紡織業救濟措施中關於棉織業合作公約問題：全臺灣二十四家棉紡織公司爲了擴展外銷謀求產銷平衡，並統籌購棉，調節內外銷供應，以達成合作外銷目的，經公約全文共十五條，其中第七條：「進口棉花依其到岸價格收取百分之二十五，作爲合作基金，由貸款銀行於各廠商提用棉花時，代為收取並專戶存儲……」第八條規定：「於棉紡織品出口時，照退稅申請書及其原棉結滙證明書到岸棉價的百分之二十五退還基金，並依出口棉紡織品結滙金額的百分之五發給獎勵金。此一措施，我們就其績效與政策來作檢討：(1)關於外銷方面，原則以外銷部份退還合作基金，並發給獎勵金，鼓勵外銷量的增加，但是實施的時候，所收者多而所退者少，每包紗所需原棉收取其價格百分之二十五合作基金假定為一千四百元，外銷部份所退還者除去百分之十的所謂推廣費用約五百六十元，只有約八百四十元（包括獎勵金在內），佔收取數百分之六十。一收一退使廠商淨損失百分之四十，尚不包括收退期距的借款利息在內，縱使予以減低銀行貸款利息，其所減少的利息負擔，亦為合作基金的損失所抵銷。商人是最會算帳的，他們既感得不償失，故多興趣索然而甚表不滿，雖則外銷量較前稍有增加，漏稅亦較減少，產品據說亦有改進，但並未達到預期效果。(2)關於內銷方面，合作公約嚴定內銷的限額，並規定內銷紡織品，是不退還合作基金的，這個意思就是要迫使內銷價格提高百分之二十五，以三成內銷高價之所得的款項來補助外銷損失，但最近八九個月來，因為各廠商存貨很多，事實上內銷的價格並沒有多大上漲，故就績效來看既沒有得到原來想像的成果，反增業者的負累。而以政策言之，政治措施應以整個的民生福利為急務，這個辦法，縱使能如預期內銷價漲，以加重大衆的銷費負擔，來補助少數棉紡織業主的損失，似非民主政府之所應為。全臺灣二十一家私營棉紡織廠過去曾有一段相當時期的好景，他們向國家金融機構貸款設廠，貸款經營，都曾贏得相當富財，即就現在實況，仍有盈餘，不過因爲生產過剩種種關係，較諸往昔稍不景氣，又要政府給想辦法，提高內銷價格，由社會大衆來負荷補貼，所謂民生主義的經濟政策，是否如此講法？

當前無可諱言的事實是，國內一般工業界有下列三種普遍的不良現象存在：(甲)規模太小，(乙)同業沒有組織，都是一盤散砂，(丙)管理和技術方面都非常落後，而無意改進。這幾種不良與落後的現象，在紡織業界更爲顯著，這些現象如不改善，政府任何輔助，只是治標，難得美滿的效果。據聞政府近有籌組合理化運動推行委員會的擬議，這個機構的設立，是請專任的專家負責管理其事，以代替工業發生危機時的輔導工作。這個擬議，如能實施，或可發生積極作用。

㈣國營紡織事業的營運問題：現在我們在臺灣的國營紡織事業有：經濟部所屬的中國紡織公司、中國銀行轉投資的雍興紡織公司及交通銀行的中本紡織公司與臺北紡織廠，他們這幾年來的業務情形，都是虧損不堪，有的內部且鬧糾紛，我們長久所感困惑的是，政府的營運，從未看出有何顯明的政策，無論經營設備資金與管理各方面所爲措施，幾於全屬迫不得已的臨時應付，絕少積極有效的輔導。查國營事業管理法第二條說：「國營事業以發展國家資本，促進經濟建設，便利人民生活爲目的。」第四條說：「國營事業應依照企業方式經營，以事業養事業，以事業發展事業，並力求有盈無虧，以增加國庫收入，但供示範或經政府指定之事業，不在此限。」根據以上的條文，可知國營事業的目的是在促進經濟建設，或負示範任務。他們這幾個廠家年有賠累，不但未達裕國利民的目的，亦未發揮示範的作用，而苟延殘喘，幾乎現狀亦難維持，幾年來政府的擬議，時而出售時而合併整理，舉棋不定，任其演變，近聞緣於出售不易，準備合併經營，談到合併，其中人事資金種種，錯綜複雜，問題亦不簡單。他們當前重大的癥結爲組織散漫，資金短絀，財務負擔過重，以及無力擴充與更新設備等，如果決定合併經營，必須拿出大刀濶斧實事求是的精神與作法，對於上述人事資金設備經營有關問題，通盤籌劃，針對實需，澈底予以解決，才望發展，否則不如及早斷然出售民營以重國帑。

(五)國營事業的董事會：國營事業的經營，依國營事業管理法第四條的規定，應依照企業方式，按一般企業的公司組織其最高權力機關爲股東大會，在股東大會閉幕期間，由董事會代行其職權，董監事由股東大會選舉，董事會決定公司的營業方針交由總經理執行，總經理向董事會負責，董事會向股東負盈虧責任，這是企業經營的常軌。我們的國營事業也都有董事會的組織，但董事會都是有名無實，既不決定營業方針，也不向股東負盈虧責任，所有董監事都是掛名而不管事，每月只領六百元至八百元的車馬費，等於公司的施捨，雖然規定每三個月開一次會，或許也有個紀錄，亦只是虛應故事的表面文章，實際上起不了什麼作用，惟有董事長似乎是公司的首長，所需薪津、汽車、洋房、應酬等項，公司都要供應，至於董事長是否懂得公司業務，那就不管了。

現任國營事業的董事長很少不是過去的政界顯要，或有特殊勢力背景的人物，爲了報德崇功，或其他緣由，以此職位，優予安置，當董事長的，大多爲期相安無事，免與總經理發生磨擦，樂得清淨無爲，自我納福，業務盈虧反正與彼無關痛癢。董監事們或屬失職的大吏，或爲退除役的軍官，或其他有關人士，他們與董事長、總經理的來路相同，都是由投資或主管機關聘派，本來就爲點綴風景，不需他們過問業務，他們也都識趣不便過問，否則與他們的位置待遇會有影響。國營事業的董事會是這樣不循企業常軌的虛設機構，公司業務全由總經理一人獨力主持，盈虧責任無人負擔，難怪其積弊叢滋，發展不易。

我們認爲整頓國營事業的首要，問題是如何組織健全的董事會？依於企業化的精神，國營事業的董事會必須恪遵國營事業管理法的規定，確能督導業務，擔負盈虧責任，董事人選務求精簡，至少要有半數屬於內行，懂得業務，一律應由政府遴派，使能盡其應盡的職責，並比照公務員待遇，保障其生活，國營事業必先有這樣的董事會，才可進入企業化的合理經營。

民國五十四年（一九六五年）三月五日，副總統陳誠以肝癌病逝，享年六十九。公先後主持臺灣省政及任行政院長，竭精殫慮，不辭勞怨，其功績爲後人所永恒記憶者：㈠澈底執行並完成土地改革，㈡正確把握農工業發展的途徑與步驟，㈢厲行財經改進。當其謝世之耗，聞於八方，人民携幼扶老，哭祭靈前，遺愛長留臺島，永繫人心，稽之前史，事不多覯。

八月十四日監察院選舉院長李委員嗣璁當選（彼於十二日經向院會辭去副院長職務），九月六日選舉副院長，候選人張維翰、于鎭洲競選激烈，均未得過半數票，依規定就得票較多之張維翰、于鎭洲舉行第二次投票，十六日第二次票選結果，張維翰得三十七票，于鎭洲三十一票，仍未得出席委員過半數票，應重行選舉，二十九日舉行第三次投票，出席委員七十四人，張維翰得五十二票依法當選。

女兒一芬於暑假前由臺北第一女中初中部畢業以績優免試直升高中部。

本年十一月間中共姚文元批判吳晗（北京市副市長）所著海瑞罷官，繼之吳晗與北京市委書記鄧拓、廖沫沙所謂三家村集團成爲攻擊對象，被批判爲走資產階級的學術路線，爲文化大革命的開始。

民國五十五年（一九六六年）五月十七日爲財政部關務署署長周德偉假借職務上權力機會越級處理走私漏稅違章案件，我與吳大宇、陳志明、金越光、酆景福四委員以本院前曾提案糾舉，行政院未切實查照處理。乃聯銜提彈劾案，經蕭一山、袁晴暉、楊宗培審查成立，移付懲戒（彈劾案全文從略）。

五月二十日，中華民國第四任總統蔣公中正，副總統嚴家淦先生宣誓就任。二十八日監察院對考試院第四屆正副院長行使同意權，同意孫科爲院長，程天放爲副院長。同日又投票同意謝瀛洲遞補已故司法院副院長傅秉常遺缺。八月十一日對考試院第四屆考試委員人選行使同意權，同意楊亮功、盧毓俊、查良釗、翁之鏞、黃麟書、馬國琳、陳固亭、羅時實、陸錫光、王立哉、孫清波、康代光、成惕軒、劉象山、張邦珍、華仲麐、侯暢、賴順生、周肇西十九人爲考試委員。

八月二十六日，中共紅衞兵在大陸各城市發動暴亂，破壞古蹟文物，迫害教會修女，所謂文化大革命運動，已擴展到內蒙新疆西藏，中共驅使二十萬青年舉行反蘇俄運動。

糾正教育部一再分發孔維寧免試入學等案

民國五十六年（一九六七年）二月十七日爲教育部曲解法令濫用職權，一再分發至聖奉祀官孔德成次子孔維寧免試入學破壞大專聯考制度，涉嫌樹張特權，有損政府威信提糾正案，經教育委員會第一九六次會議通過移請行政院轉飭迅行注意改善。

糾正案文

爲教育部曲引法令，濫用職權，一再分發至聖奉祀官孔德成次子孔維寧免試入學，破壞大專聯考制度涉嫌樹張特權，有損政府威信，爰依監察法第二十四條予以糾正。

事實

查五十五年五月二十八日，大成至聖先師奉祀官府以至字第五五六號函教育部檢附奉祀官孔德成次子孔維寧學籍成績證明書，國民政府特給憑證等件，以述聖奉祀官嫡裔長子身份，請予免試分發臺灣大學考古人類學系肄業案，經該部依據二十四年九月二二九次行政院會議決議，訂定之至聖及四配「復聖宗聖述聖亞聖」奉祀官嫡裔長子在公立各級學校肄業優待辦法第五項「奉祀官子女在各公立各級學校皆受免費待遇」及國民黨中央第一四七次常會決議：「由國家給資培植至大學畢業」，並該部前准免試分發孔奉祀官德成長子孔維益就讀政大前例，報奉行政院令示：「逕行核辦」後，即准如所請，並分函臺灣大學及至聖奉祀官府，惟事後該生迄未於臺大開學註册期間，前往辦理入學手續，於同年十一月十三日，孔奉祀官德成又以私函致閻振興部長，略謂：「玆以該生與原請志趣不合申請改行分發輔仁大學中國文學系就讀」等語，該部據以呈奉行政院政令：「由部逕行核辦」，後於同年十二月六日再度核准，並令輔仁大學照辦，均各有案。

理　由

一、查孔維寧爲孔德成次子，依照行政院第一九四次會議決議，其優待至聖及四配奉祀官嫡裔只限長子，至聖奉祀官孔德成長子孔維益，既已優待分發政大，其次子應不具再行分發權利，乃該部對孔維寧身份，不經詳查竟依其來函所請及述聖奉祀官應由至聖奉祀官兼任之國民政府特給憑證，如其自稱兼祧繼承之說，以孔維寧過繼爲述聖嫡裔長子，予以一再分發，查國家爲宗奉孔聖設奉祀官府，其職掌性質，係屬司祭機構，述聖奉祀官孔德元逝世後，山東省政府雖以孔德成兼任，報備有案，但並不等於具有兼祧繼承子思嫡裔之法定親屬關係，玆關出嗣收養認領，國家另有專律，其職權均屬內政部或法院，該部不予審究，孔德成有無兼祧子思一系，孔維寧已否過繼等事實與法定證件率而假「兼任」亦爲「兼祧」片面之詞，予以核准分發，不審對子思直系後裔已故述聖奉祀官孔德元之嫡裔長子將置於何地似此昧於體制，曲意融通，不僅徒滋紛擾，抑有自毀法令之嫌，此應糾正者一。

二、關於奉祀官嫡裔求學優待問題，查行政院及國民黨中央常會迭次所決議者一爲奉祀官子女在各級公立學校，皆受免費待遇，二曰，由國家給資培植至大學畢業，再曰，入大學者每年每人由國庫給資八百元純屬資助性質，並不含有經濟以外如免試分發等之任何特例，此觀行政院第一九四次會議決議：「嫡裔只限於長子除小學另由國家在曲阜特設小學優遇外，其入中學者，每年每人由國庫給資四百元，入大學者每年每人由國庫給資八百元」等語，義甚顯明，乃該部不採其參事室所簽：「由國家給資培植至大學畢業，並未指明分發入學」之意見罔顧行政院既定免費，再定款額以明給資培植之含義，而堅持五十年分發孔維益案例，准其所請。須知孔維益分發案，已屬錯誤不合，今再以其不備之理由爲基礎，從而分解「給資」與「培植」曲辭培植亦可予分發，其斷章取義歪曲事實，咼有甚於此者，此應糾正者二。

三、查孔維寧前承該部准如所請分發臺灣大學考古人類學系，該生在臺大註冊期間竟不到校辦理手續，就規定而言，時效已失應視爲自動放棄，乃該部復據孔德成請求另行分發輔仁大學中國文學系之私函，再予照辦，姑無論其兩度申請是否可予受理，其中請已否逾期，然不旋踵間出爾反爾予取予求，其情非屬兒戲卽另有隱衷，該部竟任其擺布，曲予阿從，更開前此未有之惡例，影響政府威信，非徇情遷就而何？此應糾正者三。

綜上所述，教育部處理本案不僅違悖憲法規定國民受教育機會一律平等之精神，且昧於體制歪曲事實，濫用職權，迭開惡例，破壞聯考制度，影響政府威信，實難辭徇情曲成之咎，爰依監察法第二十四條提案糾正函行政院飭其迅行注意改善。

中共以紅衞兵的暴亂，黨內鬥爭尖銳化，文化革命小組內部分裂，毛澤東於元月中旬起以軍警鎭反對集團，施行所謂加強安全六項措施。

三月十六日，我與張委員藹貞提案糾正現行大專聯考特殊身份考生加分優待辦法失之過當，有悖優待原旨。易滋依賴僥倖心理，經教育委員會第一九七次會議審議通過，送行政院轉飭注意改善。

糾正案文

爲現行大專聯考特殊身份考生加分優待辦法失之過當，有違優待原旨，易滋依賴僥倖心理，爰依監察法提案糾正。

查大專聯考制度實施以還，先後頒訂特殊身份學生分發及加分等優待辦法：㈠退伍軍人服役二年以上者加分百分之十。五年以上者加分百分之二十五。㈡蒙藏及新疆學生一律由部免試分發。㈢甘肅、寧夏及青海地區、回族學生，加分百分之二十五，雲南邊族加百分之二十五。㈣山地生加百分之二十五。㈤僑生由部分發。㈥外交人員子女，參照僑生之例辦理。㈦大陸來臺學生比照僑生辦法辦理等多項，據教育部五十五年度統計，根據此項辦法入學者達七百一十四名，而獲得學校保送之八百八十九名，尚不在內，侵奪一般考生權益甚大，於是可見，卽此已爲社會久所詬病，皆以主辦單位執行上之偏差，尤使問題趨於嚴重，亟應重加檢討，予以適當之改善。

一、查加分主要目的在使成績較差之特殊身份學生能有就學機會，乃平衡其不利條件之救濟措施。年來升學競爭之劇烈與年俱增，聯考成績分釐之差，使考生之志願科系院校，發生甚大距離或至落第，而特殊身份學生享受加分，竟依其實得總分以百分比增加有高達百分之二十五者，所以幅度過大，近年幾度出現假榜首，詎非錦上添花，弊之所屆不惟有違加分原旨，抑亦損害此類學生自尊自發精神，此其一。

二、退伍軍人報考專科以上學校暫行辦法第三條規定：「退伍軍人報考專科以上學校（不包括研究所）新生或轉學生者，如其考試成績未達錄取標準，依左列規定從寬錄取。」而歷屆聯招會，竟不審度原條文「未達錄取標準」之規定，一律按總分加百分之十或百分之二十五，顯係故違法令，此其二。

三、蒙藏及新疆學生一律由教育部分發而所分發學校，不就其學業成績明定差別標準，悉依學生所塡志願，大多爲國立大學，似此軒輊不分，優待過分，旣失公允，尤無策勵，適以養成莘莘學子有恃無恐之依賴心理，此其三。

四、甘、寧、青地區、回族學生，均生於斯，長於斯，所受中小學教育與其他一般考生相同，特予優待，已失公平，而加分高至百分之二十五，殊欠合理。此其四。

五、港澳地區僑生及外交人員子女因在國外所受課程不無差異，國文史地等成績較差，酌予優待，雖有必要，然其英文程度較優，數理課程並不差於國內，一律予以加分，實嫌優待過分。此其五。

綜上所述，聯考加分優待辦法，流弊滋多，破壞公平競爭之精神，養成學生依賴之心理，亟應研商改進，至保送辦法尤欠公允，亦應重予檢討。藉資改革，爰一併依監察法第二十四條規定提案糾正，函行政院轉飭注意改善。

三月三十日，糾舉交通銀行設計委員兼高雄分行經理楊成勳、總管理處業務部經理侯銘恩，辦理東南製藥公司及南臺產業公司貸款違法失職案，經審查成立，移送行政院依法辦理。（提案全文從略）

五月十一日，行政院會議通過臺北市改制為院轄市，自七月一日起實施，景美、木柵、內湖、南港、士林、北投六鄉併入，面積二七二一平方公里。

六月五日，中東戰事爆發，阿拉伯國家與以色列展開激戰，八日雙方接受聯合國安理會決議停火。

八月十二日，監察院以總統提名第三屆大法官林紀東、金世鼎、王之倧、黃亮、歐陽經宇、李學燈、黃正銘、管歐、張金蘭、洪應灶、程德光、曾繁康、黃演渥、胡伯岳、景佐綱等十五人咨請同意，投票結果均獲同意。

糾彈案及財經與教育設施的檢討

九月十八日提案彈劾內政部前主任秘書（現任麻醉藥品管理處處長）汪岳喬於該部所屬傷殘重建院前任院長李國安連續瀆職期間，先後收受李國安之鉅金饋贈，不惟影響政治風氣，且有瀆職之嫌，而臺北地方法院檢察官蘇章巍明知汪岳喬罪嫌重大，乃竟不予起訴，亦有瀆職罪嫌，經審查成立移付公務員懲戒委員會依法懲戒，其涉及刑事部份移送最高檢察署依法偵辦。（案文略）

十月十一日爲基隆市政府市長蘇德良、財政科長劉木水、建設局長李白珪等八員違背法令，擅將都市計劃漁港保留地放租，並准賴枝萬建築住宅，又置省政府應予拆除之命令於不顧，一再抗命，並有循私違法假借權力圖利他人之情事，依法提案彈劾，經審查成立，移付懲戒。（案文略）

外貿會主任委員徐柏園於十一月二日宣稱，今年臺灣省輸出總額約六億五千萬美元，創光復以來最高額。

十一月二十四日，提案糾正內政部對所屬傷殘重建院營造廠向臺北市第十二信用合作社貸款案之處理，諸多疏失，對該廠奉令撤銷及該院美援物資之追查案，執行不力，與大陸榮家員工多年外調迄不歸還建制等，多有未合，經內政委員會第二七五次會議審議通過，函行政院轉飭迅予

注意改善，以維政府威信，而遏頽風。（案文略）

監察院五十六年度總檢討會議，我於一般政治設施的檢討，有關教育部門問題的意見，擇要錄後：第一，現行中小學課本編訂錯誤，影響教學很大，下列缺點，在修訂時亟應注意改善：㈠內容不銜接；㈡教材多重複；㈢錯誤甚多，以訛傳訛；㈣缺乏插圖；㈤輕重倒置，缺乏中心觀念。例如地理課本，竟謂春麥和冬麥的種植，以黃河爲界，把冬麥誤爲只在黃河以南種植。又云我國兵工廠以漢陽兵工廠爲最大，豈知這是民國初年的事實。以後規模最大的，則爲瀋陽與太原兩個兵工廠，其次爲鞏縣兵工廠。歷史課本中亦有不少舛誤，如涿鹿誤爲涿州，或束鹿。其實涿鹿是察哈爾省的涿鹿縣。至於涿州在河北省保定附近，束鹿在河北省南部大名一帶。如此重大錯誤，自非特別注意改正不可，現行課本雖不斷修訂，但是去年修訂的，只是照抄前年的，今年的修訂，又是抄錄去年的，似此相沿，錯誤仍舊存在。今後修訂課本務希實事求是，認眞徹底實施，廣搜有關書籍作爲參考，切忌虛應故事。其應注意事項：㈠對現行各科教材，應分科翔實檢查；㈡廣徵新的資料，如地理科應參閱各省縣通誌，並聽取有關各方人士或實際從事教學人員的意見；㈢研訂完善體裁；㈣有系統的編訂；㈤每年酌加修訂；㈥加強時代精神（包括科學的、藝術的），國家觀念，民族意識，尤其要配合文化復興運動；㈦儘量插列優美的圖片。第二，日前調查局偵破大專聯考「槍替」案，有幾個不法青年，替別人考試，給大專聯考染上汚點，讓優良的聯考制度留下流弊，這些不法份子應受相當處分，以免自誤誤人。過去考試曾有護航之弊，今則進而至於「槍替」，較過去更為厲害。教育當局應深切檢討究辦，去年政大已發覺「槍替」情事，曾向教育部報告，教育部未予重視。各大專院校今後註册時，嚴格查對准考證與入學時的照片，將對防止類似情事的發生，有所幫助。

其次關於財經方面的檢討，亦有不少需要改善者，當前亟待革除的積弊，是廠商公司逃稅問題。許多向銀行貸款之廠商公司，年終所提報稅資料，大多入不敷出，但為證明其財務健全，則另有一套帳簿，以供放款單位參考。他們何以如此公開大膽的無所顧忌，從不聞稅務機關予以查究。經詳研究竟，則稅務人員為逃稅的導師。

十二月二十七日監察院行使同意權，投票同意以楊亮功補任已故考試院副院長程天放遺缺。

民國五十七年（一九六八年）六月二十日，一岑兒於東海大學畢業，我與啓泰前往參加畢業典禮，該校創辦人卽首任校長曾約農先生致訓詞，於闡述其主持校務的三大方針：㈠科學人材要有國粹及宗教的認識；㈡通材教育；㈢勞作制度外，並以其先祖曾文正公語二則，勉勵諸生。㈠士人第一要有志，第二要有識，第三要有恒。有志則不甘為下流，有識則知學問無盡，不敢以一得自足，有恒則斷無不成之事，三者缺一不可。㈡敬以持躬，恕以待人，敬則小心翼翼，事無巨細，皆不敢忽，恕則常留餘地以處人，功不獨居，過不推諉。七月四日岑兒赴高雄入海軍陸戰隊報到，開始服正式兵役（去年暑期在彰化成功嶺受入伍訓練八個星期）。

女兒一芬於六月杪由臺北第一女中畢業，七月初旬參加大專招生聯考，八月六日放榜，考入國立臺灣大學動物系生物組。

一山兒考得聯合國發展計劃糧農組織獎學金，於本年七月十日赴美，由美國農業部安排到各林務機構研習三個半月外，並於下年十月起再往澳洲研習三月。

八月九日，臺灣省臺北市及福建省屬之金門與馬祖地區開始實施九年國民教育。

十一月一日，中共北平電臺宣稱，劉少奇已被撤除所任中共人民政府主席等一切職務。

十一月十三日，提案彈劾基隆市政府建設局長李白珪、秘書張先型等四員，於辦理核發郭純建築執照事件，違法抗命，明知故犯，濫用職權，圖利他人。經審查成立，移付公務員懲戒委員會依法懲戒。

監委張志廣兄於本月十九日心臟病突發逝世，享年七十七歲，我致輓聯錄後：相交近三十年正希多方戮力復國有期矜晚節；侍疾才半日何意二豎爲災急診無效哭長辭。

平反冤獄

民國五十八年（一九六九年），社會所矚目的臺北市振記企業公司總經理陳恩典、臺北市議會議員沈應松，因向臺北市水肥會推銷日貨酵素脫臭劑，被臺灣高等法院於五十五年七月二十一日誣以詐欺，冤遭判刑（陳判有期徒刑二年六個月，沈判刑二年）一案，訴經監察院派我調查，經深入查究，認爲本案之裁判，未經合法調查，採證旣與事實不符，且與經驗法則相違，無論就新舊刑事訴訟法條及有關判例，均多違背，致成寃獄，依法應請最高法院檢察長提起非常上訴，五十七年三月六日報經監察院院會決議交由司法委員會第二二八次會議審議決議，送請最高法院檢察署依法處理。嗣經最高法院檢察署檢察長提起非常上訴。最高法院於五十八年四月二十四日判決，原判決關於有罪部份撤銷，陳恩典、沈應松無罪。多年寃獄，乃予平反。

五月十一日，爲天主教所辦各級學校於慶典及國定假日例將教宗旗與國旗並懸，且先教宗旗而後國旗，不惟有傷國家體制，而與我國神職人員及一般教友心理不無甚大影響。當經提案糾正，促教育部嚴飭教會各級學校不得懸掛任何外國旗幟（並致函國民黨中央政策委員會透過黨政關係予以協辦）。（案文略）

我係天主教徒，來臺灣後，得悉臺灣天主教教務，只有臺北一隅，是直隸於羅馬教廷之中國教區掌理，其他各地，均託管於外國修會，中部地區屬美國馬利諾修會，東部爲法國巴黎修會管理，南部屬西班牙道明會。民國四十九年六月十四日，我聯絡陳委員志明兄等十六人，向監察院外交委員會提案促請政府洽請羅馬教廷規復正常體系，凡屬中國地區教務，應由我國教區神職掌理，以樹教區完整系統，而維國家獨立精神（其時曾有人發生疑慮，謂似干涉教務），經外交部電飭我駐羅馬教廷公使洽辦結果，教廷隨卽於新竹、嘉義、臺南等教區，分別直接委派中國主教，規復建制，雖臺中、花蓮兩教區仍暫維現狀，但明令以現任主教任期屆滿爲限。

六月十二日，行政院公布動員戡亂時期自由地區中央公職人員增選補選辦法施行細則，十月二日中央公職人員增補選選舉總事務所宣布動員戡亂時期自由地區中央公職人員增補選名額：國民大會代表十五名，立法委員十一名，監察委員二名。

八月十二日，一岑兒搭機飛往美國，入肯塔基州立大學化學研究所深造。（承給研究奬學金直修博士——攻量子化學）

國防研究院主任張其昀被控兼辦私立中華學術院、私立中國文化學院，及其所屬之新聞出版印刷等事業，名目繁多，假藉職務便利，以國防研究院人力、財力、物力多方加以支援，違法瀆職情節重大等情事；監察院推派我與王委員文光調查屬實，重大違法事實撮要錄後：㈠違法價售私立中國文化學院軍用汽油三萬餘加侖，並將國防研究院所借軍用卡車撥與該學院專用。㈡假藉國防研究院派員出國考察名義，資助其學生親信出國進修，持用公務護照，浪費公帑外滙，涉嫌假公濟私。㈢以國防研究院名義向臺灣銀行貸款五十萬元交私立中國文化學院使用，迄未償還。㈣臺灣省政府撥國防研究所陽明館修繕費，因被私立中國文化學院長期挪借，延逾兩年半，方行修繕。㈤國防研究院向中央財務委員會借款二十萬元，竟交私立中國文化學院挪用。㈥中文大辭典化公為私（國防研究院出資編纂之中文大辭典第一册封面竟印中國文化研究所與國防研究院合作字樣，第十一册至第四十册版權頁中並此小字亦無，僅印中國文化研究所中文大辭典編纂委員會）。㈦與書商訂約影印國防研究院善本書籍，以三分之一分潤私立中國文化學院。㈧私立中國文化學院擅行代辦國防研究院文稿。(九)國防研究院及私立中國文化學院兩院高級主管多由一人兼任，便利以國防研究院名義代辦私立中國文化學院事務等，綜上各節，亟應依法懲處，以肅官常，爰依監察法第六條之規定於民國五十八年九月二十五日提案彈劾，因故擱置未付審查（全文五千餘言）。其未列於彈劾案之不法事實如以中華學術院名義招搖等另提糾正案。

十月三日，芙勞西颱風襲臺灣北部，豪雨成災。

提案糾正行政院爲中小學教師生活清苦，影響教學情緒及專業精神，亟應合理改善待遇，或比照稅務與警察等人員予以特別補助費，以利教學。經教育委員會議審議通過，促請注意改善。（案文略）

十月杪，爲臺灣省立基隆中學學生周振隆弒師案，臺灣省政府教育廳事前督導未周，疏於防範，事後因循敷衍處理不當，提案糾正（本年六月初，我與余俊賢、王文光、黃芫軒、馬空羣四委員奉推成五人專案小組，調查研究中小學迭有弒師及體罰學生等嚴重事件一案，查究完結後提出此案）。

五十八年是人類史上的一個重要的里程碑，在這一年，人類兩度登陸月球，揭開了太空探險與開發的大門，七月十六日美國阿波羅十一號太空人阿姆斯壯、艾德林、柯林斯三人乘登月小艇，藉着神農火箭的發射，開始人類首次登月的飛行，經三天時間，通過二十五萬英里的太空旅程，而到達月球漫步，實現了千百年來人類的夢想。阿波羅十二號太空人康拉德與比安及戈登於十一月十四日飛離地球，再度登陸月球，也在月面插了一面美國國旗，搜集了大批科學資料，完成壯舉，二十日返回地球，從此人類更往其他星球的計劃，不再是夢想了。

五十九年（一九七〇年）八月二十四日，第五次全國教育行政會議假臺北中泰賓館九龍廳開始舉行，我以監察院教育委員會召集人身份應邀參加，大會在樓上陳列了不少中共有關教育的文獻，高中語文課本第五册第三課是毛澤東於民國三十四年抗戰勝利後，到重慶所作後錄的沁園春詞，其野心勃勃，狂妄無比，於此可見。

江山如此多嬌，引無數英雄竟折腰。
惜秦皇漢武略輸文采。
唐宗宋祖遠遜風騷。
一代天驕成吉斯汗只識彎弓射大鵰。
俱往矣，數風流人物還看今朝。

先後巡察中央教育機構所見

監察院五十九年度巡廻監察中央教育巡察組巡察委員推我與葉委員時修擔任，巡察中央教育文化機構（包括大專院校）歷時兩旬，共同巡察意見於十二月年度總檢討會議及教育委員會分別以書面與口頭提出報告外，玆將我個人所見，摘要錄左：

㈠大專院校量的發展已達飽和程度，無論院校單位或學生名額，應嚴限量的再事擴充，加強督導質的改進，高等教育為人才教育，應本精兵政策，毋任濫竽充數，以提高人才教育水準。

㈡大專聯考行之有年，確屬公平較妥制度，有關實施技術事宜，應由教育部督同聯招委員會翔實檢討，力求完善，其非政策性事項，如考試科目，給分比率等，中央不應濫事干預。

㈢五年制專科學校年來以重量輕質的情形下，先後准設七十餘所，形成供過於求，水準低落病態。連年發生招生不足，越區登記及降低錄取標準等情事，教育部遷就現實，對水準低劣之學校曲予維護，貽誤青年，有悖政策原旨，亟宜嚴定標準，限制增設，其已設各校，應即勒飭改善，否則任其自行淘汰，毋再姑容。

㈣醞釀多年之私立學校法亟待完成立法程序，以應急需。

民國六十年（一九七一年）二月一日，行政院戶口普查處宣布臺閩地區人口為一千四百七十八萬一千四百三十人。住戶為二百六十三萬八千六百五十四戶。

四月八日，為我與啓泰夫人的銀婚紀念日，至親好友十餘人蒞舍致賀，中午以西式自助餐款待。

我倆結婚，今天已屆二十五週年。列舉啓泰夫人的幾點特長，以表明我對她的認識。

㈠她是國立北平婦產專科學校畢業的高材生，醫藥學識經驗豐富。我患多年嚴重的心臟病，得以平康無恙，起居工作照常，實受其賜。

㈡敏捷機警，遇事能隨機應變。

㈢記憶力特強，思維甚有系統。

㈣智慧高，遇事能見其深切遠大。對於立身、持家、處世，絲毫不苟。

㈤有毅力，擇善固執，堅強不撓。

㈥居心仁厚，愛人以德，不怨天尤人，經常以德報怨。

㈦安貧樂道，好學，求新，求進。

㈧整潔嚴肅，居家處世，均有常軌。

以她前述所長，補我所短，對我做人應世，裨益甚大。

監察院於七月十五日對大法官繼任人選行使同意權，投票同意以田炯錦、戴炎輝遞補已故程德光、黃演渥二員遺缺。

十月二十五日，聯合國大會通過排除中華民國容許中共入會案，我出席聯大代表團，團長周書楷於所謂中國代表權案投票前，發表嚴正聲明，宣布中華民國決定退出聯合國。二十六日，蔣總統本着前此所示「莊敬自強，處變不驚，慎謀能斷」意旨，發表文告：「指出聯合國向暴力屈膝，已成罪惡淵藪，並聲明我行使獨立主權，決不受外來干擾，勉勵同胞精誠團結堅忍奮鬥，絕不妥協。」我們認為歷史契機的剝復否泰，決定於人謀，而不決定於天命，決定於自己，而不決定於他人。西班牙因第二次大戰時親近希特勒，戰後東西兩大集團各國都與之疏遠，而西班牙銳意國內建設，二十多年後的今日，又復左右逢源。今天我們應恪遵 蔣總統訓示，政府莊敬自強，人民處變不驚，決策者眞應能愼謀能斷。化悲憤爲力量，導熱情於正軌，在安定與團結中，促成全面革新與進步，任何困難必能克服，任何使命必可達成。

我國三十餘年前，抗日戰爭正值高潮，其時政府駐於重慶，而日軍已進佔湖北省宜昌，距重慶只是一日之程。國內通貨膨脹嚴重，軍公敎人員生活艱苦異常。國際形勢，由察綏至越南，全爲日軍侵佔，而唯一和他國的通路，只有一條滇緬公路，則以英國被日本所迫，宣布封鎖，眞是四面楚歌。大家雖甚難過，都以對日戰志高昂，勝利信念堅定，社會安定，人人努力工作，放眼光明的未來，眞正做到了「處變不驚，莊敬自強。」現在我們對外不只交通暢通，且因經濟力量強大，人民生活富裕，世人全對我們的奮發自強，深以爲佩，許多無邦交的國家和我國貿易關係日益繁密，文化交流亦甚親切，我們當年曾以微笑和勤奮答覆來自友人的打擊，今天我們的微笑和勤奮自可穩渡難關，不但不必憂慮，實可展望未來大陸的光復與重建。

十一月二十八日，監察院同意總統提名田烱錦爲司法院長（前院長謝冠生於本月二十一日病逝）。

民國六十一年（一九七二年）正是中國所謂花甲重開始之年，不幸我們剛退出聯合國，美國總統尼克森卽於二月二十一日背棄諾言，往北平訪問，又與周恩來於二月二十七日在上海發表尼周公報，美政府雖聲明並未承認中共，且與我國友誼不變等等，但尼克森的訪北平，激動了日本，日本的自由民主黨便忘恩負義——忘記了　蔣總統對他們空前的優待：遣返俘虜，保存天皇，豁免賠款，免派駐軍，使日本戰敗後，能很快恢復。九月十八日日本派特使椎名悅三郎來臺說明日本非承認中共不可，九月二十九日新任日本首相田中角榮在訪北平毛澤東後，便與周恩來在上海發表聯合聲明，承認中共，與中華民國斷絕邦交，並廢除中華民國四十二年四月與日本所訂的和平條約，這些大變，當時固然難免怵目驚心，但冷靜細想，這未嘗不是中華民國的一大轉機。我們播遷到臺以來，便有靠美援及中日合作的依賴性，不惟削弱了三民主義建國的眞諦，且亦養成了一般惰性與自卑感。自中日絕交後，我們應依　蔣總統所說處變不驚，莊敬自強，愼謀能斷的明訓，痛改前非，以達到經濟自給，外交自主軍事自衞，人民自立的目標。

按尼周公報寫法避重就輕，美與中共分段寫開，各說各話，最後合論亦無聯合決定。關於臺灣問題，中共要求尼克森承認爲中華人民共和國的一省，尼克森只說臺灣海峽兩面人民都認爲中國。按公報的常例，都是列舉兩國同意之點，少數也略提不同意之點，但尼周公報則絕大部份談兩方不同之立場。

一月七日，印度承認赤色北越後，美國立表不快，印度外交路線之轉變，不自今日始，自印度與蘇俄訂立友好條約以後，印度公然承認孟加拉組織爲獨立國，已走過了外交上的不回歸點，今又承認北越政權，更不啻宣布其更加深進蘇俄的道路，絕無回歸意嚮，當日美國國防部發言人佛萊德亨說：『第七艦隊派往印度洋的特遣艦隊是要在那個海域獲得動作的經驗，……我們有此能力在印度洋多作活動，那就是第七艦隊想要去的方向。』由此可證，今日南亞海域之海權競爭方趨激化的實況。現在是人類可以上升至外太空的二十世紀七十年代，不料十九世紀航海路線的爭奪戰，再見於今日。自十九世紀到二十世紀，經過了兩次世界大戰，世界大勢絕不相同，十九世紀是以英國為首的西歐諸國海權東進時期，今日却是蘇俄海權南進，而英國退至蘇彝士以西，南亞次大陸與印度洋遂成為蘇俄大踏步行進的地帶，美國如何能抵補這段眞空，並如何加緊束起前述的海上紐帶，尙須再加積極，再加努力。

五月十五日，監察院李院長嗣璁以心臟病在榮民總醫院逝世。如迅雷震耳，莫名哀悼。院長職務由張副院長維翰代理，李故院長年七十五歲，河北省慶雲縣人，國立北京大學物理系畢業，歷任中學教員，中國國民黨中央黨部幹事河北省黨部委員，監察院冀魯豫監察使等職。

五月二十日，中華民國第五任總統　蔣公中正、副總統嚴家淦先生宣誓就任。二十六日立法院同意蔣經國出任行政院長。

六月二十日為國立中央大學理學院師資用人未當，教務、總務主管更迭頻繁，院長戴運軌年逾古稀，兼任地球物理研究所主任及臺灣大學教授，集校務、教務於一身，不無顧此失彼，教育部職司主管，疏於監督改進，特依法提案糾正，經教育委員會第二六五次會議審議通過，移請行政院轉飭切實改進。

總統以司法院副院長謝瀛洲病故，提名戴炎輝繼任。並以第三屆大法官田炯錦已改任司法院院長，黃正銘因病辭職，提名陳樸生、范馨香、陳世榮、翁岳生遞補大法官。監察院於七月十三日行使同意權，均予同意。

七月十四日，我與丁委員俊生、熊委員在渭、馬委員空羣、張委員岫嵐提案彈劾行政院前外滙貿易審議委員會香蕉產銷輔導小組專門委員王蘭亭辦理高雄青果運銷合作社督導等事宜對於職務上行爲，收受賄賂及不正當利益，除刑事部份尚在法院審理外，並違反公務員服務法之規定。臺灣省合作事業管理處前處長黃永世、第三課課長李鏡淸、課員丘進芬對該社業務監督不嚴，致生弊案，又未深入究查，均有違法失職之嫌，經審查成立，移付公務員懲戒委員會依法懲戒。

（案文略）

八月十日，監察院對第五屆考試院院長、副院長及考試委員人選行使同意權，投票結果，孫科、楊亮功獲得同意出任正副院長，周肇西、成惕軒、張邦珍、賴順生、華仲麐、陸錫光、康代光、侯暢、劉象山、顧元亮、曹翼遠、馬漢寶、張則堯、盧祺衍、李煥燊、賈馥茗、金祖年、朱建民、張光亞等十九人獲得同意出任考試委員。

女兒一芬於六月二十日由國立臺灣大學理學院動物系生物組畢業，九月六日搭機飛往美國入俄亥俄州辛辛那提大學生物研究所深造，承予免納學費優待。

監察院六十一年度中央機關巡迴監察教育組爲我與余委員俊賢承乏。於十一月一日起巡察了二十餘單位，歷時三週有奇。提出巡察意見多項，就我個人所見，較為重要者，計有後列各項：

㈠私人興學，分擔政府責任，法所鼓勵，然目前私校輒不按規定辦理，教育當局又疏於監督輔導，致未辦財團法人登記，超額招生，違規收費，比比皆是，尤以私立中小學為然，形成畸形發展，亟應頒私立學校法，以為嚴加管理督導之準繩。

㈡大專聯考制度行之有年，利弊互見，預見明年考生可近十萬，倘仍維持原由一、二校主董其事，已難於負荷，如何改進非僅考務技術上之問題，目前分合以及細分組別或增加高中會試之意見不一，何從何捨，亟應迅予研究確定早日頒示，俾使考生有所遵循。

㈢現行公務員職位分類法及待遇，對負有專門學術研究機構，羅致專家學者及特殊科技人員，發生極大窒礙，工作亦難推進，嗣後此類機構似可沿用技術人員任用條例或採聘用制度，自應研究改善。

㈣自三家電視公司相繼設置以來，以惡性競爭，百般遷就廠商廣告，大量推出打鬥、神怪及其他不良節目，影響社會風俗，為人詬病，政府對電視臺現行經營制度，宜作根本檢討，加強管制。

㈤目前五年制專科學校共有七十六所，除公立二十所外，其他私立各校雖不乏辦有規模者，然其收費、師資、設備多不合標準，且部訂教材綱要多付闕如，各自為政，漫無標準，亟應迅予調查，嚴促改進。

民國六十二年（一九七三年）一月二十七日，連日不少人士為教育部擬議加強輔導私立中小學辦法問題，於私下或公開熱烈談討，見仁見智各有不同，各報記者及中國電視臺新聞報告人員翟翬先生等，以我多次擔任監察院教育委員會召集人，特來訪問，探詢我對此一問題的意見，今天我與大華晚報的記者單獨晤談時表示，認為教育部為貫徹九年國教與消弭惡補，對私立中小學改制的擬議，既非徵用或租借，亦非廢除私立，有關各方應加支持與合作。為貫徹九年國民教育之實施，有效取締惡性補習與糾正目前私立中小學的畸形病態，教育部的擬議，確屬適應時要之措施。國民教育是全民的義務教育，也是權利教育，依據憲法的規定，機會是一律平等，不容有何差異。目前私立中小學的畸形發展，與此大相逕庭，國民教育的課程標準，德智體羣四育並重之外，兼顧就業。而私立中小學都未遵照規定辦理，課程實施，專為升學競爭，為爭取高度升學率，以塡鴨式教學，戕害兒童身心，此為無可諱言的事實，教育當局多年大聲疾呼取締惡補，而縱容私立中小學為所欲為，致如抱薪救火，揚湯止沸，徒勞無功，變本加厲。此外有些私校招生方法的乖戾，與收費的高濫驚人，非家庭富有與智商較高的子女難以插足，由私立中小學特殊化的發展，勢將導致大專教育特權化的形成，心所謂危，豈容忽視！憲法第一六七條所謂國內私人經營之教育事業，係泛指一切教育事業而言，並非專指私立中小學。所云獎勵或補助，係就其正常的發展，予以獎助，絕非縱容或助長其違規悖理的畸形弊害。基於以上觀點，教育部為貫徹九年國民教育的實施，與消弭惡性補習，對私立中小學改制的擬議，既非徵用或租借，亦非廢除私立，只是糾正其錯誤，而納入九年國民教育的正軌，不惟於法有據，且切實發揮全民教育平等一致，消除階級差別的憲法精神。總之，全民至上，國策第一，任何私人權益，不得不顧整體利害與國家政策。有關各方，應本有教無類，毋必毋我之精神，坦誠協商，力求合作，萬勿囿於主觀，意氣從事，以維大體。

二月十五日，行政院公布新臺幣對美元升值百分之五，其滙率由新臺幣四十元兌美金一元改爲新臺幣三十八元兌美金一元。

依照動員戡亂時期自由地區增加中央民意代表名額選舉辦法及動員戡亂時期僑選增額立法委員及監察委員遴選辦法之規定，臺灣省議會及臺北市議會於三月一日，分別選出十名增額監察委員，國外遴選五人共爲十五人。

按行憲第一屆監察委員，經政府公布之總名額爲一百八十人。民國五十八年，依照動員戡亂時期臨時條款，由臺北市增選周百鍊、蔡章麟二人。六十二年復依照戡亂時期臨時條款，由臺灣省及臺北市增選黃光平、莊君地、周財源、黃尊秋、楊毓滋、林蔡素女、沈宗琳、林亮雲、李存敬、沈榮等十人，海外地區遴選陳作睦、黃耀錦、甄庸甫、陳烈甫、李恒連等五人。共爲一百九十七人，除去未報到者二人，出缺者六十人外，現爲一百三十五人，但實際在院監察委員計七十五人。

三月十五日，監察院選舉院長及副院長投票結果，余委員俊賢當選爲院長，周委員百鍊當選副院長。

關於院長、副院長任期經本年二月十五日院會決議各定為六年。

八月二十五日，一岑兒與闞燕華小姐於下午二時在美國肯塔基州勒星敦城舉行合巹嘉禮，芬兒與內姪孫女童元培等均自俄亥俄州馳往觀禮，我與啓泰於十四日先以快郵代電致賀，電曰「你倆締結良緣，我們歡欣莫名，遙望相誠相諒，互助互信，敬愛永篤，幸福無量，除定於二十六日中午假座僑聯賓館邀宴雙方親友誌慶外，特先電賀，爸媽」，次日午宴席三桌都是至親好友。

糾彈商品檢驗局與證券管理委員會

九月十四日，我與金越光、葉時修兩委員提案糾正經濟部商品檢驗局委託中國紡織工業研究中心代施紡織品檢驗，互訂議定書，破壞法定預算，損害國庫收支，且復無以達成加強檢驗工作，提高品質，影響外銷，減少外滙，經經濟委員會第三三五次會議審議通過，函行政院轉飭迅謀改善（糾正案全文略）。

監察院以總統咨為考試院長孫科病逝，提名考試院副院長楊亮功繼其遺缺，並提名劉季洪為副院長，於十月十一日投票行使同意權，均獲同意（劉季洪為國立政治大學校長）。

十二月九日（農曆十一月十三日）是我浮生七秩的誕辰，杜甫詩有云「人生七十古來稀」，現代醫藥進步，衞生常識普及，人生壽數較前增進，活到七十餘歲以上的很多，張羣（岳軍）先生說「人生七十方開始」，這是勉勵人們不要以爲年屆七秩，就已衰老無能，要老當益壯，奮發有爲，我虛度七十，對國家社會愧鮮貢獻，所幸兒成女就，差堪自慰，五十二三歲時，得於大病無災中安渡，尤深慶幸，唯幼失怙恃，未對雙親盡孝，爲平生莫大憾事。

我的生日通常只與家人消度，這個誕辰，親友們沿循我國傳統，惠於立法院招待室舉行暖壽宴會，與宴者男女近四十人，宴後於立法院各處遊覽一週，並拍照電影留念，以誌慶祝，盛誼至感。

民國六十三年（一九七四年）一月，中華民國自一九七一年退出聯合國以來，這兩年我國政府與他國的正式外交接觸大多被中共奪去，可是自由中國——臺灣的經濟與全球性的貿易，實際上却顯得意外的蓬勃與成長。據可靠的統計，一九七二年輸入與輸出額等於總國民生產毛額百分之八十七點五。一九七三年進出口貿易將超過國民生產毛額百分之九十。一九七二年貿易總額爲五十六億美元，一九七三年爲七十五億美元，預計一九七四年將達一百二十億美元——我們都居於順差。中共一九七三年貿易總額大約只有六十五億美元，臺灣現在的繁榮，無可諱言的，確以一九五〇年至一九六五年美國的惠予援助爲基礎，十五億餘美元的經濟援助，將由落後地區變成世界上經濟成長最快速的地區。益以土地改革的成效，將公營事業的股票補償地主的土地，乃發展工業的原動力，從以農業爲基礎變爲以工業爲基礎的經濟，可以說是很大的成功。

岑兒博士論文及口試業經通過，本年六月初參加肯塔基州立大學化學研究所博士學位授予典禮。

六月十日，我與王枕華彈劾經濟部證券管理委員會前發行組組長沙昭鉦、組員曾常暉、臺灣土地開發信託投資公司信託部經理孫桂林、助理員何友雄、會計科科長劉曉風、歲計科科長林春彬、臺灣省審計處核計員戴瑞輝、王哲雄、臺北郵局壽險組組長林豐政、新莊郵局會計組組長李山林等在大明化學纖維工業公司委託亞洲等信託投資公司代銷股票一案中，有假藉職務便利圖利自己或他人，違法失職之重大情嫌案，經審查成立移送公務員懲戒委員會及最高法院檢察署辦理。

監察院六十三年中央機關巡迴監察教育組由我與蔡委員章麟擔任巡察，十一月底巡察完竣，巡察意見一般政策性與個別的共三十六項，撮要列舉五項：

㈠目前私立中小學與大學爲數達八七七所，其中認眞辦學者，固屬不少，而濫竽充數，標新立異，藉以歛財者爲數亦多。鬻校售產，頂讓圖利，層出不鮮。在私立學校法尚未完成立法程序之際，教育當局應排除阻力，嚴加整頓。

㈡建教合作，行之有年，唯各校所定辦法不一，前此有關合作業務之行政處理及經費分配，輒由承辦之院系或科組逕行辦理，不依校方規定程序，致有偏差漏失，亟應就其合作收益，訂定支給標準項目以及分配比例，納入正式會計程序，統一施行。

㈢教育界自冒貸案發生後，教育風氣之敗壞，暴露無遺，應如何追查責任，檢討改進，教育行政機關責無旁貸，而學校行政之改進，尤屬切要，如校長與人事會計事務人員之制衡關係，教員聘派制度之得失，以及如何強化督學責任，限制濫行兼課，均與教育風氣密切相關，亟應通盤檢討，切實改進。

㈣大學夜間部本爲推廣教育，發展至今，已蛻變爲正規教育形態，教學方式，學分規定，均無異於日間部，但夜間部所需經費，規定自給自足，因此行政與師資方面，均感困難，如今既爲事實所需，似有納入正軌預算，確立制度之必要。

㈤每年落第高初中學生爲數甚鉅，既失就學機會，又乏就業技能，如不妥予安置，不惟浪費國家人力，抑且影響社會安全，青年輔導委員會亟應設法擴大就業訓練，以資補救。

糾正臺北市教育局

民國六十四年（一九七五年），我與沈委員宗琳承推調查私立再興中學屢違教育法令，臺北市教育局迄未依法爲積極查處，影響教育風氣，有損政府威信一案，調查結果，依法提案糾正，經教育委員會於二月四日第二九八次會議審議通過，移送行政院轉飭迅予改善見復。

糾正案全文

為臺北市教育局對私立再興中學屢違教育法令迄未依法為積極處理，影響教育風氣，有損政府威信，爰依監察法二十四條提案糾正，促請注意改善。

(一)事　實

查私立再興中學係於五十一年間由朱秀榮女士提供其私有座落本市內湖埤頭小段土地約六千坪為校地而創立，朱為創辦人兼校長，曾報經臺北縣政府於同年八月十八日以文教一字第八一六四二號令核准立案招生，原令第三項指示：「該校校地產權益依照本廳(五一)七、七教二字第四二七一二號函規定，儘速移歸其董事會所有，並取得所有權狀報核」，其後該校雖於五十二年辦妥財團法人登記，並領有第一八七號證書，但土地迄未遵照辦理移轉為董事會所有報核，迨五十四年六月間，又未經報准，擅將該校以八百四十二萬餘元，私下價讓天主教耶穌孝女會，此有朱秀榮出具蓋有再興校印收據可按，同年八月一日卽辦理移交手續，將全部校產包括土地、校舍、帳册、印信等正式列册移交，由孝女會接辦迄今，土地並已於六十二年過戶為孝女會財團法人。

孝女會接辦之始，因不諳法令，校長名義仍由朱秀榮擔任，亦未改組董事會，並未向主管教育行政機關辦理任何呈報手續，朱秀榮乃得假此機會於五十七年以擴展校舍，辦理男女分別上課，並擬增辦高中為由，呈經核准在本市木柵購地建校為男生部，女生仍在內湖，六十二學年度，再與一反過去經已報准男女分地上課之承諾，不經呈准又擅將內湖女生三班，遷往木柵，致內湖女生僅餘少數，陷於極度困難，感於受朱欺騙，且有被扼殺之虞，情不堪忍，始向臺北市教育局呈明價購再興經過，請求處理，從此內部糾紛遂予揭露。

教育局據以上孝女會陳情，自六十二年七月起，多次函再興董事會尅速呈報內湖校產處理情形，並飭提出具體資料，檢同有關紀錄及價款用途、帳册憑證報核，其間該校董事會雖曾檢具合約及原則性合作條件等件呈復，指明係與孝女會「協辦」，而收取孝女會八百四十二萬餘元一節，隻字未提，並否認有賣校行爲，教育局以其事實與所附合約與原則性合作條件，未經雙方簽署，或對象不明與契約書要件不合，不予認可。

至女生遷往木柵上課乙節，教育局以爲內湖女生部，既未報准廢校或變更，且該校董事會復於五十七、五十八年凡三次呈文：略稱：「本校以初中男女生合校上課，管理諸多不便，業於前年決定逐步實施男女分校上課，女生仍在內湖……」，「……並將男生八班遷入（指木柵）上課，至內湖校舍仍作女生七班上課需要……」，「所有內湖原址舊校舍仍作本校女生上課地點」等記述，今竟自食其言，未經報准擅行辦理，乃函知遷回，該校迄未遵照，有違私立學校規程第十條：「私立學校辦理不善，或有不遵守教育法令情事時……」之規定，並依同條第二項：「令飭暫停招生，切實改善」予以凍結部份學生學籍及禁止招生措施，尤有甚者，該校既經令限停止招生，復於本年九月一日通知初中一年級新生（直升者）註册收費，並積壓教育局頒發之國民中學學生入學通知卡，不予分發，而漠視政令。

查關於校產之處分，依據私立學校董事會組織規程第一九條：「學校不動產非經主管教育行政機關核准，不得爲物產之移轉或設定」，及修正中學規程第六條：「公私立中學之設立，變更或停辦，應先擬具計劃或理由，報經主管教育行政機關核准，不依規定程序辦理者，上級教育行政機關得撤銷之」之規定。是縱該批土地爲朱秀榮私有，但既爲學校立案時所提供之學校用地，若嗣後變更，非經報准不得爲之，乃該校朱校長不但未遵五十二年臺北縣政府令，將該批土地移轉爲學校董事會所有，且竟於五十四年擅行出售，而校舍四棟爲學校所有，非朱秀榮私產，併予出售，其有違法令，不待爭辯。反巧釋與孝女會關係爲「贈與」「協辦」，查收取孝女會八百四十餘萬元代價，將校產權狀全部移交他人，是「贈與」抑「價售」，一目了然。至是否「協辦」，依照該校六十二年七月十一日臨時董事會討論事項1.本會內湖部份校產應如何處理案，決議：「原『接辦』本會再與初中女生部之耶穌孝女會，應即申請更名成立學校」，六十二年五月二十日董事會，朱校長報告第五項「……乃將女生部交由該會『接辦』，並訂立合議，記載雙方協議」等之記載與呈報，均自稱「接辦」，嗣後改稱「協辦」用意何在，不難明瞭。

基上了解，再與中學處理校務，自創校迄今，涉嫌違悖教育法令者，計有下列四端：

(1)未遵臺北縣五十一年七月七日函將校產移歸董事會所有。

(2)五十四年未經呈准擅將校產以八百四十餘萬元價售耶穌孝女會。

(3)六十二年未經呈准擅將內湖女生三班私遷木柵男生部上課。

(4)不遵停止招生處分，擅於六十三年九月一日通知初中一年新生（直升生）註冊上課，並積壓教育局所頒之國民中學學生入學通知卡。

㈡理　由

㈠據上事實，再興中學校長朱秀榮自五十一年起屢違教育法令，而教育局不爲積極之查處，迨本年令飭暫停招生後，該校又在禁令下註册收費，終至造成迄今不解之死結，實無以匡正教育風氣，且有損政府威信，此應糾正者一。

㈡再興中學糾紛目前雖已部份解決，然基本問題依然存在，朱秀榮既於五十四年將內湖再興中學女生部擅行售與孝女會接辦，另設木柵男生部，各自掌理，無論形式與實質，均爲兩個主體，教育行政當局，不爲適當之處理，致增困擾，此應糾正者二。

㈢基於上述再興中學男生部與女生部既爲兩個主體，今朱秀榮竟通知限令內湖二年級女生每月定期返木柵男生部一次，謂爲返校，不知用意何在，徒增師生困擾，且易更滋糾紛，該局不爲查處，此應糾正者三。

爰依監察法第二十四條提案糾正，函請行政院轉飭注意改善。

先總統　蔣公崩逝，寰宇同悲

四月五日清明節（國定民族掃墓節），　蔣總統於下午十一時五十分逝世，享壽八十九歲。

此際，臺北市天空突然雷聲激震，大雨傾盆，在這個季節，很少有這樣的雷雨，眞是所謂風雲異色，天地同哀。因此有些人民傳說：「蔣總統的靈魂已經乘風雷而昇天國。」蔣總統的遺囑是於三月二十九日口授國民黨副秘書長秦孝儀筆記的，要義是：「……實踐三民主義，光復大陸國土，復興民族文化，堅守民主陣容，爲余畢生之志事。……」總統的缺位，由嚴副總統家淦依法繼任。

四月八日監察院第一三九八次院會決議：㈠昭告國內外人士：本院全體同仁，矢竭精誠，恪遵先總統 蔣公遺囑，堅決支持政府早日完成復國建國大業。㈡以全體監察委員名義電唁 蔣故總統夫人，蔣院長經國及其家屬。

蔣總統的遺體停於臺北市國父紀念館供人瞻仰五天，每天有五十餘萬人湧往，排隊走近遺體，瞻竭致敬。很多熱淚奪眶，或匍匐痛哭失聲。奉厝典禮於四月十六日舉行，靈櫬移往桃園縣大溪鎭慈湖行館安厝。有爲美國總統特使的副總統洛克斐勒，韓國總理金鍾泌等二十三國的代表團前來參加。靈車經過之處，一百餘萬民衆夾道跪地哀泣送殯，這是海內外中國人很感悲傷的一天。

這是一個國家與民族，對於他們的一位領袖、元首、英雄、賢哲的逝世，自然的、發自內心深處的，所表示哀思的空前景象。在中外歷史上，除了我們中國道統與文化之創始者——唐堯之外，實難見有第二個可以比擬的。據尙書舜典：「唐堯享壽一百一十七歲，禪位予舜二十有八載始薨。薨逝世後，舉國哀悼，如喪考妣，哭聲震動天地，全國人民守制一年，外邦三月。」我國同胞哀悼　蔣公的如此悲慟，實爲西方國家一般人士所無法理解者。

十月十五日，提案糾正臺中市地政事務所，對樂菊英聲請更正登記臺中市南區正義段六小段三——三地號土地所有權措施失當，經內政委員會第四一三次會議審議通過，函行政院轉飭注意改善。（案文略。監察院准行政院六十六年四月十三日函復飭據臺灣省政府報稱：遵經複測調處更正。）

民國六十五年（一九七六年）三月二十七日，芬兒與蕭世榮君在美國佛羅里達州甘斯維爾城舉行結婚典禮，岑兒自休士頓前往主持。據報情況相當隆重。蕭婿年二十九歲，四川省江安縣人，國立臺灣大學化學工程系畢業後，在美國南加州大學研究所得碩士學位，繼入佛羅里達州立大學研究所深造得博士學位，應聘田納西州橡樹嶺國家能源研究中心任職。二十八日蕭府在大利餐廳設宴誌慶，我方於二十九日假悅賓樓邀宴親友，宴席四桌。

我與陳委員作睦糾舉臺東縣政府對查封王敬一，業經依法申請核准砍伐原木放置五年餘，迄未依照規定處理，致當事人蒙受重大損失，縣長黃鏡峯暨該府山地科長邱華春，科員郭恒敏，技士謝玉峯，大武鄉公所建設課長陳勝德實屬違法失職，經審查成立於元月二十七日，函臺灣省政府依法處理，嗣接臺灣省政府函復，除對黃鏡峯請准免議外，其他經付公務員懲戒委員會議決，郭恒敏撤職，並停止任用一年，邱華春降二級改敍，謝玉峯降一級改敍，陳勝德記過一次。

四月十六日，我與張委員秉智糾舉臺北縣政府農林科科長潘國煌、科員張上博、股長陳漢啓，處理葉銅鐘申請採取土石案弄權循私，有虧職守，前任建設局長吳錦坤（現代臺省府建設廳技正）疏於督察，亦難辭咎，經審查成立，移送臺灣省政府依法處理。准臺灣省政府函復本案經公懲會議決，張上博、陳漢啓休職各十月，潘國煌降二職改敍，吳錦坤記過一次，已函由臺北縣政府及建設廳照案執行。

七月二十一日，美國海盜一號太空船今晚登陸火星克萊斯盆地，無線電號到達地球經三億二千零四萬公里，需時十八分又八秒，傳回來的照片甚爲清晰，人類能到三億餘公里外的火星之夢想，玆已實現。正逢登陸月球七周年，兩事巧合，一樣偉大。

火星是地球的近鄰，其與地球及太陽的距離：㈠與地球相距最近爲三五、〇〇〇、〇〇〇哩，最遠爲二四八、〇〇〇、〇〇〇哩。㈡與太陽距離平均一四一、五〇〇、〇〇〇哩。火星的直徑四、二〇〇哩，一年時間的長度相當於地球上的一年又十個半月。自轉時間二十四小時又三十七分。平均溫度是攝氏零下六十二度。

七月二十八日晨三時四十六分二十六秒測得中國大陸北平東北約一三八公里地帶，即冀東唐山、豐潤、平谷之間，發生強烈地震，強度爲八點二級，下午又有兩次餘震，均達六點五的強度，事後據悉人口百萬以上的唐山市房屋幾已全塌，死亡百萬餘人。

毛澤東病斃，四人幫垮臺

毛澤東於六十五年九月九日零時十分病死於北平，得年八十有五，清光緒十九年（一八九三年）出生於湖南省湘潭縣韶山村，湖南省立長沙師範畢業後，任北京大學圖書館管理員，時共黨李大釗（字守常）任該館主任，毛深受其影響，毛澤東秉性機警、詭譎、猜忌、陰狠，甚於瀛政、劉邦、朱元璋與雍正，獨裁偏激，尤過於希特勒與史達林，他醉心極權，以人民公社意圖摧毀以家庭爲政治與社會關係中心所建立起來的中國傳統制度，以不斷鬥爭的長期革命保持無產階級的獨裁政權。寧見國計民生的萬刧不復，不顧我國爲一個非共國家。一生專搞排擠整肅，不惜殘民以逞，結果衆叛親離，死不瞑目。他沒有帶走一分他所迷戀的權力，但留下一堆火爆的問題。

毛澤東於死前以「你辦事，我放心。」的手諭，委派華國鋒爲他的繼承人，接任中共中央委員會主席兼國務院總理。毛死後不久，華國鋒與汪東興、陳錫聯（二人分掌赤宮及京師警衞軍權）以迅雷不及掩耳手段，捕押當權派首要人物四人幫：江青（毛妻）、張春橋、姚文元、王洪文。文化大革命時被罷黜之鄧小平、彭眞、薄一波、趙紫陽、胡耀邦、烏蘭夫等復行分掌要職。

中共在五十年代，基於對馬列主義、毛澤東思想與史達林的蘇聯社會主義建設神話之信仰，說了許多大話、空話與假話，且用無限制暴力強迫人民對其大話、空話、假話表示信服，喪盡了民族自信心，造成禍國殃民的空前災難。鄧小平等當權後，竭力清理「左的指導思想」，宣稱「左的指導思想」，起自毛澤東發動「三面紅旗」的暴政，經過反覆進行鬥爭，也承認那是超過秦始皇暴政、歐洲黑暗時代、希特勒法西斯的人類歷史上的空前浩刼。謂十年文革把國民經濟推到了崩潰邊緣，僅就餓死人數計，卽有兩千萬餘人。（據美國前南卡羅萊大學國際關係研究所主任，現任駐韓大使吳克向國會的一項報告，說一九四九年至一九五八年間，僅在政治清算運動，卽有三千萬人被殺害，連同其他關連被迫害者超過六千四百萬人。）

美國天主敎大學列出歷史上十大惡人的名單，毛澤東占了一席，按年代次序排列：⑴喀列古拉——羅馬皇帝，愚昧的揮霍國家財富。⑵尼祿——羅馬皇帝，焚燬羅馬城。⑶阿提拉——匈奴王，蹂躪歐洲。⑷凱瑟琳瑪蒂絲——法王亨利第二之后，濫殺無辜，惡化天主教徒和基督徒間的關係。⑸伊凡沙皇——帝俄暴君，虐待人民。⑹鄂圖曼帝國皇帝哈密德二世——將自己罪行歸咎於他的敵人。⑺希特勒——德國統治者，犯下令人永難忘懷的罪行。⑻史達林——蘇俄統治者，實施恐怖制度。⑼毛澤東——殘殺無數的中國人。⑽阿敏——前烏干達總統，肆殺無辜（他是唯一仍活在人間的惡人）。

九月十六日，監察院以總統提名第四屆大法官人選林紀東、范馨香、陳樸生、陳世榮、翁岳生、姚瑞光、鄭玉波、蔣昌煒、洪遜欣、涂懷瑩、李潤沂、楊與齡、張劍寒、翟紹先、梁恒昌等十五人咨請同意，開會審查後，投票結果，均獲同意。

親家母卹王多珍於九月二十五日病逝，十月七日公祭後發引，我與啓泰夫人合送輓聯一副，聯曰：「二十年秦晉之好休戚攸關情感彌洽欣看五福齊眉待祝百齡偕老；八千里風雨同舟職責相輔見解多融驚聞一朝溘逝陡使萬分傷懷。」

十二月二十七日，為高雄市政府地政單位違法核准地主陳丁旺分割法定空地，工務單位對陳丁旺出售該空地與楊富美建築房屋事件，未依法公平處理，竟以妥協方式命當事人雙方分擔責任，拆除其建物抵充法定空地，措施失當於法不合，爰予提案糾正，請行政院轉飭有關機關切實改善，經內政委員會第四三五次會議審議通過。（糾正案文從略）

前案通過後，復以高雄市立壽山國民中學教務主任陳丁旺，身為公務人員，對何謂法定空地，殊難諉為不知，為謀取不法利益，而申請地政機關將法定空地予以分割，冒充一般建地，刊登報紙廣告出售於不知情之楊富美重複使用建築房屋，核與公務員服務法第五條規定，公務員應誠實、清廉、不得有損失名譽之行為有違，並涉有觸犯刑法第二一四條：「明知為不實事項而使公務員登載於職務上所掌之公文書，足以生損害於公衆或他人」之嫌。高雄市地政事務所技士朱登玉、股長傅傳松（現任高雄市政府地政科重劃股長）、主任張安清等明知法定空地一經核定保留不得再行分割，竟違反有關法令，准予複丈、分割、登記，核與公務員服務法第五條、第七條公務員執行職務應力求「切實」、「謹慎」及同法第六條：「不得圖利他人」之規定有悖，並涉有觸犯刑法第二一三條：「公務員明知為不實事項而登載於職務上所掌之公文書，足以生損害於公衆或他人」之嫌。朱、張二員，雖先後於民國六十二、三年退休，仍難推卸其行政及刑事上責任。高雄市政府工務局技士謝政村、建管組長林妙煌、都市計劃課長林秀雄、局長李標連等，查悉陳丁旺應負咎責，竟以變相行政處分，飭由合法購買土地起造房屋人楊富美分擔陳丁旺之過失，剝奪其合法權益，除違反公務員服務法第五條及第七條公務員執行職務應求切實、謹慎外，更觸犯同法第六條：「公務員不得假借權力以圖他人之利益，並不得利用職務上之機會加損害於人。」各該員等顯有勾結陳丁旺共同舞弊情嫌，特依監察法第六條規定，提案彈劾，請移送公務員懲戒委員會依法懲處，涉及刑事部份，送請最高法院檢察署轉飭偵辦。經付審查成立，分別移送法辦。（彈劾案全文從略）

民國六十五年，監察院中央巡察教育組由我與陳委員烈甫及教育委員會主任秘書溫松康組成，自十月十九日起至十一月九日止，為時二十日，計巡察教育部及其所屬機關學校二十餘所與其他關係文教機關、中央研究院、國家科學委員會、故宮博物院等，各項工作均有進展，所需經費業見增列，有關去年教育行政會議檢討通過之六項決議，並已逐項計劃實施，其間尚有應行與革事項，屬於一般性政策問題二十項，個別問題十二項。玆撮要紀錄五項：

㈠教育人員之任用，依公務員任用法第十八條規定，應另行立法。惟迄今尚付闕如，致教育人事管道不通，教師轉任教育行政工作時，未能銓審，無法取得公務員任用資格，諸多困擾，應迅予擬訂完成立法程序。

㈡公立院校研究所，發展甚速，其中師資濫竽充數者不少，設備多不符標準，此後應嚴格評鑑，如再增設，應有重點，寧缺毋濫。

㈢幼稚教育，不屬規定學制範圍。玆因社會需求，目前已發展甚速，管理輔導，迄無法定依據，致師資、設備教材，及行政事務措施不一致，每爲人所詬病，亟應制訂標準，嚴予督導，而幼教師資之培養，尤宜加強。

㈣我國近三十年的處境，不但在政治上是非常時期，由社會結構和經濟進展的情形看，也是一個大轉變的時代，今後的教育目標，固然應該注意於科學及生活智能的啓廸，以應國家建設的需要，自治精神和國民道德的培養，似爲尤應注意的重點。默察近年教育的情形，智育和體育，甚有進步（雖然有失於偏差之處），但德育則瞠乎其後。而此時此地，如何培養有爲有守的青年，對國家有熱烈的愛心，對自己有嚴格的自律，以加強復國建國的力量，是當前最重要的問題。

㈤大學夜間部原爲社會在職青年進修而設，於今顯已變質，成爲大學日間部落榜考生之進修所，且發展太快，以致夜校林立，數量膨脹，其素質日趨低落，將來畢業後領導社會各階層能否勝任？主管機關亟應謀求對策，對夜間部應施行評鑑，提高其師資與設備水準，以符設校目的。

主編察哈爾省文獻

大陸各地流臺同鄉會為報導大陸人民生活，溝通各地鄉情，先多出版同鄉會刊，民國五十八年多，江西、湖北、四川各省同鄉會負責人姜伯彰、萬耀煌、周開慶諸先生，邀集各省市友好發起組織中國地方文獻學會，俾對大陸各地山川風尙，鄉土禮俗，人文史蹟，作有系統有計劃之搜集整理，考證研究，編撰出版；配合文化復興運動，以期鑑往知來，加強民族精神，藉使下一代青年了解祖先偉跡，激勵其「富貴不能淫，貧賤不能移，威武不能屈」之志節。從此各省文獻陸續出刊，我與張季春、谷岐山、武震東諸兄恐鄉邦盛蹟久後無聞，爰於察省旅臺北同鄉會近幾年舉行春節聯誼會時，一再倡議創刊察哈爾文獻以廣流傳，經本年十二月杪同鄉會理監事聯席會議決議，於下年開始發行，推同鄉會理事長張季春為發行人，同鄉會理事谷鳳翔、張國柱、武鏞、童秀明、邊彤麟、鍾亮、溫中祥、董熙、喬廷琦、賈維桀、杭嘉驤、白寶瑾、李振宗、王成德、馮晉澤、常憲章、朱丕生、高炳文、馬景銘、喬維和，監事劉耀西、李秀芬、郭堉愷、王士品、丁治、喬彭壽、王春祿等為編輯委員。我承推擔任總編輯，朱丕生、李培適、李振宗為副總編輯，高炳文為經理，傅金泉為副經理，每年出刊兩期，每册定價新臺幣二十元，並通過我所擬具的後列徵稿規則：

一、本刊以宣揚歷史文化刊布察哈爾省文獻爲宗旨。
二、本刊徵稿範圍如左：
甲、有關歷史文物者。
乙、有關山川輿地者。
丙、有關鄉賢史蹟者。
丁、有關古蹟名勝者。
三、來稿如附有圖片用後退還。
四、來稿請將標題姓名地址書寫清楚。
五、賜稿不論省內外人士一律歡迎。
六、來稿得於必要時酌予修正。
七、來稿發表後以寄贈本刊爲酬。
八、來稿請寄臺北市監察院張國柱。

隨即一面辦理出版登記申請手續，奉准頒發局版臺誌字第一七一三號登記證，每年於元月初及七月初出版。每十期裝一合訂本。創刊號於六十六年六月底出版。

芬兒隨世榮婿於六十六年十二月初到田納西州橡樹嶺定居，請准入田納西州立大學生物研究所續攻博士，除免繳學費外，年給研究獎學金三千八百五十美元，因於佛羅里達州立大學生物研究所取得碩士學位後，繼續深造，成績優異，得此待遇，聞之欣慰。

山兒於六十六年春，晉升臺灣省林務局森林經理組組長（仍兼航空測量委員會主委）。他於中興大學農學院畢業後，歷充大雪山林業公司與林務局技士、科長等職多年，賦性沉默宏厚，樂於助人，親友同僚對之多有好感。紹珍媳畢業於中興大學農經系，曾充中學教師，嗣考入郵政，久任郵政總局英文秘書。

岑兒曾在美國阿里桑那州立大學任職，六十六年秒應任美國德州休士頓愛克沙煉油公司研究工程師。燕華媳（肯塔基州立大學研究所營養學碩士）在當地醫院主持營養業務。

長孫男允文肄業工專，次孫男允中就讀辭修高級中學。

司法院院長田烱錦因患口腔癌，於民國六十六年三月三十日逝世，是年四月六日總統提名該院副院長戴炎輝為院長，另提韓忠謨為副院長，咨請同意，監察院於四月十四日第一四八九次院會行使同意權，投票同意以戴炎輝為司法院院長，韓忠謨為副院長。

交通郵政改進意見

監察院六十六年度中央交通機關巡廻監察，由我與黃委員芫軒承乏，交通委員會主任秘書郭健協助，歷時兩旬，於十一月初完畢。在巡察報告中，所提巡察意見，摘要列後：

一、近年來市內電話機擴充，雖均能超出預定目標，惟仍有積壓五萬餘件未獲清理，電信局應積極擴充門號，迅速達到供需平衡，以滿足大衆之需求，又電話故障頻仍，且常有三、五日至一週不能修復通話之情形，電信局亟應改良設施，加強管理，使故障減至最低，修復達於最快，以符便民之要求。

二、電信又於施工（包括電力、水道）佈線（管）工程，常因道路主管機關遲遲不予核准，而延誤施工後溝壑凸凹，路面不平，遲遲不予修復（有長達二、三個月者）構成公共危險，汚染環境衞生，此一問題久爲人民所詬病，施工單位與道路主管機關，亟應密切配合，迅謀改善。

三、郵政儲、滙、壽險等業務發展迅速，惟各支局旣缺乏處理帳務及點鈔等機器設備，櫃臺服務人員，亦未能針對業務之成長配合增加，每見客戶擁擠久候，煩言嘖嘖，亟應迅謀改善，又各支局收支金額相當龐大，爲防意外，應卽建立嚴密之管理稽核制度。

四、郵政包裹目前僅有紙箱一種，重量嫌大，應研究改善。另外應再參照其他國家郵包形式及質料，設計製造新型包裹，以應大衆需要。又各支局均應設置標準磅秤，專供寄件人使用，以免封箱後過磅，因超重而增加寄件人之負擔與困擾。

五、各交通事業單位，新建工程在表面上雖多由公營工程營造單位議價後承建，但實際上若干工程之發包，却係由私人營造商先向事業單位接洽，待獲得承包某工程之承諾後再邀公營工程營造單位出面議價立約，其中頗多流弊，亟應檢討改善。

六、據高速公路工程局統計，高速公路已通車之路段發生車禍情形顯示，其肇禍原因，以車輛老舊、機件失靈或故障者佔九〇%以上，復因行車速度較快，每次車禍均造成慘重之傷亡，高速公路即將全線通車，今後公路監理單位，亟應提高檢驗標準，並嚴格執行，以期防止車禍之發生，又爲便利高速公路上發生事故緊急求救，應沿路裝設公用電話以備應用。

七、南北高速公路與西部縱貫鐵路電氣化，均將完成通車，使我國鐵公路交通步入現代化，惟鐵路公路有關法規，已難適應實際之需要，允宜迅速修訂補充，俾建立健全之交通體制。

八、臺灣省公路局綜管公路建設養護公路監理與公路客運等業務，難免顧此失彼，弊端叢滋，例如過橋費舞弊問題，喧囂連年，迄無有效澈底解決辦法，營業大客車違規營運，發生二、三年，公路局始終未能提出具體增加新型車輛，以求根本解決之對策，又如任意將原屬該局營運之若干路線，讓與民營，租用遊覽車行駛夜快車，引起紛擾等等缺失不一而足，南北高速公路完成後，中央、省、市將各有關公路管理機構，似應通盤檢討，將原屬中央之監理業務，收回集中，俾統一監理權責，將公路局之旅客運輸業務依法另行組織公司辦理，以發揮企業化之經營功能。

九、臺灣鐵路局組織龐大，員工多達二萬五千餘人，在鐵路電氣化工程方面，該局工程人員均能奮勵以赴，使工程順利推展並獲得輝煌之成果。然在管理經營方面始終未達企業化，用人升遷不公，冗員充斥，形成勞逸不均，致員工工作情緒低落，導致種種事件發生，諸如臺北站售票員勾結黃牛，火車追撞事故，矇取診斷書辦理資遣等案件，層出不窮，近又有板橋斷電事件發生。在在暴露該局之缺失，該局爲省屬三級機構，縱橫牽制頗多，尤以人事經費爲甚，電化工程卽將完成通車，如何配合該局未來業務之需求與發展，政府允宜檢討，收回國營，加強管理，消弭積弊，以促進其企業化經營。

十、臺灣地理環境特殊，地震颱風頻仍，測候工作非常重要。氣象局年來對設備及人員，雖均有擴充，但氣象科技，日新月異，進步神速，爲期氣象預測之準確，此項專門人才及必要設備，仍待增加，故應寬列預算以應實需。

十一、觀光事業之成長，非常迅速，據觀光局統計，國際來臺觀光人數今年將達一百一十餘萬人，以六十五年每一觀光客來臺平均消費額預估，今年之外滙收入可達美金五億一千餘萬元。觀光局近年以來，僅以有限之預算補助地方政府開闢觀光區域或改善觀光設施，固亦收到效果。但爲積極開發觀光資源與改善觀光區之設施，以吸引更多觀光客，爭取外滙，允宜寬列預算大量投資，並訂定獎勵民間投資辦法。

蔣院長經國對中央巡察意見的重點答覆

監察院六十六年度中央機關巡迴監察各組巡察委員，於十一月二十五日上午到行政院巡察，在該院會議室舉行座談會，蔣院長經國、徐副院長慶鐘、張秘書長繼正及各部會首長等均出席。

各巡察組分別提出應行興革事項，最後蔣院長作重點答覆。各組巡察意見摘要列左：

一、公保增設夜間門診以避免公務員在辦公時間排隊掛號及請假看病，構想至為正確，希望中央信託局早日研妥可行辦法，付諸實施。

二、各機關派駐國外之工作人員，行政院雖訂有統一指揮聯繫辦法，但未澈底實行。業務不能密切配合，事權尤難集中。各主管單位，似宜摒除本位主義，切實研商統一指揮聯繫之具體辦法，以發揮外交總體戰之功能。

三、據報匪艦艇多危及我漁船作業活動。希望政府寬籌經費，積極加強防務。

四、民國五十七年間，財政部設立稽核組，負責財稅稽核工作，由於不合組織法之規定，不但未具執行公務之正當權源，其查稽措施諸多不當，素為社會所詬病，亟應注意改善。

五、為適應當前實際需要，應重新檢討修訂國營事業管理辦法，期以擴大授權範圍，以提高各事業經營效能。並對其財務結構欠佳，利息負擔過重者，在財務上予以有效支援。

六、目前教育除應在若干制度上加以檢討外，各級教育主管尤應注意樹立優良風氣。

七、臺灣省公路局綜管公路工程、監理、運輸等，業務繁重，以致顧此失彼，時生弊端。似應通盤檢討，以發揮公路交通功能。

八、一、二審法院案件年有增加，推事、檢察官及配合人員負擔過重，如法院推事、檢察官每月辦案在一百件以上，自易發生錯誤，應請儘速增加人員。又司法官考試及格尚須受一年半之訓練，始派任工作，故必須及早籌劃。

九、政府反攻大陸前夕，教育部亟應策劃編撰蒙藏語文教材，以備復國建邊之需。

十、一般投資國內企業華僑，所得稅法規定，在國內居住滿一百八十三天者，除負擔一般稅務外，更須繳納綜合所得稅，以致不少華僑每年被迫回僑地一次，對於回國投資，增加不少困擾。為提高華僑投資意願，似有檢討改善必要。

政治經濟設施檢討意見

監察院六十六年度總檢討會議，我於一般政治設施的檢討中，所提檢討意見，自顧較為重要者，計有後列各項：

第一、經濟方面

一、國營事業人事制度亟待建立：關於國營事業機構人事制度問題，本人前經一再檢討，此可稱舊話重提。查憲法第八十六條規定：「公務人員任用資格及專門職業及技術人員執業資格，應經考試院考試銓定。」考試法第一條規定：「公務人員之任用與專門職業及技術人員之執業，均依本法定其資格。」公務人員任用法施行細則第二條規定：「本法所稱之公務人員指左列各機關學校組織法規中定有職稱及職等之文職人員……。」由此可知，公營事業人員自應包括於公務人員範圍之內。又國營事業管理法第三十一條明定：「國營事業用人除特殊技術及重覆管理人員外，應以公開考試方法行之。」，同法第三十三條規定：「本法第三十一、三十二兩條所稱國營事業人員考試甄審及考績辦法，由行政院會同考試院另訂之。」可見國營事業機構人員的任用升遷，都應恪依考銓法規辦理。

國營事業機構現有員工爲數甚多，因無體系完整的人事制度，各機關的人事運用，各自爲政，譬如(1)進用新人，既不依法經考試機關考試，也很少自行公開招考，多由私人憑人情關係介薦，致難吸收優秀人才，而所用人員難免濫竽充數。

或謂考試機關考試合格人員，不適用於生產事業，本席認爲這是一種遁詞，亦有認爲考試機關舉辦的考試，手續太麻煩，形式太呆板，這也不合理，考試院歷年舉辦的考試有關於特殊技術人員的考試，例如郵電技術人員考試、河海航行人員考試等，難道所考的不是技術人員？(2)在職人員的晉級升等，既不採行法定公務人員升等考試制度，其本身亦多無合理的措施，只憑主管人員的主觀意向決定，因此服務成績優異的，未必能晉升，而有特殊背景者，難免躐等倖進，以是工作精神難期鼓勵，優秀人員無以保障，以致比較優秀的人員難免外流。現在各公營事業不能盡如理想之發展，而種種流弊及浪費與缺乏效率，爲一般公認的事實，這種事實的形成，實與其人事制度之不健全，有密切關係，人事制度之不健全，不只影響其本身業務之發展，而且影響到整個的政治風氣，經濟部亟應恪依國營事業管理法第三十三條之規定，迅卽制定國營事業人員考試規則草案，報請行政院會同考試院核定實施，並予納入銓敍範圍，同時有關備用人員之登記、選用、職等考核、人事評議、以及訓練進修等辦法，亦應及早有所規定，俾使國營事業之人事制度趨於健全，以利業務之發展。

二、國營事業的董事會極不健全。本來國營事業的經營，依照國營事業管理法第四條之規定，應依企業方式進行，所謂企業方式，按一般企業的公司組織，其最高權力機構爲股東大會，在股東大會閉幕期間，由董事會代行其職權，董監事由股東大會所選舉，董事會決定公司的經營方針由總經理執行，總經理須向董事會負責，而董事會則向股東大會負盈虧責任，這乃是企業經營的常軌。然而我們的國營事業，雖均有董事會的組織，但是其董事會大都有名無實，既不決定營業方針，也不向股東負盈虧責任，所有董監事大都是掛名而不管事，每月領取若干元車馬費，等於公司施捨給他們一樣，雖也依照規定定期開會，或許也有書面的紀錄，但都是虛應故事的表面文章，實際並不發生什麼作用，可是董事長以公司首長的身份，所有高薪、洋房、汽車，以及一切應酬費用，都由公司供應，至於董事長懂不懂公司的業務，管不管公司的業務，那就無人過問了，不客氣的說，歷來各國營事業機構的董事長或董事，大多是過去政界的顯要或有特殊背景的人物，政府爲崇功報德，或其他緣由而俾予此種職位，以優予安置，而當董事長者，爲了相安無事，避免與總經理發生磨擦，也樂得清靜無爲，自我納福，反正業務盈虧不關他們的痛癢，尤其是董事長與董監事的來路相同，均為點綴場面，原不需要他們過問業務，他們當然也都很識趣，一切就不加過問了，致使影響國營事業的董事會，變為不符企業經營原則的虛設機構，使公司一切業務均由總經理一人獨斷獨行，而盈虧責任則無人負擔，自難怪其積弊叢滋發展不易，試觀現在所有國營事業，除臺電、中油等少數董事長是由原來總經理出任，較為內行之外，其他所有公司的董事長，試問誰懂公司業務，誰眞問過公司業務？因此我認為要整頓國營事業，健全其董事會的組織乃首要問題，要想使國營事業確切達到企業化的經營，發揮企業化的精神，必須恪遵國營事業管理法的規定，使國營事業的董事會能切實督導業務，擔負起盈虧的責任，對於董監事人選則務求精簡，至少須有半數以上屬於內行，由政府遴派懂其業務者充任，使其能盡應盡的責任，同時比照公務員的待遇，以保障其生活，國營事業如能有這樣健全的董事會，始能使其進入企業化的合理經營。

第二、內政方面

關於本屆公職人員選舉，本人有點淺見，如鯁在喉，今想一吐為快。本屆五項公職人員選舉，就選務工作來說，手續周全，一切都能公平守法，可以說是無懈可擊，同時當選人的水準、資歷都普遍提高，年齡亦已降低，較前大有進步，大體來說是相當成功的，但是我覺得有兩點是美中不足，值得檢討。

第一點是此次舉辦的種類嫌多。臺灣歷來的選舉，無論是縣市長、鄉鎮長或民意代表的省市縣議員，一向都是分開辦理的，但是這一次省議員、市議員、縣市長、鄉鎮長和縣議員，共有五種之多，種類一多，辦理選務的人難免會顧此失彼，因爲手續殷繁易生舛誤，雖然這一次準備周密，沒有發生什麼毛病，但這是不足爲訓的，希望以後各種選舉不要再併到一起辦理，以免把事情變得太複雜，同時在提名方面，也不容易一次提出這麼多適當的人選，所以這是值得考慮的。

第二點是執政黨提名人選有欠理想。民主政治，政黨辦理候選人提名原屬正常行爲，但是這一次執政黨提名的候選人有些似乎不夠理想，所以有幾個重要地方縣市長和民意代表的落選人，與此有很大關係，這倒不是我們在放馬後砲，事實上在未選舉之前，就有人覺得在某些地方一定會失敗，因爲就那些地方被提名的人來看，是絕對競選不過對方的，例如桃園縣長的候選人，我住在那裏的親友早就告訴過我，說黨提名的人選聲望較差，與對方競選人比較，老百姓的觀感差多了。再如屏東縣的省議員候選人某君，據說原爲執政黨的資深同志，因他常於發言時，不大留情，同時又不喜歡與提名有關的人拉攏，致未獲得提名，但是選民多數仰望他，並且還非選他不可，結果他脫黨競選仍能得到最高票當選。由此可見我們的提名造成大錯，我覺得執政黨提名候選人的落選雖並不能意味選民不信任執政黨，換言之，不是對執政黨不滿，主要是對被提名者不滿，但嚴格言之，被提名人的落選，不只是他個人的榮辱，而於執政黨的威望不無影響。此次選舉據悉就是執政黨的同志也有對於黨部規定他必須投某位提名候選人的票，但他情願投同區另一提名候選人的票，而不顧投黨部所規定的人，結果發生同區的兩位提名候選人，臺北縣省議員候選人有一位是超過幾千票當選了，另一位却因差了一兩千票而落選，這也是因爲提名不當的關係，如果這個人的能力資望夠，與競選的步驟周到，多些黨員投給他，那麼這一區的兩位提名候選人就可以當選了，因此我覺得應注重提名候選人的標準，有關其才能、品德、聲望，以及其社會的潛力須作多方面的考慮，尤應以顧到大衆的好惡爲好惡，切忌以少數推薦人士主觀的好惡爲取捨之標準，本來提名候選人都是先經各縣市有關機構推薦，其中難免夾雜着個人的好惡與恩怨，一般不善逢迎的人甚難獲得遴薦，然而凡有能力，品德好，有作爲的人，大都有個性的，沒有個性的人是難成大事的。凡有剛正特性的人，都是實事求是，踐履篤實，不肯隨波逐流，逢迎鑽營，可是當事者不客氣的說，則多喜花言巧語阿諛逢迎之輩，以投其所好，然而這些人多趨炎附勢，華而不實，投機善變，我們過去從大陸撤退時，就有很多負國家重要責任的這類人，於緊急關頭叛變附逆，因此像這些人就是僥倖當選，亦難有很好的成績表現。因爲這種投機取巧的人，見利忘義，一切以個人利益爲重，從不爲國家與民衆設想，表面上好像很忠實，但到緊急關頭，他就會出賣了你，我說這些話也許有點偏激，但因我也是執政黨的黨員，心所謂危，望治心切，罔顧忌諱。希望今後黨對同志的提拔，一定要注重其才德，並須平時多予物色培養。

公民營交通事業機構濫贈鉅額免費優待乘車票證，以及部份軍公人員接受此項餽贈，既無法律依據，尤於營運收入損失甚大，製造不平，引致羣情詬病。我與宋英委員於民國六十七年二月二十一日上午監察院交通委員會議中，提案糾正交通事業機構對於部份軍政機關暨交通事業機構員工及其眷屬免費乘車證之贈與，有失浮濫，主管機關疏於監督，應請行政院轉飭切實注意改善。當經通過移送行政院轉飭改善見復。（糾正案文從略）

嗣以前提糾正案，交通部會商有關機關僅作小幅度削減，以為敷衍，積弊未除，有失監督職責，特於監察院交通委員會民國六十八年五月十五日會議中，再提糾正案，促請行政院嚴飭迅謀改進。本案通過，移送行政院後，接行政院本（六十七）年六月二十八日臺六十八交六三一一號函稱：「經轉由交通部函復經研商決定，所有各種免費乘車證一律取消，並自本（六十七）年八月一日起實施。請查照。」

氾濫了多年的交通單位免費乘車優待證，經監察院的鍥而不捨，追蹤到底，有關機關咸能從善如流，斷然決定，將公民營公共汽車，公路及鐵路所發免費票證一百餘萬張，全部取消，可說是政治革新最具體最有力之一例，以此廣受社會輿論的一致喝采。

遊美觀感

民國六十七年三月三日，我應居留美國兒女之請，與內子童啓泰夫人由臺北搭中華航空公司下午五時五十分之班機，直飛舊金山，晚九時過東京，停約一小時，次日下午三時一刻抵舊金山

（當地時間），承邱震先生與鄺裕民世兄伉儷迎接，下榻邱府。四日上午十二時搭機飛休士頓，下午五時二十分到達（休士頓時間差三小時）。一岑兒與燕華媳在機場候迎，愉快之情，難以言喻。岑兒出國近十載，英俊如昔。他們住於市郊高級社區，環境雅靜，宅舍寬敞。附近有小型公園及運動場所，散步遊賞，生活至爲安適，該社區華美雜處，家家門前都有綠地，人行道與巷道間亦鋪草坪，美國人很重禮貌，彼此相遇，必打招呼，任何場合，絕少高聲談笑，擾及他人。鄉間與郊區治安良好。道路行車守規，都照沿途標示開行，每至交叉與轉彎處，必暫停觀望，而交通警察執勤亦甚嚴格，故少車禍。在休士頓逗留三個月，由兒媳擕冗侍遊了幾處名埠勝境如：太空總署、海港、奧斯汀大學、詹森紀念館、濱泉水族館、德南大學圖書館、賴斯大學等，老懷堪稱快慰。

六月初轉赴田納西州橡樹嶺與女兒一芬及世榮賢婿歡聚，享受了兩週的悠閒生活後，往費城內兄啓昧處小住七日，遊覽了長木花園（Long Wood Garden），維理方治國家公園（Valley Forge National Park）內有獨立戰爭時的兵營、華盛頓總司令部辦公處與凱旋門等古蹟。並參觀了自由鐘與獨立廳（包括十三州代表聯合簽字處及法院等），復往紐約市遨遊。六月二十一日回橡樹嶺女兒家，參觀了田納西州立大學、國立原子能科學博物館與水力發電廠，遊賞了田州大煙山國家公園等。七月初旬，再到休士頓一岑兒處，休息一週，秉程返臺。遊美四個多月時間，多耗於探訪親友、遊覽名勝，不免舟車航機跋涉之勞，但與親友團聚暢敍，饒有情趣，卽使稍感困頓，愉悅氣氛，足以振奮精神，其舒暢感受，尤堪咀嚼回味。特將遊美見聞，摘要錄後：

㈠紐約位於哈德遜河旁，人口八百五十餘萬，是全美金融、貿易、文化中心。譽爲「世界的財富與聲譽集中之城」，或「摩天大樓之城」，也有人說是「充滿醜惡之城」，就其形象差別，可分爲下列四個區域：⑴最繁榮的是曼哈頓區（Manhatton）。曼哈頓南端是世界聞名的「金融中心」，其街道名爲華爾街（Wall Street），街道兩旁，摩天大樓林立，高聳入雲，生活於此處的人們，終年不見太陽。中央公園南端的第五十九街及第三十七街地區，是紐約的心臟地帶，大厦排比，壯觀雄偉，所有大公司行號、娛樂場所、辦公廳等大都集中於此。⑵唐人街（China Town），位於第十四街之東，東方建築，古色古香，商店招牌都寫中文。孔子大厦，昂然挺立，顯示西方文化，接受了東方文化。酒樓、飯館很多，這裏的中國菜，馳名於世。年老僑胞過去在唐人街置產，力求其大，使能三代同堂。年輕僑胞在郊區買產，力求其精，婉拒父母共居。家庭制度變，社會結構自然亦變。⑶哈林區（Hariem），毗近中央公園北端，是黑人集中居住地，房屋破舊，街道髒亂。⑷著名的百萬富翁住宅區，在哈林區之北，一棟棟的高級住宅，尼克森、洛克斐洛、賈桂林都住於此。與哈林區相比，顯有天壤之別。

聯合國大厦位於中央區，莊嚴雄偉，走廊上或室內的藝術品，均爲各會員國所捐贈。我中華民國政府送的是「禮運大同篇」紀念物。自中共進入聯合國以後，牠送的是「象牙雕刻」。

帝國大厦是紐約最高的建築物，有一百零二層樓。但比支加哥西雅斯大樓，還少八層。

紐約市的地下鐵路（Subway）是一條適用於一般市民大衆化的交通動脈，上班、回家、尋歡、作樂，多搭此火車，收費低廉，班次很多。車廂塗滿了「飛仔」、「飛女」的意象「畫」與「字」。黑、白、黃各色人種混合在一起。有些人在冷氣車廂內，露背、露臂；也有些人穿着厚厚的外套，安然自得。人人各盡所能，各取所好，互不干預，互不過問，也無人投好奇的一眼。唐人街的水龍頭大開，水流成河，路過其處，毫不動容！自由！自由！似已脫了軌；但我發覺美國人多數手不釋卷，男女青年穿着牛仔褲，頭戴寬邊帽，保持一份西部開創的精神，似乎高度的知識，配合上西部的精神，是今天安定美國社會的兩大因素。他們在知識與創造中，使社會不斷進步，不會滯呆。無固定的「現實」，卽不會有「反現實」。

㈡美國是移民締造的國家（全球任何膚色、語言不同的人種，均可看到），政治民主，社會開放，文化多元。但白色人的種族成見甚深，人人在潛意識上拒黃、排黑，他們的質與量佔絕對優勢。也有不少的人在種種社會福利措施保障下，失去理想與抱負。今後能否再有華盛頓、林肯、羅斯福等類的英雄偉人產生，不無疑問。相反的，黑人在種族與經濟的壓力下，漸見人才輩出，將有領導國政的可能。

㈢美國的高等教育制度，是英國學院制與德國大學的混合體，打個比喩，美國的學術服裝，是由一件英國袍子與一頂德國帽子湊合而成。英國民主與德國科學在美國携手並進，相得益彰，此亦卽美國精神。

㈣美國人愛好自然，喜歡遊樂，平常工作生活雖很緊張，而每逢休閒假日，就多離開都市、家庭，徜徉於山水，欣賞大自然，因此各地景觀的培養整建，林木種植，海灘湖泊的遊覽設施，不僅重視，且日新又新。一草一木的維護，都使身歷其境的遊人所喜愛。

㈤美國得天獨厚，地大物博，很少崇山峻嶺，到處荒地森林。我遊訪美國東部與南部，所見文華物茂，人文薈萃，山水壯麗，可以說，世界最好的風光文物，都可在此地帶見到；尤其到了紐約，更有此感覺與收穫。

㈥我國留美人士，多很愛國，士氣如虹。留美學人都知臺灣海峽兩岸，誰做得好。幾百年來，中國知識份子懔於「餓死事小，失節事大」的格言，都認爲「志節」高於一切。當然中國僑社一如任何其他國家僑社，難免也有投機分子與唯利是圖之輩；但畢竟只是少數。

悼二弟寶書

我在休士頓，讀三弟質生給一岑兒來書，謂彼久任教職，近方退休。二弟寶書伉儷於一九六六年去世，噩耗傳來，哀慟萬分，不禁熱淚盈眶，肝腸欲裂，流盡所有的眼淚，不足以洗掉我五內的悲傷。

寶書弟肖馬，小於我兩歲，我們手足三人，幼失怙恃，孤苦伶仃，相依爲命，成年以後，我與質生弟純屬書生，介然自守，不嫺生產；唯彼秉性果敢，教學之餘，經管家務，多見修治，家計日隆，對鄉黨公益，亦熱忱服務，不遺餘力。同胞三人篳路藍褸，自立自強，方幸未至苟活，謬負時譽。何意彼方花甲，竟然棄世。其時適在中共文化大革命，紅衞兵在大陸各地暴亂肆虐，殘民以逞之際，是否遭此慘害？「世間至難得者兄弟，人生最哀慟者折翼」，白髮人哭黑髮人，已給我無窮憾恨，尤其二弟夫婦死因不明，使我怎不聞耗昏迷，涕泗橫流！我們堂兄弟共六人，國榮兄與國棟弟據云亦於一九六六年與世長辭。現在我們兩門只留我與國楨、國彬三人。「海內風塵諸弟隔，天涯涕淚一身遙」正是我此時心情的寫照。

國民大會第一屆第六次會議，於六十七年二月十九日在臺北開幕，三月二十一日選舉蔣經國先生爲中華民國第六任總統、謝東閔先生爲副總統。五月二十日中華民國第六任總統蔣經國先生、副總統謝東閔先生宣誓就職。

行憲監察院開院三十週年

行憲監察院開院三十週年紀念茶會於六十七年六月五日上午九時在監察院二樓集會室舉行，參加有全體監察委員、職員、退休人員、審計部及其所屬科室主管以上人員。行政院院長孫運璿、副院長徐慶鐘、秘書長馬紀壯、考試院院長楊亮功、考試委員張光亞、司法院院長戴炎輝、副院長韓忠謨、司法行政部部長李元簇、經濟部部長張光世、公務員懲戒委員會委員長顧汝勳、行政法院院長周定宇、警政署署長孔令晟等政府首長及國民黨中央政策委員會秘書長趙自齊、中視董事長谷鳳翔均前往道賀。院長余俊賢、秘書長蝗碩向到會者一一握手致意，會場氣氛至爲歡欣。

余俊賢院長在紀念會中致詞，簡述民國三十七年　總統明令依憲法產生之首屆監察委員，定當年六月五日在首都南京集會經過，至民國六十七年六月五日適爲三十週年。

余俊賢院長指出，由於共匪倡亂，政府播遷來臺，人人志切復興大業，監察院全體監察委員及院部工作同仁，莫不臨深履薄，精誠戒愼，依法嚴正行使職權。綜計三十年來共舉行院會一千五百三十七次，另舉行臨時院會十六次，談話會六十四次；各委員會會議及各委員會聯席會議四千五百八十八次。對總統提名司法院院長、副院長、大法官及考試院院長、副院長、考試委員，行使同意權三十二次。受理人民書狀約十二萬件，調查案件約一萬三千件，提出彈劾案三百三十六件，糾舉案五百七十三件，糾正案五百七十二件。參加監試五百零二次。審計機關爲國家節省公帑達新臺幣二百二十億元左右。（國防經費尙未計算在內）

余院長特別強調：在紀念行憲監察院「三十而立」之年時，欣逢第六任總統蔣經國先生與副總統謝東閔先生就職之始，在此大有爲時代，全國海內外同胞，一致殷望新任總統蔣經國先生，領導全國軍民，完成反共復國任務，拯救大陸同胞，今後監察院自當益勵忠貞，竭盡職責，以達成總統在就職大典中所指示「擴大憲政功能，確立廉能政治」之目標。

新竹苗栗地方建設問題

監察院六十七年度地方機關巡迴監察第五組巡察委員爲我與莊委員君地，以羅專員德盛爲秘書。巡察新竹、苗栗兩縣，爲期兩旬。巡察經過於六十七年年度總檢討會議，分別以書面與口頭提出報告。玆將巡察所見，摘要錄後：

一、由於工商業發展神速，工廠林立，尤以竹南頭份爲例，因污染防治設施甚差，所造成之空氣、廢水、廢物等污染形成嚴重公害，損害人體、農作物及其他生物，政府雖於六十三年七月十一日公布水源污染防治法，六十四年五月二十九日公布同法施行細則，六十四年五月二十三日公布空氣污染防制法，唯或因施行細則並未明訂詳細，地方機關難於遵行取締，或因執行未徹底或因執行偏差，致污染日趨嚴重，又固體廢物污染防治法未見公布，亟待政府研討制訂完善法規，並成立公害防治執行專責機構，以遏止公害蔓延，維護國民健康以及農作物及生物之生存。

二、查違章建築之認定係屬技術性工作，須由建築管理單位依法審查，而禁建區之範圍及違建之勘定均係建築管理單位之權責。對於違章建築之查報自應由建築管理單位人員負責辦理，警察機關已不掌理建築業務，警勤區佐警亦多不諳建築技術，且警察勤務甚爲繁重，亦無法兼顧違章建築之查報，基於法令及事實主管機關似應研討另訂補救辦法，似不宜責令警勤區佐警查報違章建築，並將違章建築拆除隊歸屬主管建築管理單位，以利指揮監督，符合體制而明劃權責。

三、我國現行保障勞工之法令僅有工廠法與礦場法，對於不屬工廠及礦場之其他勞工，無法獲得明確之照顧，因此這些勞工遇有發生勞資爭議問題時，非但無法獲得合理合法之解決，且徒增許多困擾，政府應仿先進國家，從速制頒勞動基準法，以保障全體勞工之權益，促進經濟發展。

四、現行民法及勞工法令中對工廠因經營不善倒閉者，其積欠工資及資遣費並無明文規定有優先清償之權，因此倒閉之工廠所積欠之工資及應發之資遣費無法清償，勞資糾紛迭起或訴請法院於清償時，每因債務超過資產，所得無幾，以致造成社會問題，政府似應增訂有關法令，對倒閉之工廠清償債務時，對勞動之工人所積欠工資及資遣費享有優先清償之權，以確保勞工權益。

五、苗栗縣大安溪，名列本省七大河川之一，全長計八七公里，流域遼濶，引水灌溉之良田面積大，幅員衆多，物產豐富，然水利局將其分段，以下游列爲主要河川，由省方治理，上游劃歸次要河川，交由地方政府列管，除治理工作未能統一，浪費財力外，由於地方政府財源拮据，對河工建設防洪設施常感心有餘而力絀，未竟全功，嚴重威脅人民生命財產之安全，主管機關似應重新檢討注意劃分列管，以保障人民之權益。

六、農田水利會係依水利法第十二條之規定而組織之水利自治團體，具有公法人性格，秉承政府政策推行農田灌漑事業服務農民，毫無營利行爲，當非屬一般營利事業團體。其土地出售之增值稅及擁有土地，地價稅可否優惠豁免稽征主管當局應予研究，以示公允。

七、現行水利會費之征收係以稻穀爲計算單位，並按臺灣省政府公告之前一年第二期蓬萊稻谷爲收購價格折算現金征收，唯爲減輕農民負擔，將水利會費課征標準之稻穀，由六十六年度每公斤十一元五角降至六十八年之每公斤八元折算，共短收會費部份，政府衡量征收稻穀之標準另行訂定補助辦法，其對財務困難之水利會，收入更形缺乏，主管機關似應全盤研討可行方案，全面促進各會務健全與發展。又新苗農田水利會現行一般會費征收標準，各區相差懸殊，區分等級達五十六種之多，會員負擔有欠公平合理，且作業繁雜影響工作效率至鉅，亟待統一規定以求公平合理而減少會員物議。

八、政府爲加速農村建設實施健全水利會方案，規定水利會會長之任用，由民選改成遴派，其所派任之會長，往往爲地方人士，以收熟悉該地區水利灌溉情況而利推展業務，然目前水利會所轄地區跨越二、三縣境，其執行之措施或擬定之建設計劃常有偏袒不平之現象，以造成派宗紛爭，農民之權益間接遭受危害，主管機關應注意委派會長之適用人選，以利推行政府政策，造福農民。

九、近年來我國工商業發達，公司行號紛紛創立，其依商業團體法第十三條應於開業一個月內加入商業團體，但目前許多業者游離商業團體組織之外，亦未按同法第五十九條、六十條、六十一條處理，致使現有商業團體無法充份發揮組織功能，影響所及，無論組織與業務，均缺乏完整性，又有部份業者雖已入會，且不依章繳納會費，致使公會無法推展會務，商業團體徒具空殼，未能發揮功效，主管機關尚須積極輔導之外，對商業團體法愼審修訂有關執行會員違章之條文，以貫徹政令，發揮同業公會之功能。

十、商品檢驗爲管制商品品質之手段，近年來經濟之快速成長，內外銷商品日益增加，亟應加強檢驗工作，俾對內保障國民健康，公共安全，及消費者利益；對外提高產品品質，以增強競爭潛力，建立國際信譽，然各地檢驗分機構限於人力與物力不足，無法適應轄區產品種類及數量迅速增加而自行檢驗，均需將樣品送往臺北總局檢驗，徒增業者不便及影響輸出時效。主管機關似應針對分局之需要補充專業人才，增建檢驗廳舍及增加儀器設備，以提高分機構之檢驗工作能力，達到爲民服務之目的。

十一、新苗二縣尚未利用之山坡地將近半數，爲配合糧食增產政策，開發農工商業，適應人口增加之需求及提高自來水普及率，政府似應及早開發水源，分別：㈠籌劃興建寶山水庫替代抽取新竹市一帶之地下水源，以供應竹北一帶灌溉用水與新竹工業園區之需求；㈡以南庄溪爲水源，興建東興水庫，充裕自來水源及竹南頭份一帶工業用水及灌溉用水；㈢興建鯉魚潭水庫，以供給臺中苗栗縣界一帶以及臺中市區附近之灌溉用水、自來水及工業用水之需求。

十二、新苗地區自來水建設進行緩慢而仍靠地下水源給水者居多，除應積極開發自來水源外，其因水費等關係未能將原有簡易自來水廠接管合併經營，自來水公司似應謀取合理周全辦法統籌辦理，以求改善。

十三、通霄精鹽廠對於離子交換膜水解現象之設備，以苦滷製造觸媒劑、肥料廠之耐火材料及對試劑之研製頗有績效，對於精鹽之成本降低，品質提高，開拓副產品以及新用途頗有貢獻，宜擴大投資從事研製。

十四、新苗二縣境內策謀工業區計劃略具粗模，唯其公共設施尚未能與地理環境之需要配合者，尚有香山工業區之計劃道路之開闢及湖口工業區之高速公路交流道，應請及早完成增進土地利用，並裨益工業區之發展。

十五、政府開徵地價稅以來各鄉鎮公所契稅與田賦稅收銳減，影響財政非淺，加之國小學校租用民地（僅苗栗縣就有三十二所）者，因地價調整而增加龐大租金，已使鄉鎮公所財政不堪負擔，又尚需維護公共設施，而可處分之公共財產，亦無幾許，地方財政確陷困境，請針對實情謀求解決困難。

十六、現行貨物稅課及零星之日常生活必需品諸如衞生紙、電燈泡等似可請主管機關研議是否集中於大宗或經濟價值高之產品（尤以奢侈品）爲對象爲宜。

十七、偏僻地區國中師資如以一般公開甄選辦法，採用同一考試科目考試成績作爲取捨之依據，不但未盡合理，亦深恐無法聘任願留鄉服務之教師，影響偏僻地方教育至鉅，應請地方教育主管設法改進。

十八、新苗兩縣交通事故紀錄驚人，僅據苗縣統計全年交通事故七七五件（汽車駕駛疏忽七二七件，慢車駕駛疏忽二十一件，行人不慎十一件，機件失靈八件，道路工程不良三件，氣候不良一件，其他四件）死亡一四六人，受傷人數一〇四〇人，財產損失五四四八萬元，可知發生交通事故之原因牽涉因素頗廣，且日趨嚴重，似應請指定專責統一機構，就全國交通事故之原因分析後，研議可行防備方案，早日實施，以利減少交通事故。

十九、法院案件中違反票據法者仍居多數，蓋現行票據法尙有研討改進之餘地，尤其合作社與農會信用部簽發支票，更需待加強管理與輔導，希各有關機關致力改進，以利減少犯案事件。

二十、目前一審法院推事與檢察官之業務負荷實有過重，應請合理訂定每一位推事或檢察官每月辦案件數，以利深思熟考，達成公平公正準確之辦案目標。

二十一、新苗兩縣玻璃陶瓷工業歷史悠久，名聞中外，惜製造技術守舊，未能提高產品之經濟價值，以玻璃工業而言，如能研究改進製造技術，自傳統之平板玻璃發展成高級玻璃或強力耐熱玻璃甚至熔鑄鏡頭。不但以同一原料經技術改進製成高價值之工業成品，進而發展光學儀器、照相機工業，對於科學技術提高，經濟建設之貢獻必大，至於陶瓷業亦從傳統之產品加予改進研製高級藝術品，現代陶瓷工具，絕緣物，半導體等重要機件，以提高價值對提高人民生活水準必有貢獻。

二十二、最近公營事業公司研製開拓多種高營養價值之新飼料及高效用新品種肥料，其新產品因受國外類似產品之大量傾銷與打擊，影響成果頗大，希在發展初期推銷試用階段，有關機關給予可能範圍內之保護，以培植國營事業以利發展。

二十三、目前本省中小企業中以天然氣爲燃料者，最近接獲中國石油股份有限公司臺灣營業處通知，各有關工廠於本（六七）年七月一日起，凡使用鍋爐之工廠，一律停止供應天然氣，而遭受停止供應天然氣，勢必影響中小企業產品產量與品質，降低外銷競爭潛力及增加工廠改裝設備之負擔，希主管機關研討對產品品質需要及設備汰舊更新、使用年限未滿等工廠，採漸進方式暫緩全面停供天然氣並輔導逐年改善，俾使工廠維持生產，以免釀成工廠停工及工人失業，形成社會問題。

二十四、苗栗縣卓蘭鎮農會自六十三年開辦果菜市場以來，由於市場建築面積廣濶，設備完善，收費低廉，又派專人爲果農從事各項服務，建立果農與農會密切關係與信心，交易量逐年增加，爲本省大規模產地果仔批發市場之一，據聞經濟部爲統一經營各地區果菜市場，計劃該市場納歸臺灣區果菜運銷公司經營，引起地方人士關切，對此改革措施是否導致破壞該果菜市場完善之制度，增加果農之負擔與困擾，希主管機關愼重研究妥善辦法，以維持果菜市場正常營運發展。

二十五、本省新苗地區丘陵地遼濶，種植茶葉面積大，生產農戶多，由於氣候溫和，茶葉品質優良名聞國際，唯製茶廠仍採傳統方式之舊法，茶農甚少設立共同經營之規模較大之製茶工廠，致生產尖峯期，茶菁之產量，農民自有小型工廠無法完全容製。過剩茶菁被迫由販商殺價收購，趁機剝削，茶農損失頗重，有關機關亟應加強輔導提供科學技術以逐區控制茶菁產期外，放寬茶廠設立標準與條件組織合作機構，期以自採、自製、自銷等一元化之經營，提高茶農收益。

二十六、目前本省養蠶農家激增，原植相思樹逐改植桑樹，桑田推廣面積日漸擴大，蠶絲事業正在邁進企業化經營途徑，生產量逐年增加，蠶繭供不應求，但部份收繭機構將所生產之蠶繭約有三分之二外銷日本，而剩下三分之一供應內銷，致省內蠶絲織絹廠原料繭不足，此畸形發展造成市場為人控制，售價壓低，外國受惠，農民所得利益偏低之不合理現象，希主管機關積極輔導絲織業，促成早日設立絲廠，建立一貫生產作業，以保障農民收益。

二十七、本省畜牧事業現正全面輔導開發階段，但冷凍牛肉及乳製品之大量進口措施，未能與培植養牛事業政策密切配合，致對於酪農及養牛戶打擊甚大，使本省生產之牛肉及乳產品售價偏低，收益不敷，成本經營困難，希政府繼續推行發展農牧計劃，建設公共設施及實施保護政策外，請酌量提高牛乳收購價格，鼓勵飼養小牛，設法改進農會照保證價格收購手續以防備優良種牛流入牛販屠宰商，並降低貸款利息與延長攤還年限，以助益農牧事業之推展。

二十八、近年來工商業發展神速，人口往都市集中，農村勞力日漸缺乏，工資節節上漲，而農產品價格未見提高反有低落現象，耕農無利可圖，影響農村發展，政府似應研討對策，早日釐訂方案，酌情提高收購餘糧數量及合理糧價，以保障農民利益，繁榮農村經濟。

二十九、自日據時期既已提供寺廟財團法人使用之私人土地，現在辦理捐贈手續時，依法須繳納鉅額之土地增值稅，類此並無買賣行為，主管機關似可研討免課增值稅，以利整頓列管。

三十、本省生產之草帽、草蓆類等編織物，絕大部份產自中部苑裡一帶，由於手工細膩，編織精緻，品質優良，享譽中外，外銷世界各地為國家賺取外滙，繁榮農村經濟裨益至大，惜近年來工資上漲，成本提高，又工業產品競爭劇烈，產品銷售量銳減，價格下跌，收益大減，淪沒為家庭副業，瀕臨淘汰之危機，主管機關速研謀對策，輔導合作社經營優惠農民課稅，以蘇甦此編織手藝，保護優良傳統之產物。

三十一、高速公路為十大建設之一，主要工程即將完成供全線通車，然部份交流之位置，因銜接鄉鎮之都市計劃道路，影響人民財產權益，舉棋未定，致公共設施無法興建，尤其下水道之阻塞，街道積水，遇雨成災，造成交通不便及居民財產之損害，主管機關應全力規劃，加速建設以利通行，促進地方繁榮。

三十二、新竹縣湖口鄉長嶺及長安兩村賴以對外交通之長安道路，貫穿裝甲軍事基地之內，由於軍事安全顧慮，每日晚上十時至清晨六時，交通管制禁止通行，對居民遇有生育或急症送醫者，極感不便，甚或有延誤就醫時間而喪生之懼，有違親民便民之愛意，政府似應早日改善或另行開闢道路以利通行。

三十三、苗栗縣立三義國中為遵照教育部課程標準，並配合鄉土特色，開創職業選科雕刻工藝，分別在二、三年級實施，已辦理五年之久，畢業生諸多投進雕刻生產行列，其雕刻產品外銷世界，甚獲好評，帶給地方鉅額財富，然為適應藝術品市場之評價日漸昇高之勢，尙須努力提高產品水準，希望教育當局輔導：㈠准學校聘任專業技藝教師或技術員任教職業選科雕刻工藝實習課程，以訓練學生雕刻技術，㈡准在農工或職業高級學校增設雕刻科或在國中增設高職程度補習班，俾便學生繼續鑽研進修，以提高雕刻技術人員之素質。

三十四、自民國五十八學年度實施九年國民義務教育後，教育水準提高，升學學生大量增加，新成立之高級中學，其儀器設備與各項建設不敷應用（甚至工藝、家事、美術、音樂等佔普通教室）與舊設立之高中學校相差甚遠，影響教學不淺，希望教育當局針對學校之需要，能專款補助，促進改善，以利教學。

三十五、私立聯合工業專科學校建立於苗栗鎮郊區之山坪上，學校為擴展校區之需要，價購毗連學校周圍之山坡地，而該地區列為都市計劃之保護區，經由苗栗縣都市計劃委員會建議修訂改為教育用地，呈報省府未獲同意變更，限於土地法規規定，產權未能登記過戶，懸案未解，影響學校發展至鉅，請有關機關設法予以解決。

三十六、私立聯合工業專科學校設備完善，教學認眞，為苗栗縣最高學府，惜未設置夜間部，以收容在職好學青年升學進修，目前該縣在職失學青年夜間迢迢遠赴臺中通學上夜校者不下數百人，又各種因素限制未能就學者亦復不少，形成人力與物力之浪費，地方政府與民意機關歷經多次之爭取促創夜間部，教育主管當局似可研討順應地方教育之需要，以解決苗栗地區之在職青年進修教育問題。

三十七、臺灣省自來水公司及所屬各管理處，現行「試行職位分類制度」係比照正式職位分類辦理，職員四職等升五職等，六職等升七職等必須經過考試及格才能升等，但該公司成立五年以來，尚未能辦理升等考試，低職等人員無法取得升等機會始終權理，應請考試院考慮舉辦，以安定其工作情緒，激勵服務熱忱。

三十八、政府現在輔助公敎人員購買國宅予以長期貸款，部份公敎人員已有其自己的住宅，唯配住在公有宿舍之人員，受法令限制，不能獲得貸款購屋，該等房屋皆建造有年，多已陳舊腐朽不堪，甚或有難蔽風雨者，不特有礙觀瞻，於安全上亦不無顧慮，政府不但年年須編列鉅額經費充爲維護修繕之用，亦常因職務遷調發生爭佔糾紛，爲消除累贅，使該等人員生活得以安定，主管機關應速擬定具體處理房舍可行辦法，藉以節省公帑及解決公敎人員住居困擾雙重功效。

三十九、地方政府之財源枯竭，對退休人員之鉅額退休金無法編列預算，致欲退休人員無法如願退休，勉留崗位，間有服務情緒低落，工作不力缺乏朝氣者，影響機關紀律與工作效率與退休制度，政府似應通盤研究寬籌退休金經費統一辦理，以利退休政策之推行，使人事獲得新陳代謝，提高行政效率。

四十、省府爲發揚隸屬公敎人員之互助精神，加強福利措施，於民國六十三年度訂定福利互助辦法，並於本年度擴大含及各級民意代表與村里長，但平時工作辛勞，任務繁雜，待遇低微，擔任基層實際工作之工友、路工、司機、技工，竟未納入福利互助範圍之內，希省府研討衡量修改或另訂福利互助條款含列工友在內，以激勵其工作精神，安定其生活。

四十一、機關因業務需要而雇用之臨時人員，以日計資待遇微薄，且出差時不得報支出差旅宿、膳費，所得工資遠遜於一般工廠人員之薪資，無法安養生活又非正式編制，毫無保障，前途渺茫，間有無心辦事，精神萎靡，工作效率低落，形成得過且過，誤人誤事情況者，政府似應全面研討修改不合事理或不切實之法令制度，謀求提高待遇以鼓勵士氣，樹立務實風氣。

四十二、縣轄「試行職位分類」實行單一薪俸制度之公營事業機構，其待遇與實施「職位分類」之一般行政機關大致相同，但不能申領子女教育補助費，以致發生不公平待遇之差距，直接影響職員之工作情緒及生活負擔，希主管機關檢討改進辦法，以示公允。

四十三、爲加強大衆化醫療設施，解決地方醫療機構缺乏現象，各縣市應普遍設縣市立醫院，以加強地方醫療服務，因鄉鎮衞生所設備及人才不夠，一般民衆病患，不得不就診於省立醫院或私人醫院，而省立醫院於廣大縣內僅有一所，力量有限，而私人醫院醫費昂貴，在全民健康保險制度未實施前，政府似可考慮建立縣市立醫院，解決大衆醫療問題。

六十七年八月十二日監察院第一五四三次會議，對考試院第六屆院長、副院長及第六屆考試委員行使同意權。投票結果：同意劉季洪、張宗良爲考試院長與副院長。成惕軒、馬漢寶、張光亞、康代光、賈馥茗、劉象山、賴順生、華仲麐、侯暢、張則堯、盧衍祺、金祖年、王德馨、丁中江、李世勳、黃棟培、傅肅良、周恒、楊必立等十九人爲考試委員。

中美斷交與兩國外交的回顧

六十七年十二月十六日，美國卡特政府片面宣布與我斷交，並定於明年元旦與大陸中共正式建交。卡特親口發表電視聲明，宣布背信棄盟，兩項文件留下歷史汚跡：㈠美國政府與中共關係的片面聲明；㈡美國與中共雙方發表的所謂聯合公報。前者的聲明中說：「在一九七九年一月一日，美國將通知臺灣終止外交關係。中美共同防禦條約將按照該條約的條款終止。美國同時宣布，將在四個月內撤退所餘駐臺美國軍事人員。將來美國人民與臺灣人民將在沒有政府官方代表與外交關係的情形下，維持商務、文化與其他關係。」後者的公報中說：「美國政府承認中國立場，中國僅有一個，而臺灣是中國的一部份。」

美國副國務卿克里斯多福率領十餘人的代表團於二十七日下午十時許，飛抵臺北，爲中美未來關係，與我政府進行磋商，二十九日晉見蔣總統，總統嚴正聲明提出處理中美未來關係必須持據的五原則：㈠持續不變；㈡事實基礎；㈢安全保障；㈣妥定法律；㈤政府關係。

監察院全體委員於十八日對美國總統卡特之背信毀約片面宣布與我中華民國斷絕邦交並與中共建立外交關係發表聲明，支持政府一切決定，全文如後：

根據最近美國民意測驗以及參衆兩院，州市議會的先後表示，多數堅決主張美國不得以中華民國爲犧牲，與中共匪僞政權建立外交關係。如今卡特總統完全接受共匪所提出的與中華民國斷交，廢約撤軍三條件，與之建交，此種背棄民意的措施，出之於崇尙民主的美國現任政府，此爲應予嚴正譴責者一。

卡特總統就任以來，向以尊重人權標榜爲其外交政策之原則，乃同一卡特總統，此次居然對全世界最蔑視人權的中共僞政權建立外交關係，其行不顧言，自毁立場，何以自解解人？此爲應予嚴正譴責者二。

自第二次大戰以來，美國向以自由世界領導國家自居，自由世界各國，亦對美國多所信賴，如今卡特總統不思領導自由世界共向反共之途勇往直前，竟不惜對其最忠實之盟邦毁約背信，而與暴虐成性的中共僞政權建立外交關係，豈不令自由世界寒心？此爲應予嚴正譴責者三。

美國人民，二百年前自歐洲移殖新大陸，向以崇尙自由，實行民主爲其開國宗旨，立國精神，其間自動參加第一第二兩次世界大戰，亦莫不以天下興亡爲己任，乃卡特總統，竟爲聯匪制俄，甘與暴虐成性的中共極權政府建立外交關係，置水深火熱中中國大陸八億人民之痛苦於不顧，並斷絕其爭取自由之一線希望，其何以向美國歷史交代？此爲應予嚴正譴責者四。

我全體監察委員，値玆國家面臨重大衝擊之際，除對美國總統卡特作上述譴責之外，自當與全國軍民，團結奮鬥，莊敬自強，在　蔣總統領導之下，接受此一新的挑戰，共渡難關，達成反共復國的最後勝利。

至對於美國正義人士，多年來支持我中華民國的深厚友誼，在此要表示誠摯的衷心謝意。

十二月二十七日，監察院第一五六七次會議，決議：督促政府與美國代表團商談時，應堅守我國立場。（十八日院會決議：對駐美大使沈劍虹失職問題，交由外交委員會查處。）

查中美兩國的外交關係，從美國第一艘商船「中國皇后號」於一七八四年八月三十日駛抵廣州起，至本月十六日美國卡特總統宣布「承認中共政權，與中華民國斷交」為止，前後歷時共一百九十四年三個月又十六天。在此將近兩百年的歲月中，雙方關係高潮低潮，迭有起伏。然對廣大中華民國人民的情感而言，則以卡特的宣布刺傷為最深痛。爰將兩百年的中美外交事蹟，摘要作一回顧。

(1)一八四四年七月三日，美國政府派顧盛為代表，與中國談判，雙方於是日簽訂「望厦條約」，此為最早簽訂的條約。

(2)一八六八年七月二十八日，中美雙方在華盛頓簽訂「蒲安臣條約」，由美國國務卿西華德與中國清朝特命全權大使蒲安臣代表簽字，該條約訂有規定華人移民美國的條例。

(3)一八九九年九月六日，美國宣布「門戶開放政策」，要求列強保證各國享有同等之對華通商權利。

(4)一九〇八年，美國國會通過羅斯福總統動議，將清朝對義和團變亂付予美國賠償之剩餘款項（庚子賠款），歸還中國，作為對留美中國學生之教育津貼（清華大學即以此款創立）。

(5)一九一三年五月二日，美國威爾遜總統正式承認中華民國（辛亥革命清朝結束之後）。

(6)一九二二年二月六日，中、美、英、法、義、日、比、葡、荷九國，在華盛頓簽訂九國公約，表示尊重「中國之主權獨立，領土及法治之完整」。

(7)一九二八年七月六日，國民革命軍北伐完成，美國承認國民政府。

(8)一九四一年十二月七日，日本偷襲珍珠港，中美兩國對日宣戰，兩強併肩作戰。

(9)一九四三年一月十一日，中美簽約，美國放棄其在中國享有之治外法權。

(10)一九四三年十一月二十二日至二十六日，美國總統羅斯福、英國首相邱吉爾、中國國府主席蔣中正在開羅會議，討論遠東戰區對日作戰計畫，決定戰後應將臺、澎歸還中國。

(11)一九四五年二月四日至十一日，雅爾達會議，羅斯福總統在會中，單方面允許蘇俄於大戰結束，對滿、蒙地區利權的要求。

(12)一九四九年八月五日，美國發表「對華關係白皮書」，將國民政府在大陸的失敗，歸咎中國內部的因素所造成，完全摒開美國應負的實質與道義之責任。

(13)一九四九年十月三日，美國國務院重申，美國承認中華民國為中國唯一之合法政府。

(14)一九五〇年六月二十五日，韓戰爆發，兩天之後，美國杜魯門總統下令：美第七艦隊協防臺灣，遏止任何對臺灣的攻擊。七月三十日美派藍欽為駐華公使。

(15)一九五六年七月七日，美副總統尼克森訪華。

(16)一九六〇年六月十八日，美總統艾森豪來華訪問，十九日中美兩國元首發表聯合公報。

(17)一九六一年五月十四日，美副總統詹森訪華。七月三十日，我國陳誠副總統訪美，與甘廼廸總統會談，發表聯合公報，強調兩國合作。

(18)一九六三年十一月二十六日，美總統詹森電　蔣總統強調中美友誼不變。

(19)一九七二年二月二十一日至二十八日，美總統尼克森夫婦及高級官員訪問中國大陸，發表聯合公報。

(20)一九七六年六月三日，美國務院發表一項有關中華民國背景資料，表明美國繼續保持與中華民國的外交關係及協防條約。

民國六十八年二月十五日，中美兩國同時宣布成立中美新關係機構，我方在華府設立「北美事務協調委員會」，美方在臺北設立「美國在臺協會」，均具官方對等性質。

糾正公民營交通事業機構濫發免費乘車證

臺灣省鐵路、公路及省市公民營交通事業機構大量贈發免費乘車證一案，經我與宋英委員查悉所贈員工及其眷屬免費乘車證與貴賓證等，過份浮濫，影響營運收入及財務負擔，特依法兩度提案糾正，多年積弊，乃得消弭。茲將六十七年二月及六十八年五月先後糾正案文錄後：

一、六十七年二月二十三日監臺院機字第四二一號

為公民營交通事業機構對於部份軍公機關暨各該交通事業機構員工及其眷屬索取免費乘車票劵之贈與有失浮濫主管機關疏於監督應請行政院轉飭切實注意改善

甲、事　實

壹、關於臺北市公民營公車部份

臺北市公民營公車聯營管理委員會，由公營公車管理處、欣欣客運公司及民營大有巴士、大南汽車、光華巴士、中興巴士、指南客運、三重客運、臺北客運、三重市公車公司等十家，於民國六十六年五月初組成。各公車單位核發已久之免費乘車證，計分「公務乘車證」、「員工乘車證」、「員工子女通學乘車證」及「員工眷屬優待票」四種。該管理委員會於六十六年六月二十五日舉行座談會討論決議：(1)公務乘車證，仍由各公車單位自行印製塡發，並限搭乘各該公車單位所屬路線班車。(2)員工乘車證，仍由各單位自行印發，並限搭乘各該公車單位所屬路線班車。(3)各公車單位員工子女通學乘車證及眷屬優待票兩種票證，合併為員工眷屬乘車證，限於員工直系親屬使用，每一員工限制最多不得超過四張，上項乘車證，由各公車單位自行印發，並限搭乘各該公車單位所屬路線班車。」經查臺北市公共汽車管理處原贈發軍警及各機關團體免費公務乘

車證七百張，已於六十六年七月三十一日一律廢止，其次核發員工眷屬乘車證七千九百一十張，大有巴士公司核發貴賓證六八四張，欣欣客運公司核發公務乘車證一二五張，貴賓證二十四張，員工眷屬乘車證一千三百八十一張，大南汽車公司塡發公務乘車證四二〇張，員工眷屬乘車證三六〇張，光華巴士公司塡發短期免費乘車證二千一百八十五張，中興巴士公司製發乘車優待證六十五張，指南客運公司塡發各種免費優待票及公務乘車證三千二百張，三重市公車公司、臺北客運公司、三重客運公司所發免費乘車證，另詳見臺灣省民營公車數量內。

貳、關於臺灣省民營公車部份

查臺灣省各民營公車客運業，因地方憲警、情治單位、公路監理、公路工程、縣市政府建設及戶政單位、鄉鎭公所等軍公機關索取，各公司贈發之長期免費公務乘車證數量如下：南投客運公司三四五張，宜蘭客運公司一二三張，基隆客運公司四六一張，桃園客運公司七五四張，屛東客運公司六〇六張，新竹客運公司九五四張，豐原客運公司一千三百六十二張，高雄客運公司一千四百五十張，臺中市公車公司二八三張，興南客運公司五四〇張，彰化客運公司一千二百八十五張，三重客運公司一千七百二十五張，淡水客運公司一五〇張，花蓮客運公司六七四張，臺西客運公司五五一張，指南客運公司二千四百零六張，協成客運公司一〇八張，臺北客運公司二千九百零七張，海山客運公司二六〇張，員林客運公司一千二百零九張，臺南客運公司六一二張，苗栗客運公司四九四張。其他公營基隆市、嘉義市、高雄市公車處及民營振昌、嘉義、鼎東、三峽、巨業、新營、安榮、興東等客運公司尚未據查報在內。

叁、關於臺灣省鐵路管理局部份

查該局於六十六年度（六十五年七月一日至六十六年六月底）贈發免費乘車證計分下列三類：

㈠軍警——軍方傳令乘車證二二五張，採買乘車證四十張（限乘平快車）。公務乘車證（准乘平快車）：總統府侍衞室五張，聯合警衞安全指揮部十五張，陸軍後勤司令部運輸署五十張，警備總部所屬第一、二、三、四總隊二十八張，普通車二張，國防部情報局六張，各縣市警察局普通車二十七張。

㈡各機關團體——公務乘車證：司法行政部調查局兩路調查站莒光三張，觀光二十張，對號快車九張，交通部戰地鐵路工作總隊莒光三張，觀光一張，臺灣省鐵路貨物搬運業職業工會聯合會莒光二張，對號快車二十一張。舉辦獎勵招徠貨運成績優良之民營承攬運送業贈發一年期全線平快車免費優待乘車證十九張，半年期十二張，三個月期十二張。

㈢鐵路從業人員——員工通勤乘車證：一七、二三八張。員工眷屬優待乘車證（每戶每年可領單程四十張，限乘平快車）：交通部二、〇〇〇張，臺灣省政府交通處八、七〇四張，鐵路局三六三、三六四張。員工子女通學乘車證：二〇、〇七六張。

肆、關於臺灣省公路局部份

該局贈發免費乘車證之對象及數量如次：

㈠軍警憲——交通稽查警員乘車證：臺灣省警務處四十張，各縣市警察人員六六二張，各縣市民防人員三十九張，公路警察大隊十八張，總統府侍衞室二十八張，警備總部九十五張。憲兵稽查乘車證：憲兵司令部二二〇張（以上票證，限乘普通班車）。直達車公務乘車證：公路警察大隊十五張。普通班車公務乘車證：公路警察大隊八張。員工通勤乘車證：公路警察大隊六十四張，養路工程人員乘車證：陸軍後勤司令部運輸署二張，工兵署六張，宜蘭縣警察局二張，臺東縣警察局一張，警察電訊所臺東分所二張。

㈡各機關團體——直達車公務乘車證：省交通處十八張，普通班車長期公務乘車證：省交通處三一八張。直達車公務乘車證：公路黨部六張，調查局臺北市調查處五張，臺灣省車輛動員委員會七張，交通稽查警員乘車證：各縣市車禍鑑定會二十一張，臺灣省車輛動員委員會三十四張。長期公務乘車證（限乘普通班車）：鐵路局三張，臺灣省政府研考會一張，秘書處二張，新聞室三張，省議會一張，公路黨部四十七張，調查局十九張，調查局兩路調查站二十六張，臺北縣調查站七張，臺中縣調查站二張，臺北市調查處十五張。員工通勤乘車證：省交通處八張，國家安全局八張，調查局四張，南投縣調查站三張，公路黨部一〇三張，臺北縣萬里鄉公所四張（係因代管公路局野柳收費停車場而塡發）。養路工程人員乘車證：宜蘭縣政府建設局二張，臺北縣政府建設局七張，臺中縣政府建設局三張，高雄縣政府建設局二張，花蓮縣政府建設局一張。

㈢公路從業人員（六十六年一至六月份）——員工通勤乘車證：一四、三四八張。員工眷屬優待乘車證（每戶每年可領單程七十二張，限乘普通班車）：省交通處一四、五〇八張，公路局及所屬單位六八二、六七八張。員工子女通學乘車證：八、二〇九張。員工公務乘車證：二、六八八張。

乙、理由

查臺灣省鐵路、公路兩局，臺灣省及臺北市各公民營公車單位贈發免費優待乘車證，由來已久，對外以公務乘車證名義贈送者，爲軍警憲及各機關團體部份人員，對內以員工眷屬乘車證贈送者，爲各該交通事業從業人員之眷屬，核發數量已見前述。經詳研審除各公民營交通事業所發員工上下班乘車證，以及憲兵警察登車稽查交通事故人員，保護鐵路、公路橋樑隧道之軍警人員，軍事傳令人員，軍方後勤運輸人員，軍公情報與治安執行任務人員，領用公務乘車證有其必要，仍宜維持，惟應從嚴限制外，其他各種票證核有下列問題亟待改善：

㈠臺北市公共汽車管理處原贈發軍警憲及各機關團體免費公務乘車證七百張，查有未合，已於六十六年七月三十日廢止，不再贈送。其次，該處於聯營前，所屬職工凡同住一戶內在學之子女，均有領用免費乘車證之權利，同住一戶內之直系親屬與配偶，不問職業及人數，均可比照公教人員申購六十格每張六十元優待定期票，用完一張，憑票根換購。聯營後變更辦法，將員工子女通學乘車證及眷屬優待票合併為員工眷屬乘車證，每一有眷員工可領四張，共贈發七千九百一十張，為數頗鉅。該處三年來迭有虧損，六十六年度虧損高達九千六百四十三萬元，既無開闢財源能力，復未力求撙節，尤於公教優待票取消後，迄仍大量濫發員工眷屬免費優待票，減少營運收入，加重財務負擔，措施顯有未當。

(二)臺北市各民營公車單位，以所發免費公務乘車證（或貴賓證，或特勤人員免費乘車證），屢欲取消屢遭困擾，案經臺北市公民營公車聯營管理委員會舉行會議決定，仍由各單位依各自公共關係自行辦理，並限乘塡發單位班車，固有其不得已之隱衷，按贈發上項票證，設若領票人員有管理或干預民營公車之權，不啻接受有價證券，有此優惠，行使職權，勢難公平，而民營公車之行駛，如非各有缺失，又何懼乎領證免費乘車人員，若企求法外施惠，受贈人默契同意，破壞其基本立場，應為法所不許，依照政府規定，服裝整齊配戴胸章及臂章執行勤務憲兵警察方可免費乘車，軍警半價優待，各民營公車單位贈發免費公務乘車證，或非執行任務之軍警及各機關公務員，假借名義，索取公務乘車證，無非積習使然，於法並無所據，而是項票證之價值，必然轉嫁一般乘客，實為收入減少要因之一，公共汽車無論公營、民營，均係公用事業，與市民權益利害相關，各該民營公車參加聯營其營收多寡，於聯營績效，自生影響。政府自六十六年七月一日起取消公教優待票，並已補助交通費，為一重大興革，如任免費乘車證依舊濫發，不獨與政府原定政策抵觸，且惹一般公教人員之不滿，爲求增加營收辦好公車，此一不合理措施亟應比照臺北市公車處取銷公務乘車證，以及臺北市公民營公車聯營管理委員會收回新聞記者免費乘車證之案例辦理。復查各民營公車單位所發免費員工眷屬乘車證，爲數不少，各該單位作爲變相員工福利，以之鼓勵員工工作情緒，雖有其需要，惟查六十六年一至九月，十家聯營公車，累積虧損已達一億九千餘萬元，面臨困境，前途不容樂觀，任何節流之舉，均應鄭重考慮。當前臺北市長林洋港公開表示，以公車票價太低致有虧損，爲使公車正常營運，下年度票價將予調整。揆以前開各公民營公車單位贈發免費公務乘車證及員工眷屬乘車證之事實，足徵所謂虧損實有浪費及管理不當因素在內，應請主管機關深入檢討監督改進。

㈢臺灣省各縣市民營公共汽車客運業，爲體念軍公教人員爲民服務，爲國辛勞，凡符合軍公教身份，均予優待。民國六十五年度因軍警、公教、學生等折扣優待票，該業共計損失新臺幣六億零三十四萬八千餘元，負荷已極深重。而部份軍公及地方機關動輒向民營公車單位函索免費乘車證，久爲業者所詬病。臺灣省公共汽車客運商業同業公會聯合會曾於六十五年十二月十七日致函行政院人事行政局，請予勸導各縣市公務機關勿向民營客運公司索票，以恤商艱。雖經該局以（六六）十二、二十四局參字第二四四九一號函轉臺灣省政府及臺北市政府，但效果不彰。據該聯合會反映，各民營公車單位，除所贈發以次計數之免費乘車票及憑警憲或公務服務證免費乘車者不計外，依現有資料統計，南投客運公司等二十二家，已被索取長期免費乘車證一萬九千二百五十九枚。其他公營公車三家，民營公車九家尚未據查報在內。該業常年贈送，損失頗鉅，不勝困擾。主管機關亟應制訂規章，嚴格限制，俾減輕公民營公車營運上之額外負擔。

㈣查臺灣省鐵路局贈發軍警及各機關團體以及鐵路從業人員各種免費票證，歷有年所，前經本院先後兩度糾正有案。民國四十二年間，行政院依照本院糾正各點，將臺灣省政府委員，臺灣省議會議員，臺灣省籍立法委員、國大代表及總統府、國防部、防衛總部、聯勤總部、刑警總隊、保警總隊、各縣市警察局、憲兵團等機關所領免費優待乘車證，自四十三年度起一律停發。民國五十九年間，行政院以（五九）四、二十八臺交字第三六一七號函復略以：「案經臺灣省政府改善，鐵路局員工眷屬免費優待乘車證及員工子女通學乘車證，應改為價購，可依國內外一般交通單位慣例予以折扣優待及限制搭乘客車等級。路外單位使用之長期公務乘車證，雖因業務關係，目前無法悉數刪除，但仍應再行協調予以減少。」事實上，例如該局及交通部、省交通處於六十六年度所領員工眷屬乘車證，計三十七萬四千餘張及員工子女通學乘車證二萬零七十六枚，並未改為折扣價購，迄仍享受免費優待，對路外贈送公務乘車證，除民意代表部份確已取消外，其他部份有者雖予減少，有者故態復萌，有者反而逐漸增加，連年賡續給予少數人以額外之優待，損失公帑收入，殊失糾正原意，自有未合。

㈤臺灣省公路局贈送各機關之免費優待乘車證，為數頗多，已見前述。以六十六年一至六月份，贈送省交通處員工眷屬優待票為例，即達一萬四千五百零八張。又如由臺灣省警務處，各縣市民防人員，總統府侍衞室，臺灣省車輛動員委員會等單位領用交通稽查警員乘車證，由臺灣省政府秘書處及新聞室、研考會、交通處、省議會等領用公路局員工長期公務乘車證，由省交通處及各調查機關領用公路局員工通勤乘車證，名實不符，必涉浮濫。尤其省交通處各級人員因公或上下班領公路局員工公務及通勤乘車證記名式三三六張，不記名式十八張，最不合理。六十六年上半年，該局所屬三十單位核發員工眷屬優待乘車證共達六十八萬二千六百七十八張，員工子女通學乘車證，僅以所屬運輸處五單位，即核發八千二百零九枚。上項票證，雖因搭乘路線遠近，折算金額難以估計，而損耗鉅額收益，則可斷言。該局贈發之員工眷屬優待乘車證，前於民國五十三年間規定每戶每年可領四十八張，六十二年增加為七十二張，以迄於今，似此只求私人利益，罔顧公帑損害，殊屬非是。

㈥查機關團體日常辦公或連繫，多資文牘與電話，無待事事派員奔馳道路，至於當面磋商，實地查察，實居少數，且皆有自備交通工具可乘，而持免費票者如是之多，豈盡因公，不無假借。行政院前於民國四十四年以臺交字第九四三號令指示臺灣省政府：「行政院長、交通部長及省府主席出巡所需交通費，各機關有差旅費預算可資開支，無特別規定免費乘車之必要，對於招待外國嘉賓或中外專家，歸國僑團等，優待乘車核無必要，所需交通費用，應由各招待機關核實列入預算，照章付現」。具見政府首長搭乘汽車火車，尚須照章付款，軍公教人員出差，既有差旅費可資報銷，公民營交通事業應無供給免費乘車之義務，領用免費公務乘車證人員既無正當需要，尤無超越政府首長更享特權之理由。此種情弊，應予革除。

綜上所述，臺灣省鐵路、公路及省市公民營公車交通事業機構濫贈免費票證，以及部份軍公機關向公民營交通事業索取免費票證，措施失當，諸多不合，為匡正風氣，減輕公民營交通事業財務負擔，加強服務效能，爰依監察法第二十四條之規定提案糾正，促請行政院轉飭交通部、臺灣省政府、臺北市政府暨有關機關嚴行督飭切實改善。

（本案經交通委員會第三四七次會議通過）

二、六十八年五月十七日，監臺院機字第一〇五九號

為本院前提糾正公民營交通事業機構濫發免費優待乘車證一案交通部會商有關機關僅作小幅度削減以為敷衍積弊未除有失監督職責特再提案糾正促請行政院嚴飭迅謀改進

事實與理由

查臺灣省鐵路、公路及省市公民營公車交通事業機構濫贈免費票證，以及部份軍公機關向公民營交通事業索取免費乘車票券，過份浮濫，主管機關疏於監督，諸多不合，前經本院提案糾正，希予改善去後，玆准行政院先後函轉交通部會商有關機關處理與改善情形前來，核其內容，

僅作小幅度削減，對於該案並未寄予重視，不無敷衍塞責之嫌，爰再提案糾正：

㈠糾正案原列臺北市公共汽車管理處贈發員工眷屬乘車證七千九百一十張及各民營公車單位贈發貴賓證、公務乘車證、眷屬乘車證、子女通學乘車證等七千六百二十二張，合計一萬五千五百三十二張。交通部對贈發上開數量票證，建議仍予保留，而又未說明保留之法律依據。查臺北市公民營十家公車單位，近年常有虧損，其原因固不止一端，而贈發大量免費票，減少營運收入，加重財務負擔，則為重要因素之一。當前國際油價上漲，公車票加價勢在必行，上項大量贈發票證所生之費用，自無轉嫁一般乘客負擔之理。主管機關仍應切實督促，比照臺北市公車處取消公務乘車證以及公車聯營管理委員會停發新聞記者免費乘車證之案例辦理。

㈡臺灣省民營公車客運業，因地方憲警、情治單位、公路監理、公路工程、縣市政府及鄉鎮公所等軍公機關索取各公司免費乘車證合計一萬九千二百五十九張，經交通部協調，警察機關所領四千九百零七張，憲兵單位領用之一百七十三張，合計五千零八十張，予以取消，並嚴禁再予洽領。此一部份之改善尚稱允當，惟與總數相較，僅削減約四分之一，其餘行政機關及其他單位所領之一萬四千一百七十九張，處理情形，迄未續報。此為地方民營公車客運業最詬病之特權票，主管機關仍應監督取消，以減輕業者沉重負擔。

㈢臺灣省鐵路局贈發免費乘車票證，依據本院原糾正案所列數量與交通部會商該局核減數量對照：⑴贈發長期免費軍警優待票三九八張，削減二十七張。⑵贈發各機關團體一〇二張，削減二十六張。(3)贈發鐵路從業人員眷屬單程優待票三十九萬四千一百八十四張，削減交通部及省交通處兩單位一萬七百零四張。其餘保留之數量仍甚龐大，有待進一步削減。尤其該局贈發員工眷屬及子女通學免費優待票三十八萬三千四百餘張，數字驚人，其擬維持贈發之理由，無非謂「此項優待行之有年，世界各國亦多有此成例，前曾於民國六十年二月改為兩折收費，因員工多有怨言，影響工作情緒，乃於同年十二月再改為乘平快車免費，乘對號以上列車照差額加價。」不無牽強。查鐵路局六十九年度預算預列虧損十八億二千餘萬元，寧任鉅虧不肯稍事節約，深為詫異。值玆國家面臨非常情況，全國上下共體時艱，該局員工捐棄些微不當之私益，應無怨望可言，該局罔顧大體，固執成見，實有未當。

㈣臺灣省公路局贈發免費乘車證，依據本院原糾正案所列數量與交通部會商該局核減數量對照：(1)贈發軍警憲共計一千二百〇二張。其中憲兵單位二二〇張及軍事單位一三一張，保留警察單位領取之八五一張，取消一四八張，暫予凍結七〇三張。(2)贈發各機關團體六七八張，取消五八九張，保留國家安全局、調查局及所屬兩路調查站等五單位八十九張。上列兩類之核減，差強人意，惟對軍警憲及調查局所領免費票，仍應續行檢討，從嚴限制。(3)贈發公路從業人員眷屬單程免費優待票，省交通處一萬四千五百零八張，公路局及所屬單位六十八萬二千六百七十八張，員工子女通學乘車證八千二百零九枚，除省交通處員工眷屬票一萬四千五百零八張予以取消外，其餘要求保留。保留之理由略以該局對員工及眷屬優待乘車，訂有管制辦法，報經省交通處核准，並列入省府法規彙編有案。此項福利，遠在大陸時期卽有此成例，爲安定員工工作情緖，仍宜維持等語。第查該局贈發員工眷屬免費優待票六十八萬二千六百餘張，員工子女通學乘車證八千二百零九枚，數量龐大，雖因搭乘路線遠近，折算金額難以估計，而損耗鉅額收益，則可斷言。政府如確認該局員工眷屬應予免費優待乘車，則應編列預算，津貼一定數額之交通費，不應以變相福利相補助，招致物議。鐵、公兩路員工眷屬得享免費優待，雖經列入臺灣省府單行法規，但此究非國家大法，不足爲訓；縱在大陸時期有此成例，而今情勢非昔，詎云不得改革？

㈤本院前以憲兵警察登車稽查交通事故人員，保護鐵路、公路、橋樑、隧道之軍警人員，軍事傳令人員，軍方後勤運輸人員，軍公情報與治安執行任務人員，領用公務乘車證有其必要，仍宜維持，惟應從嚴限制，以杜流弊，載於原糾正案。惟查行政院查復之附表，關於鐵路局贈發免費優待票證，除調查局兩路調查站領用者爲莒光、觀光對號快車乘車證計三十二枚外，其餘軍事單位所領者均爲平快及普通車乘車證，計一千三百二十四枚。如係緊急公務，自非搭乘平快及普通列車所能濟事，倘確係因公出差，各該軍公機關應有出差經費專款報銷，足徵此項票證尙有問題，主管機關應本撙節原則，切實清理，嚴加限制。

㈥據報載，臺灣區公民營公車單位奉令自本年一月起停止贈送警察人員免費乘車證後，行駛公車被警方開發取締違規罰單增多，此一現象，頗值重視，應請主管機關切實查明，如有濫開罰單情事，對違法人員從嚴議處，以遏歪風。

(七)按公民營交通事業機構濫贈鉅額免費優待票證，以及部份軍公人員接受此項餽贈，減少營運收入，製造不平，引致羣情詬病，各方咸表重視。本院前以公營交通事業無法律依據而給予特定人以特殊利益，事關制度、風氣、影響至大，提案糾正。又以案情複雜，牽涉廣泛，自非行政機關短期所能澈底解決，乃期待經年，而先後所得答復，並未改善，與政府刷新政治，端正風氣之號召，相去甚遠，亟應嚴飭認眞切實改進。

綜上所述，交通部對公民營交通事業機構濫發鉅量免費優待乘車證，僅作小幅度削減，積弊未除，顯見督飭不力，爰再提案糾正，函請行政院嚴飭迅予切實改善。

（本案經交通委員會第三六四次會議通過）

六十八年八月六日，總統以司法院院長戴炎輝、副院長韓忠謨呈請辭職，咨請監察院同意以黃少谷爲司法院院長，洪壽南爲副院長。監察院於八月十四日院會行使同意權。投票結果，均得同意。

僑政問題及改進意見

監察院六十八年中央機關巡迴監察僑政組巡察委員爲我與馬空羣委員擔任。巡察所見有關僑務、僑教、僑資及僑資事業問題及應改進意見，條列如左：

壹、有關僑務方面

一、爭取華裔青年，以培植下一代僑社接代人。盱衡海外僑社華裔青年所佔比例衆多，其在當地社會、經濟、政治上所居地位之重要，不下於老一輩華僑，值此我與匪僞在海外鬥爭，日趨劇烈之際，如何爭取年輕一代華裔支持，關係國家前途至鉅。目前在僑居地土生土長之華裔子孫多已數代，具有當地國籍，受過當地國之教育，在社會上從事各行業多能與當地公民平等競爭，可參與當地國之政治活動，此輩華裔青年對祖國文化懷有仰慕之情，亟應透過語文補習，文化陶冶，聯誼活動等以建立情感，使之認識中國文化博大精深，進一步對祖國文化發生一種歸屬感，再引導其參加僑社正義組織，從而成爲僑社之中堅接班人。

二、我駐外機構有增設僑務參事或專員之必要。海外華僑統計已有二千四百餘萬人，爲反共復國三大力量之一，共匪近年正大力發動海外統戰工作，在此遼濶海外反共戰場上，亟應重新佈署我方陣容，加強力量，以應此新挑戰。我駐外使領館有經濟、文化、新聞參事或專員而僑務缺如；似應於重要地區設置僑務參事或專員，以加強僑務，對抗共匪新攻勢。

三、加強海外知識份子對祖國之向心力。僑務工作之對象，應包括近三十年出國之知識份子。彼等在海外，多有相當之學術地位與社會地位，已有相當之影響力，對彼等之連繫應普遍而坦誠，虛心接納其意見，從而促進海外志同道合之學人或團體接受國內機關團體之委託，提供各種學理與技術方面之意見與服務，以增進政府或民間與海外學人及學術團體切實之合作，使海外知識份子與國內之關係更臻密切與堅固，以加強彼等對祖國之向心力，彼等在海外之影響力自可大量發揮，以收阻遏共匪統戰陰謀之效。

四、增強海外文化新聞工作以振奮僑心，對抗共匪宣傳，宣揚中華文化，報導我國進步實情，爲粉碎共匪欺騙宣傳，振奮僑心之重要工作。我國寄往海外書刊數量有限，非特僑社不能普遍閱讀，卽海外各大學圖書館亦不能見到我國書刊，而共匪贈送刊物充斥各處，使我一般僑胞與外國人士均易受共匪歪曲宣傳之影響，亟應加強書刊之編印與發行工作，以對抗共匪之宣傳。至於富有文化意義與宣傳價值之影片與電視片，其效力可助書刊之不及，亦宜多予攝製或獎勵民間製作，以擴大海外之文宣工作。發揮高度宣傳力量，始克奏功，故書刊、國產電影之拷貝，加強十百倏印發贈送，並充實內容，譯成多種外文對照文字，實有必要，而大力輔導海外僑辦報刊，亦爲文化宣傳之主要工具，均應不吝經費，遴選人才雙管併進。

五、越、高、寮難僑，多屬華裔子孫，政府應盡量在可能範圍繼續大力救援，並協助盡速辦理過境手續，對於此項救助工作，應在海外加強報導宣傳，以澄清國際間之誤會及僑社疑惑，以固結僑心。

六、注意加強新僑組織，以適應今後海外華僑社會結構之改變，華裔青年其生活習慣與思想觀念與老一代之華僑已有相當距離，而近三十年來移居海外之學人、留學生和僑民，在僑居地已逐漸形成相當社會地位，具有相當之影響力，此等新僑與華裔青年之關係亟應加強，使能融合團結，加強今後之僑社組織，更能爲祖國加強其貢獻。

七、簡化華僑入境簽證，手續應力求簡化迅捷，以免有僑胞持外國護照者出入自由，持中華民國護照者反處處受刁難之譏，又如香港僑胞子弟多有在美國留學者，常有欲利用回港省親之便，過境臺灣觀光，似宜授權駐外單位查明簽證，多予便利，以爭取下一代青年僑胞之向力心。

八、港九地區僑社，互不統屬，因而造成「各自爲政」情形，對匪方統戰常處於被動地位。港九地區爲對匪統戰之第一線，亟應使各僑團之間，經常聯繫，互相支援，以期統一步調，發揮團隊精神之效果。

九、合理改善華裔學生待遇。外國學生申請入我國大學或研究所就讀，只須語文能力夠，不必經考試卽可獲教育部推薦分發，入學後並月可申請三千元獎學金，而華裔則一律視同僑生，教育部不接受申請，欲入研究所就讀，並無優待辦法。如在美國華裔隨父母來臺居住兩年，再返美入高中，卽不能向教育部申請來臺升學，向僑委會申請則以該生未在國外連續住滿五年，未能取得僑生資格，致若干泰國華裔獲知上述規定及差別待遇，乃隱瞞其華裔背景，以外籍學生身份申請來臺留學，其他地區華裔透過僑委會以僑生身份來臺就讀者，深以未走此路爲憾，華裔不能與外籍學生享同等待遇，是否合情合理，似有檢討必要。

貳、有關僑教方面

一、國立華僑實驗高級中學，爲國內僑教之櫥窗，乃校舍及設備均破舊不堪，十餘年來毫無改善，規模不及國內普通中學遠甚，該校原擬遷校，尋因校址改爲二級洩洪區，可以改建，然建築執照地方政府因地方人士部份反對，建防河壩遲未核發，致學校改建無法實施，影響每年回國參加慶典僑胞之觀感甚大，亟應速予解決，不宜再事拖延，妨礙僑教進行。

二、海外僑生受僑地教育環境限制，國語文程度偏低，回國升學初期難以適應，且因僑中設備陳舊，多不願分發僑中，而選有名氣之明星中學就讀，迨就讀後無法跟上進度，始再轉入僑中，因之影響僑中師生自卑感，應予改進，對僑生回國入中學者，應以優先分發華僑中學爲原則。

三、僑大先修班連年淹水，已決定遷校，惟因在林口附近購買校地問題尚未解決，未能着手建築，影響遷校計劃實施，有關部門應迅予解決。

四、海外僑教因僑社處境日艱，且每受當地政府嚴格限制或禁止而日趨式微，如印尼、緬甸兩地僑校已被所在地政府關閉接管，僑校已不復存在，今後對海外僑教，亟應妥謀補救之策，俾能因時因地制宜，又如南非約堡僑校因經費短絀，難以爲繼，而由南非政府接管。均應速謀補救之措施。

五、加強鼓勵僑生回國升學，應質量並重，並爲適應僑居地不同環境與程度參差，似宜採多元化與彈性化教學法，並輔導就讀專科學校及職業學校，國立僑中應增設工商職業科，俾僑生返僑居地可學以致用。

六、對僑教應特加強民族精神教育，將中華歷史文化，匪情及國際現勢融滙於課程內，使海外僑生多吸收中華文化，並了解我反共復國之理論與實際，以加強青年僑生之民族意識與國家觀念。

叁、有關僑資方面

一、華僑投資事業應設專責輔導機構：華僑投資涉及主管單位甚多，如稅捐、通關、勞工、建廠等分屬財政、內政、經濟、交通各部及省府等機關，必須有超部會之機構，方能協調作適切之輔導。本院去年曾建議在行政院下設有華僑回國投資輔導機構，輔導由營業登記以至設廠等一貫作業能一次解決。如政府為避免多設機構，亦可在經建會內辦理，此項輔導業務，僑委會及經濟部亦同意，惜仍交由經濟部投資業務處辦理，該處對協調超部會工作，力不從心，未能綜合處理，似應考慮歸經建會辦理，俾能發揮實際輔導功能。

二、放寬投資項目，爭取僑心僑資：年來共匪在海外積極進行統戰陰謀，號召僑資回大陸投資，不特提供土地、勞力、十年優待，且標榜不問曾否返自由祖國從事貿易，只要返大陸匪區投資，一律享受優待，我應針對匪共此一笑臉攻勢，繼續修改獎勵投資條例規章，放寬華僑投資項目，便利投資，以爭取海外僑心僑資。

三、解釋法令宜從恕從寬，以符獎勵投資政策：如依照華僑回國投資條例十九條規定：「投資人聲明放棄結滙權利者，得申請投資經營第五條以外之其他事業」，然目前甚多華僑投資人縱令放棄結滙權利，亦不准投資國民住宅、貿易、信託、及證劵等事業，此項措施，既未見諸法律，亦未有行政命令予以規定，常令華僑投資人困惑。譬如國民住宅，政府在政策上，已予鼓勵，計劃一年建三萬五千戶，須賴民間力量完成，亦屬獎勵投資項目，且符投資條例第五條五項：「其他有助於國內經濟或社會發展之事業」，而仍限制華僑不准投資，殊難令華僑投資人信服，目前海外僑資環境，受匪統戰影響，已非昔日可比，我對法令解釋實宜從恕從寬，以知權達變，推己及人，多站在投資人方面着想，始可號召，爭取投資意願。

四、國際市場競爭劇烈，我對僑資事業應積極輔導其汰舊換新機器設備，步入高級精密工業，資本密集工業方向，始可在國際市場立足，亦方能配合我國之重化工業發展。

五、鼓勵華僑回國投資，含有爭取僑心之政治意義，似不宜過度限制所投資事業範圍，目前若干單位，側重所投資是否「生產事業」及是否當前國家所需要。然老一代華僑所營者並不純屬「生產事業」，但其愛國熱忱，遠超過年輕一代華僑，實應先爭取老一代回國投資以帶動年輕一代，華僑回國投資條例第十九條既規定，「放棄結滙權利者其投資事業範圍可不受限制」，似應准許投資於貿易方面，使能組織大貿易商，以與外國大貿易商抗衡，因華僑百分之九十均從商，百十年來有其銷售據點和銷售網，如能將之串連結合，成就必甚可觀，因之，此在觀念上似有商權改變之必要。

肆、僑資事業個別問題

一、世華聯合商業銀行建議，鑑於東南亞世局動盪，海外僑資大宗者多滙入瑞士銀行，中盤者則流入香港，數量當在二三百億美元，該行爲吸收流港僑資，計劃在香港設立世華分行，蓋東南亞各地區限於當地法令，僑資滙來臺灣困難，而香港爲自由港不受限制，在港設行易於吸收，此項計劃對吸引僑資回國參加經建，繁榮經濟，不無幫助，政府似可考慮准其辦理。

二、僑資中華彩色印刷公司建議二項：

1. 請放寬有(c)版權標誌印刷品之出口限制。依據新聞局處理印刷品出口審查規定，其有(c)版權標誌者輸出以二千份爲限，此項爲美國海關保護其國內印刷之規定，然據美國客戶告知，其在香港、日本等地付印上項印件，均未遵守限制而大量輸回美國，亦未遭美國海關禁止。故美國客戶委印數量多在數萬份，甚至數十萬份，該公司因超過二千份之印件，均不能承接，影響海外營業發展殊甚，希對此項限制放寬，對我印刷工業，裨助至鉅。

2. 請准許僑資事業機構以未分配盈餘轉增資擴充設備時，得同時辦理汰舊更新。

依據獎勵投資條例十二條規定，未分配盈餘轉增資擴充機器設備時，股東配股所得，可予緩扣所得稅，但添購新設備之當年度，如又處理出售原有廢舊機器設備，即視同汰舊更新，無享受十二條文之適用。惟查擴充設備或添購設備汰舊更新，均在增進生產，符合國家經濟政策需要，而後者之購進新式精密設備以汰廢舊設備，更兼改善生產結構，提高產量，節省人力功能，故兩者應予同等優待；至舊廢設備如不予淘汰出售，不出二、三年必全部銹爛，成爲廢品，乃爲莫大損失，該公司擬請准予在擴充設備當年度內准予同時處理原有廢舊設備，並適用獎勵投資條例第十二條緩扣所得稅規定，俾各工業產品日益更新提高，迎頭趕上先進工業國家，躋於開發國家之林，似可考慮。

三、僑資亞信觀光發展公司：該公司於石門水庫公地投資設立亞洲樂園、國際鄉村等，原租金爲五十萬元，惟年來政府將依公告地價課徵龐大地價稅，而將租金大幅調整十倍，約爲五百餘萬元。該公司七大建設尚待次第投資，租金大幅度調整，不特損傷華僑投資信心，且阻礙國家觀光事業發展，對公地租金似應作合理調整，以鼓勵華僑回國投資意願。

四、僑資臺中聯福、聯全關係企業三家公司每年進口原料約二十萬噸，約合美金二千五百萬元，除小麥約五百萬美元，係由麵粉公會以聯保方式統籌辦理外，其餘玉米、黃豆、大麥等約二千萬美元，因無法獲得國家行局或商業銀行融資，均由其改組後之洪恭蘭董事長在國外融資或在其擔保下經由本地之外國銀行融資，以致無法享受政府核定之進口大宗物資特案或專案貸款較低利率，加以該三公司平日週轉資金共需動用約十億臺幣，在目前臺幣頭寸緊俏又無本國銀行支援之狀況下，資金無法靈活調度，該關係企業係全部內銷之國計民生必需品，為維護忠貞華僑事業，似應考慮予以特案貸款，由國家行局或商業銀行能比照外國銀行以經營者之財信品德。視目前營運情形，未來展望等資料為依據予以融資，蓋該關係企業改組後年來已轉虧為盈，業績正蒸蒸日上。

五、僑資大中實業公司在加工區產製手縫針全部運銷世界各地，而本國內各縫紉業所需手縫針，半數係該公司出品，反需由香港總公司運回國內銷售，按手縫針為一縫紉工業及一般家庭所必需，已符合加工區設置管理條例第五條「課稅區不能生產，而有進口需要者，經核准後依法課稅內銷」，似應考慮准予直接供應內銷，勿須先出口再進口，形成浪費，且可節省政府外滙支出，減低消費者負擔。

六、僑資臺灣工業股份公司於六十年在中壢創立保麗龍工廠，自費耗資二百三十餘萬整修環境道路，迨六十六年工業局通知中壢工業區，規劃列為第三六九號，該廠對外竟全無通路，形成一閉塞區，該公司目前亟待解決出路問題，並陳情免予繳納中壢工業區分攤之開發費建設費用，蓋其對外無法交通，實已未蒙其利先受其害，似應協助其解決出路問題。

七、僑資臺灣漁具股份公司認為臺中加工區內儲運費太昂貴，貨櫃拖車如廠商自己購用，只需五千五百元，由倉儲單位經手，則需九千九百元，幅度高八成，增加成本負擔，似應予作合理調整。

八、僑資文興陶瓷公司自五十八年設廠至今，資產額已超過一千萬元，而每年營業總額僅為一千三百萬元，純益平均為五%，經營日益困難，請求轉讓，該廠為越南歸僑所經營，係採家族工業方式，缺乏企業管理，有關單位應予適當輔導，改善經營，以免僑資事業陷於停業之境。

九、僑資民興紡織公司採用最新空氣壓力之紡錠機，係一貫作業機器，如限時限量之限電卽影響一貫作業，請求將限量停電改為限天停電，以免影響生產作業，臺電似應予作特殊條例處理，以維僑資工廠生產。

長孫允文於六十八年六月，由光武工科專校畢業，隨服兵役，次孫男允中肄業於淡水工商管理專科學校。

女兒一芬於是年九月產一女命名明顥；一岑兒於次年二月生一女，命名允明。

六十九年一月起，政府在臺灣省、臺北市、高雄市，全面推展基層建設，內容六項，限期兩年完成。臺灣省北廻鐵路正式通車，十大建設全部竣事。

糾正行政院訴願委員會

我與鄧景福、張岫嵐、馬空羣、陳烈甫等四委員，以行政院訴願委員會、經濟部訴願委員會暨中央標準局處理僑商德士活公司註册商標評定案未當，與獎勵華僑回國投資之既定國策殊多不合，特提案糾正，希予改善。經僑政與經濟兩委員會於六十七年一月十六日第五十一次聯席會議通過後，由監察院移請行政院轉飭改善。嗣以行政院訴願委員會固持成見，是非不分，正反倒置，有損政府威信，喪失僑胞向心，爰於六十九年三月十九日再予提案糾正，經僑政、經濟兩委員會第五十四次聯席會議通過，由院函行政院切實改善。

兩度糾正案文附列於後：

（一）

爲行政院訴願委員會、經濟部訴願委員會暨中央標準局處理僑商德士活公司註册商標評定案未當，與獎勵華僑回國投資之既定國策殊多不合。特提案糾正，希予改善由。

本院僑政、經濟兩委員會第四十九次聯席會議黃委員尊秋、莊委員君地提出有關僑資德士活公司董事長譚兆陳訴來臺投資設廠，其註册商標爲五惠公司以同屬蘋果爲主體，向中央標準局申請撤銷，經濟部註銷陳訴人註册之商標案之審閱意見，經決議報院，由僑政、經濟兩委員會各輪派委員一人會同調查，案經酆委員景福、張委員岫嵐調查竣事，提經經濟、僑政兩委員會第五十次聯席會議決議，本案行政院訴願委員會、經濟部訴願委員會暨中央標準局處理本案，各有未當之處，應予提案糾正。

查香港華僑德士活有限公司自民國五十三年起，在香港製銷牛仔褲等成衣產品，所用「鐵士伍及圖」商標，在全球數十地區註册，於國際商場已有信譽。其產品於國內行銷數年後，始於民國六十一年十一月四日申請註册，經經濟部中央標準局審核認可，並公告期滿，未有異議，准予註册在案。至六十四年一月，五惠實業有限公司另以蘋果牌圖樣之商標申請註册，而德士活公司提出異議，五惠公司又申請對鐵士伍商標之評定，於是雙方系爭不已。中央標準局、經濟部訴願委員會，先後所為評定，各均不一，中央標準局於六十五年二月二十四日以中評字六一六號評定兩商標構成近似，同以蘋果為主體，觀念同一，圖形相若「鐵士伍及圖」商標之註册，應作為無效。該局又於六十七年六月二十六日中臺評字第六七〇八六號評定五惠實業股份有限公司之「申請不成立」，以兩商標，其圖樣上之名稱、文字、讀音、意匠、構圖排列、設色等，無論相互比對，或於異時異地隔離觀察，均無混同誤認之虞，應非近似之商標。至六十七年十一月十六日，該局因奉經濟部訴願委員會之決定，所引用之訴願法第二十四條、第二十七條之規定：「訴願之決定確定後，就其事件有拘束各關係機關之效力」，「本法各條，除於再訴願已有規定者外，其與再訴願性質不相牴觸者，於再訴願準用之」，認行政院再訴願之決定有拘束該部暨該局之效力，該局復以六七二一九號改變評定「鐵士伍及圖」商標之註册，應作為無效。該局對本案之評定前後三度，相互矛盾。至於經濟部訴願委員會對於本案之處理，於六五訴字一八六二九號決定，中央標準局六一六號評定之「申請成立」之「原處分撤銷」（即撤銷中央標準局中評字六一六號評定德士活公司商標註冊應作無效之處分），該部又於六十七年十月二十四日經（六七）訴字三四九三一號決定「原處分撤銷」（卽撤銷中央標準局中臺評字第六七〇八六號評定對五惠公司申請不予成立之處分），該部二次決定，亦前後矛盾。至於行政院訴願委員會再訴願之決定：「原決定及原處分均應予撤銷，由處分機關另爲適法之處分」，詞意模稜，而選擇援用之理由，僅爲中央標準局第一次評定之理由，已早爲該局及經濟部重新評時所廢棄之理由，致本案之評定，返覆顚倒，使人無所適從。

根據上述情形，行政院訴願委員會，經濟部訴願委員會、中央標準局，均各有未當之處。

一、行政院訴願委員會，對於本案數次評定決定之理由，僅選擇中央標準局於六十五年二月二十四日中評字六一六號之評定理由，認該兩商標構成近似，同以蘋果爲主體，觀念同一，圖形相若，而決定「原決定及原處分均應予撤銷，由原處分機關另爲適法之處分。」查所指之原決定，係經濟部六十五年一八六二九號訴願書之決定，亦卽認爲兩商標並不構成近似。所指之原處分，係中央標準局六五年二月二十四日中臺評字第六一六號之評定，亦卽認爲兩商標構成近似，一「肯」一「否」，今旣決定均予撤銷，而由原處分機關另爲適法之處分是則認定「肯」「否」雙方均有未當，應重新另作「適法」之處分。但何以此一決定之理由，竟採用兩商標近似之詞句，而捨棄兩商標不近似之詞句？是又等於撤銷一方，而保留一方，顯見其所作之決定，已自行衝突。該會爲最高訴願機構，對於此等糾紛案件宜如何公正依法審愼處理，以息民爭而昭大信，本案系爭之商標圖樣，究否近似，已經一再評定，足見此中有專業性，應以具有此項專業性之機構審愼評定，乃能平實允當，今乃不顧主管機關最後愼重評定之結果，而竟採取最初中央標準局草率評定之理由，而爲詞意模稜，令人費解之決定，置政府之威信，僑心之影響於不顧，此應糾正者一。

二、經濟部訴願委員會對於本案先後兩次決定，前後相背，已屬欠當，至援用訴願法程序條文，以其有拘束之效力，亦有未合，按其所援用之訴願法第二十四條爲：「訴願之決定確定後，就其事件有拘束各關係機關之效力」，但本案至今行政院訴願委員會再訴願之決定，仍未確定，既未確定，自無援用本項規定之必要。按行政院訴願委員會決定之後段爲「由原處分機關另爲適法之處分」，該會自應依照此項決定，責成原處分機關重作公平審愼之評定，一以貫徹分層負責之原則，一以尊重再訴願決定之拘束效力。奈何不顧此項決定，而反以行政院訴願委員會前段並未確定何者爲準之決定，以拘束原處分機關，不能重作公平審愼之評定，使是非莫辨，糾紛愈增，結果公私兩蒙其害，政府信譽大受損傷，此應糾正者二。

三、中央標準局於六十四年寧育豐局長任內，香港德士活有限公司因五惠實業股份有限公司，另以蘋果圖樣之商標申請註册，爲維護其權益及產品信譽，乃於同年五、六月，依法向中央標準局申請異議，該局收件，歷時一月，未見處理，俟至同年七月七日，五惠實業股份有限公司另又提出對於「鐵士伍及圖」商標予以評定之申請，延至同年八月四日該局始函復德士活公司：

「審定中臺字第七六四五九號蘋果圖樣商標異議案，應俟據以異議之第六三七九三號『鐵士伍及圖』商標評定案確定後再辦」。該局何以如此稽延，顚倒處理程序，難謂無偏袒之嫌。又「鐵士伍及圖」商標係於六十一年十一月申請註册，當時有無與其他商標近似混同之處，該局早已審查清楚，並予公告，及至三個月公告期滿，未見有提出異議者，乃准予註册在案。由此可見「鐵士伍及圖」商標之獲准註册，乃經正常法定程序，認定其無與其他商標近似混同之處。殊於歷時兩年之後，因五惠公司之申請，該局竟遽爾撤銷「鐵士伍及圖」商標之註册，似此出爾反爾，忽是忽非，一以己意爲標準，其何以服民，更何以立信，損傷政府威信，打擊僑胞歸心，莫此爲甚，此應糾正者三。

綜上所述，特依監察法第二十四條規定，提案糾正，檢同原調查報告送請行政院飭屬改善。

（二）

爲行政院訴願委員會經濟部訴願委員會及中央標準局處理僑商德士活公司註册商標案未當一案行政院訴願委員會固持成見是非不分反正倒置損傷政府威信喪失僑胞向心爰再予提案糾正由

行政院臺六十八訴八三九五號函復，關於糾正該院訴願會，經濟部訴願會及中央標準局處理僑商德士活公司註册商標評定案未當，與獎勵華僑回國投資之既定國策不合一案之研辦情形到院。

查本案僑商德士活公司註册第六三七九三號「鐵士伍及圖」商標，與五惠公司註册第二三四八九號「蘋果牌及圖」商標，是否近似，足以引起混同誤認之虞？經濟部於六十五年七月九日早已有客觀而具體，明確而詳盡之評定指出：「註册第六三七九三號『鐵士伍及圖』商標，構圖僅有一黑色雙鈎類似蘋果外形之圖案，內置黑色英文『TEXWOOD』及虛線構出褲腰上部圖形，而五惠公司註册第二三四八九號『蘋果牌』商標之圖樣，係一青色帶葉之蘋果，上面有自右至左橫書中文宋體『蘋果牌』三字，中置英文『APPLE』。就二商標無論名稱、文字、讀音、意匠、構圖、排列及設色等等互相比對，均無相似之處，於異時異地隔離觀察，並無引起一般購買者混同或誤認之虞（參照行政院五七訴字第三五一七號決定書意旨），自難謂爲構成近似」等語（見經濟部經（六五）訴字第一八六二九號訴願決定書）。據此可知，該兩商標：㈠在形式上不相同。一爲類似蘋果外形之圖案，一爲帶有葉片之實體蘋果。㈡在色彩上不相同。一爲黑色，一爲青色。㈢在文字上不相同。一僅有英文「TEXWOOD」，一兼有中英文，中文爲「蘋果牌」三字，英文爲「APPLE」。㈣在其他構圖上不相同。一爲在類似蘋果外形之雙鈎線內，以虛線構出褲腰上部圖形，一爲帶葉之實體蘋果，內無其他圖案。至於兩者之名稱、讀音、意匠、排列等亦在在不相同，可見兩項商標，判然各別，毫無疑義。

但在中央標準局、經濟部訴願會及行政院訴願會經頻年累月來回反復之「評決」與「決定」

中，忽正忽反，忽是忽非，積時數年，所謂之「評決」與「決定」，達十一次之多，最後行政院訴願會竟以含混籠統之語，指稱「兩商標均係以蘋果爲其圖形，且均採用單一顏色，要難謂非近似」，決定將「鐵士伍及圖」依法註冊之商標宣告無效。

詳查上述三機關之往返「評」「決」，計有三個階段，經過如下：

其第一階段，爲中央標準局於六十五年二月以中臺評字第六一六號評定書評決，德士活公司「鐵士伍及圖」註册商標「應作爲無效」。理由爲「與五惠公司註册第二三四八九號『蘋果牌及圖』商標，同以蘋果圖形爲主體，形狀相同，構圖近似」等語。德士活公司不服，向經濟部訴願，經濟部於六十五年七月以經（六五）訴字第一八六二九號訴願決定書決定，「原處分撤銷」。理由略爲「就二商標無論名稱、文字、讀音、意匠、構圖、排列及設色等等互相比對，均無相似之處，於異時異地觀察，並無引起一般購買者混同或誤認之虞，自難謂爲構成近似，原處分嫌有未洽，應予撤銷。」（詳見前引原文）五惠公司不服，向行政院提起再訴願，行政院於六十五年十月以臺六十五訴字第九三三七號再訴願決定書以程序問題決定「再訴願駁回」，並指明由中央標準局「另爲適法處分」。

其第二階段，爲中央標準局於奉到行政院上述再訴願決定書後，於六十六年五月三十一日以中臺評字第六六〇四八號評定書評決，五惠公司之「申請不成立」。其理由爲「商標圖樣相同，或近似於他人同一商品或同類商品之註册商標者，不得申請註册，固爲商標法第三十七條第一項第十二款所明定，惟其適用，以兩造商標構成相同或近似為前提。本案被評定之『鐵士伍及圖』商標，與註册第二三四八九號『蘋果牌及圖』商標，非構成近似」等語。五惠公司不服，復向經濟部訴願，經濟部於六十六年十二月以經（六六）訴字第三七五三三號訴願決定書決定「訴願駁回」。理由仍為二商標無論名稱、文字、讀音、意匠、構圖、排列及設色等等互相比對，均無相似之處，難謂為構成近似」。五惠公司不服，又向行政院提出再訴願，行政院於六十七年四月以臺六十七訴字第三一四三號再訴願決定書決定，「原決定及原處分均撤銷，由原處分機關另為適法之處分」。其理由為，「兩商標均係以蘋果為其圖形，足使一般購買者發生混同誤認之處，要難謂非近似」等語。

其第三階段，為中央標準局又照行政院決定書之指示，重作評定，於六十七年六月再以中臺評字第六七〇八六號評定書，評決五惠公司之「申請不成立」。理由為兩商標「其圖樣上之名稱、文字、讀音、意匠、構圖、排列、設色等，無論相互比對，或於異時異地隔離觀察，均無混同誤認之虞，應非屬近似之商標」。五惠公司不服，又向經濟部訴願，經濟部於六十七年十月以經（六七）訴字第三四九三一號訴願決定書決定「原處分撤銷」。其理由一反該部前此各次決定書之理由，僅依照行政院之含混籠統語句，指稱「兩商標均以蘋果為其圖形，要難謂非近似」。中央標準局於奉到經濟部此項決定書後，於六十七年十一月復以中臺評字第六七二一九號評定書評決「第六三七九三號『鐵士伍及圖』商標之註册應作為無效」。理由亦改變為「兩商標，均係以蘋果爲其圖形，要難謂非近似」之含混語句。德士活公司不服，又向經濟部訴願，經濟部於六十八年四月以經（六八）訴字第一一七三七號訴願決定書決定「訴願駁回」。德士活公司不服，再向行政院提再訴願，行政院於六十八年十月以臺六十八訴字第九九五五號決定書決定「再訴願駁回」。理由仍爲「兩商標均係以蘋果爲其圖形，且均採用單一顏色，使用於同類商品，於異時異地隔離觀察，足使一般購買者發生混同誤認之虞，要難謂非近似」等含混籠統之語。

綜上以觀，中央標準局之評定書，計有四次，除第一次評決「兩商標構圖近似」外，其餘第二、第三兩次，均評決「兩商標不近似」。及至第四次，因受行政院再訴願決定書之影響，乃改變評決爲「兩商標構成近似」。又經濟部之訴願決定書亦有四次，其第一、第二兩次均決定「兩商標不近似」。及至第三、第四兩次，因行政院迭次指稱「兩商標近似」之故，亦均改變其決定爲「兩商標近似」。再行政院之訴願決定書，計有三次，第一次以程序問題駁回五惠公司之再訴願，但指明由中央標準局「另爲適法處分」，第二、第三兩次決定書，則均籠統指稱「兩商標近似」。

再查僑商德士活公司於民國六十一年十一月向中央標準局以「鐵士伍及圖」商標申請註册，當經該局依法審查核准，於公告三個月期滿後，列爲註册第六三七九三號商標在案。當時其申請註册，是否合於商標法第三十七條第一項第十二款之規定，該局早經依法審定，認無不合，始予核准，且在公告三個月之期內，並無利害關係人提出異議，始依法完成註册程序。乃於註册數年之後，忽循他商之申請，遽以含混籠統之詞卽予撤銷其註册，不啻視政府之政令，等於兒戲。

況本案兩商標之不相近似，已經經濟部詳細加以分析，就其名稱、文字、讀音、意匠、構圖、排列、及設色等八項一一加以相互比對，均無相似之處，奈何竟置事實與眞理於不顧，以含混籠統之詞惟稱兩商標均以蘋果爲其圖形故屬近似，遽決定將鐵士伍商標撤銷無效，如此顚倒措置，標何所準，願不得訴，其何以令人民誠服。

行政院訴願委員會爲最高訴願機關，對於此等糾紛案件，理應特別秉公愼重處理，以解民爭，旣知「中央標準局職司商標事件，有專業能力」，則對其所爲評決，自應予以重視，但該局接連兩次評決「兩商標並不近似」，其處理情形並無不當，且經濟部亦接連以兩次訴願決定書，對該兩商標詳細審查，分析爲八項，詳加比對，均無相似之處。殊該會竟概置不顧，其接連三次之再訴願決定書，無論如何措詞，要不外不同意經濟部及中央標準局允當之「評定」與「決定」，而代以含混籠統之理由，將部局允當之「評」「決」一概抹煞。但並不能指出「八項之分析比對」有何不當，究有何根據可以駁倒此「八項之分析比對」。其唯一主旨，卽在「撤銷鐵士伍及圖」之註册商標，已極顯然。故其理由與不理由，已非所計及。乃猶於復文中，強詞辯飾，謂一切無不合，殊屬未當。

經濟部訴願委員會對兩商標之是否近似，在初能以客觀公平之態度，詳細審查，舉列八項，加以比對，而以兩次之訴願決定書宣告兩商標不相近似，其負責盡職之精神，本值稱道。惟其後於行政院訴願會再訴願決定書以含混籠統之理由，謂兩商標近似，囑由原處分機關另爲適法處分時，遂一反其原持之正確理由，不惜前後矛盾，顛倒是非，轉而附和行政院訴願會之詞，進而協同撤銷依法註册之商標，予人民以不良觀感，使政府威信大受損傷，亦屬不合。

中央標準局為商標註册之主管機關，應有專業能力，「鐵士伍及圖」商標申請註册之初，既經該局依法審查並無不合，乃核准註册，則非有正當而明確之重大違法理由，豈可輕率撤銷其註册。乃因其他商人以商業競爭之故，申請評定，竟遽予評決該商標作為無效，已極不當，其後經濟部對兩項商標之是否近似，詳加分析比對，決定其並不相似，該局乃接連以兩次評定書，評決兩商標並不近似，已知挽其缺失，殊其後因行政院訴願會再訴願決定書之影響，遂亦不顧是非曲直，不惜自相矛盾，捨棄其專業主管立場，竟人云亦云，評決「鐵士伍及圖」註册商標作為無效，尤屬非是。

近年政治風氣與社會風氣均日趨下游，而在目前工商業發展快速之際，工商界之競爭日益劇烈。我政府若干機構，在業務處理上，常易遭受此種競爭之影響與困擾，以致往往是非不明，正反顛倒，為人民所詬病。且我政府為擴大號召華僑熱愛祖國，大力鼓勵華僑回國投資，以參加祖國之各項建設行列，若我各項業務主管機構，不辨是非曲直，輒予無端之困擾與打擊，損失僑心，實屬難以計量，影響建國前途，殊非淺鮮。

各級訴願委員會對各種訴願案件之處理，應以合法合理之公平態度，根據事實之分析，作正確允當之決定。本案中央標準局之原處分，與經濟部之原決定，尚多允當之處，惟行政院訴願會因持有成見，故對該部局之各次允當處分與決定，僅以含混籠統之語，一概予以撤銷，必欲「宣告鐵士伍及圖」商標作爲無效而後已，似此是非不分，反正倒置，適足以造成損傷政府威信，喪失僑胞向心之不良後果。應請行政院對訴願委員會加以切實有效之整飭，並對僑商德士活公司依法註册之商標，予以救濟。爰依法再予提案糾正，移送行政院切實注意改善。

彈劾蘇澳港分局長鄭永相等

六十九年七月七日，我與馬空羣委員以基隆港務局蘇澳分局長鄭永相等，對富國船舶公司拆解福安、福堡兩輪未依規定妥訂守約，應繳各費亦未清收，處置失當，損失公帑，違法失職，依法提案彈劾。

彈劾案文

爲基隆港務局蘇澳港分局對富國船舶企業公司拆解福安福堡兩輪未依規定妥訂解體守約並未於發給解體許可證前將應繳各費收清辦事敷衍處置失當致積欠鉅費難收政府公帑受損分局長鄭永相港航課長周官英辦事員陳中正均有違法失職之處特依法提案彈劾由

事實

一、基隆港務局蘇澳港分局（以下簡稱蘇澳港分局）與富國船舶企業公司（以下簡稱富國公司）於民國六十六年十月簽訂協議書，同意富國公司使用蘇澳港分局內埤海灘拆船場第一場地設置拆船場，嗣於六十七年六月六日該分局核發「福安輪」船舶解體守約（附件一）暨解體許可證，飭該公司遵照「蘇澳港拆解廢船作業程序」（附件二）與「解體守約」辦理。又於民國六十七年八月十四日該分局再核發「福堡輪」船舶解體守約（附件三）暨解體許可證，亦飭遵照作業程序與解體守約辦理。「福安輪」之開工及完工時間定爲三十五日，卽自民國六十七年六月五日起至七月九日止。「福堡輪」之開工及完工時間定爲六十日，卽自民國六十七年八月十五日起至十月十三日止。均分別訂定於該兩輪之解體守約中。

二、船舶解體守約第七條第二款依照規定應繳納保證金，又第五款應定明使用場地地面面積及碼頭費、滯留費、收費標準，及應收兩費之共計數目，並應連同保證金於發給許可證前全數收清。但福安、福堡兩輪所訂之船舶解體守約，在保證金、場地面積、收費標準及應收各費共計數目項下皆係空白，並未塡明，更未依照規定於發給許可證前將各費全數收清。兩輪僅各預繳新臺幣壹拾萬元。據該分局書面答復稱，係依慣例辦理等語。（見附件一，三，四）

三、關於福安、福堡兩輪拆解經過，據蘇澳港分局書面說明稱，福安輪於六十七年六月五日正式開工，同年六月十八日因不合勞安規定強制停工，至同年七月二十五日改善合格准予開工等語。厥後富國公司於六十七年八月十五日呈該分局謂於六月二十四日受羅絲颱風影響請准停工。又於同年九月二十七日呈報開工，並預定於同年十月三十一日完工。該分局於六十七年九月三十日函復同意辦理。嗣該公司又於六十七年十一月二十二日呈稱於十月間又遭巨浪襲擊，俟決定動工日期再呈報延期完工日期，該分局於同年十一月二十四日函復同意延期，迄今尚未完工。

至於福堡輪之拆解經過，依照該輪解體守約訂定於六十七年八月十五日開工，富國公司於六十七年十月十六日呈蘇澳港分局謂於十月十一日遭娜拉颱風被迫停工，俟確定開工日期再呈報完工日期，該分局於同年十月十八日函復同意延期，迄今亦未完工。（附件四）

四、福安、福堡兩輪應繳之碇泊費（無碼頭設施者，碼頭費改收碇泊費）及滯留費，依據蘇澳港分局之核算，福安輪應繳碇泊費為新臺幣二四八、九八〇元，滯留費為新臺幣五七二、三六五·五〇元。福堡輪應繳碇泊費新臺幣二二七、一五〇元，滯留費新臺幣四五九、七九五元。但富國公司一直拖延未繳。至六十八年六月六日，蘇澳港分局始函催限文到三日內來局結付，該公司並未依照辦理，該分局又於同年六月二十一日再函催繳，並自六月二十一日起暫停該公司拆解工作，並派港警執行。該公司始於六十八年六月二十二日到分局繳付兩輪部份欠費共二十萬元。嗣後富國公司一再以天災為由申請核減各費，第一次經該分局函報基隆港務局將福安輪之碇泊費核減為新臺幣一一〇、九二〇元，滯留費核減為三九三、二〇四元。福堡輪之碇泊費核減為

九二、六三〇元，滯留費核減爲二四八、九二三・五〇元。第二次又予核減福安輪滯留費九八、三〇一元，福堡輪滯留費爲一五二、二〇八元。兩輪應繳各費經一再核減後，據蘇澳港分局書面說明兩輪尙應繳港埠費用共計八九四、〇五五・五〇元，除已繳四五〇、〇〇二元外，尙欠四四四、〇五三・五〇元等語（見附件四）。惟富國公司因債務糾紛，所餘尙未解體之廢鐵板一塊約重二百公噸，經宜蘭地方法院查封拍賣，雖經蘇澳港分局向宜蘭地方法院設立保留優先受償權，但因該公司已將其拆船場私讓與亞洲製鋼公司，故宜蘭地院又致函該分局謂因第三人主張權利，提供擔保後停止拍賣等語。致欠繳各費尙難收清。（見附件四）

理　由

一、按船舶解體守約爲拆船廠商必須遵守之重要約據，但蘇澳港分局與富國公司所簽訂之福安、福堡兩輪之解體守約，僅塡寫兩輪之開工及完工日期，與拆船場場地長度爲四〇〇公尺兩項而已。其中地面面積爲若干並未塡寫，甚至關係重要之保證金數目，及收費標準，與共計應繳各費數目等多項，均一概留空白未塡一字，似此空白守約，形同廢紙，何以責成廠商遵守，不能以「依慣例」三字予以搪塞，該分局承辦人員辦事敷衍，不盡職責，主管人員亦不加審核卽予簽行，均應負違法失職責任。

二、船舶解體守約第七條第一項二款明定「爲保證遵守完工日期之諾言，依照規定繳納保證金新臺幣若干元，如該項解體工程逾期未能完成，決不申請延期，並由釣局沒收全部保證金」。第五款亦定「共計應繳若干天碼頭費及滯留費新臺幣若干元連同保證金若干元，應於發給解體許可證前全部繳清」。查「蘇澳港拆解廢船作業處理程序」中業務項目第四、五節，亦規定該分局應「收取保證金，並照規定費率收費」。並規定廠商應「預繳保證金，並按規定預繳港灣業務費」。可見該分局於發給解體許可證之前，卽應收清保證金及共計應繳之碼頭費、滯留費等全部費用。但該分局不照規定收取保證金及全部應收各費，僅預收兩輪港灣費用各新臺幣壹拾萬元，以致兩輪一再延期不能完工，港埠費用一再拖延不繳，形成今日難以善後之局，該分局各級主辦人員均難辭違法失職之責。

三、在兩輪解體守約中，福安輪之開工及完工時間，定明爲三十五日，福堡輪之開工及完工時間，定明爲六十日，查卽令受颱風影響，亦應早已完工，但該分局並未加以督促，不但不依守約「決不延期」之規定辦理，竟一再准其延期，且在初期尚定有完工期限，其後竟准其無限期延展，此外兩輪應繳各費本應全部預爲收清，該分局不惟不依規定預收清楚，而在拆船期中亦不加以催收，直至福安輪開工已達一年，福堡輪開工亦已十個月後早已超過守約所定完工期限已久，始行函催，復一再循廠商之請轉請核減，而核減之後仍無法收清，各承辦人員亦應負違法失職之咎。

綜上各節，具見該分局於兩輪拆解之前，旣未依規定辦妥各項手續，而於拆解之中，又未加以督導，促其如期完工，催繳欠費，反而准其一再延期，並予一再核減各費，以致於今難以善後，該分局各級主辦人員辦事敷衍，不盡職責，及全問題發生後，又因循怠忽，處置失當，承辦人辦事員陳中正、主辦單位港航課課長周官英、分局長鄭永相均有違法失職之處，爰依監察法第六條之規定提案彈劾移送公務員懲戒委員會依法懲戒。

本案經劉行之，熊在渭、陳大榕、黃光平、馬慶瑞、王宣、金維繫、陳翰珍、楊宗培、王竹祺等十委員審查通過，移送公務員懲戒委員會懲戒。

糾正臺灣省政府及桃園縣府

為臺灣省政府、桃園縣政府及其所屬地政機關，對大溪鎮埔頂段一〇一地號等五筆公私共有耕地，於實施耕者有其田時辦理徵收放領錯誤，既未及時改正，玆又不照行政院及內政部函示意旨依有關規定處理，人民權益與政府威信，均有違害，爰依法提案糾正由：

甲、事　實

一、查本案公私共有耕地，座落大溪鎮埔頂段，地號一〇一、一三八—一、一三八—二、一三八—三、四五四等五筆，地目旱，十八等則，面積三·〇一八一公頃，放領前確為鄭榮宗之先父鄭三與政府所共有，其公私有權利持分各爲1/2，因從未辦理分割過戶，故無確定何地號爲公有，何地號屬私有，僅就其管有之土地，分別予以出租。鄭三所管有之耕地由簡木錦承租耕作，租金交由鄭三收取，公管部份之耕地爲國省共有，其中四五四地號公有持分權利部份由詹紹榮承租，其承租面積據公有耕地租賃契約記載，爲一・四四七〇甲（卽四五四地號面積二・八九四〇甲之1/2），而其租金則繳交桃園縣政府，所繳納租金之收據各自保存。簡君與詹君所承租之耕地在實地上係分耕分管。

二、民國四十二年政府實施耕者有其田，地政機關辦理徵收放領時，未將上述公私共有土地予以辦理部份出租徵收，部份自耕保留持分交換登記，而僅就各自分管情形，逕將原四五四地號分割爲四五四、四五四—一、四五四—二、四五四—三地號四筆耕地，其中四五四—一、四五四—三地號兩筆由詹紹榮管耕，而四五四、四五四—二地號兩筆則由簡木錦管耕，且於實施徵收放領之時，又未顧及土地登記簿所載公私共有之持分情形，僅就簡木錦所管耕之一〇一、四五四、四五四—二地號三筆耕地，面積計一・五〇〇三公頃（尙差〇・〇〇八七公頃爲1/2）列入徵收清册，而整筆徵收放領與簡木錦承領，但未註明鄭三持有之權利1/2予以徵收放領，因之該三筆耕地之所有權亦全部移轉登記予簡木錦所有。其餘四五四—一、四五四—三、一三八—一、一三八—二、一三八—三地號五筆耕地，並未列入徵收清册，其土地登記簿依然維持原公私共有權利持分各1/2之原來記載，故於被徵收土地之人請求領取補償地價時，該管地政事務所及土地銀行，均依據其出具之所有權狀所載明上開被徵收之三筆土地權利持分 1/2，而僅准允其受領二分之一補償地價。查依照規定，上述公私共有之各筆耕地，於民國四十二年實施耕者有其田辦理徵收放領之當時，即應全部列入徵收清册，並註明私有權利持分 1/2 予以徵收放領，方爲允當。惟主辦其事之地政機關並未切實依照規定辦理，顯係錯誤，雖因當時各權利關係人均未提出異議，未肇紛爭，惟却造成今日難於處理之案例。

三、迨五十三年政府舉辦公地放領時，公有耕地承租人詹紹榮分管之四五四—一地號之耕地，因石門水庫管理局徵用，乃分割爲四五四—一、四五四—七兩地號，而四五四—三地號耕地，亦因石管局徵用分割爲四五四—三號、四五四—一一兩地號，且因土地登記簿記載公私權利持分各爲 1/2，因此地政機關亦僅能就該四五四—一、四五四—七、四五四—三、四五四—一一地號四筆耕地公有權利持分 1/2 放領與詹紹榮承領，承領面積合計約爲〇・六五四七公頃，據卷附「桃園縣辦理國省有耕地調查表」記載該四五四—一地號調查情形，載明承領人對該項耕地未有農作物收成，而却有醫院收入年約四萬元，可知詹紹榮並未從事耕作而在行醫，但桃園縣政府仍准由詹紹榮承領該耕地，未悉何以爲據。

四、民國五十四年十月間，公私共有耕地放領前私有權利持分 1/2 之鄭三（亡故）繼承人鄭榮宗（即陳訴人），因其先父所領徵收耕地補償地價僅爲其持分權利之 1/2 的 1/2（即公私共有耕地全部之 1/4），認爲公私共有耕地中約 1/4 仍應屬其所有，乃委託律師呂學禮代理檢具遺產稅繳清證明、完稅證明書狀等有關證件，向桃園縣政府、大溪地政事務所聲請土地權利變更所有權繼承登記，爲大溪地政事務所以公私共有土地未劃分清楚前不得辦理繼承爲由，而予駁回。同年十月再聲請共有權繼承登記，亦爲該所以一三八—一地號等十筆土地因屬公私共有，應待公有土地管理辦法劃分後處理而又無結果，唯已確認一三八—一地號等十筆土地仍爲公私所共有。

五、政府舉辦公地放領，由於上述之關係，詹紹榮承領公地面積僅爲其管耕面積之半數，其繼承人詹英彥（據稱當時係議員）於五十五年三月間陳情，請將另私有權利持分二分之一部份亦就其分管情形核准由其承領，正由地政機關研處間，鄭三之繼承人鄭榮宗已將該私有權利持分部份售與不知情之第三人，待該第三人前往實地耕作時，與詹英彥發生爭端，案由桃園縣政府查明本案耕地自實施耕者有其田以來有關處理經過後，乃派員邀同鄭榮宗等權利關係人進行協議，擬比照臺灣省政府42、11、23府民地甲字第二八一號令頒之「共有耕地部份徵收，部份保留所有權持分交換逕爲登記原則」規定辦理，認爲鄭三原私有權利持分於實施耕者有其田時既已就佃農簡木錦實地管耕情形辦理放領，其各筆公私共有耕地之私有權利持分應視同已全部放領予簡木錦而不復存在，並請鄭三之繼承人鄭榮宗蓋章同意將一三八—一、一三八—二、一三八—三、四五四—一、四五四—七、四五四—三、四五四—一一、四五四—六、四五四—一〇等各筆公私共有耕地前未辦理徵收放領之私有權利持分部份全部移轉登記爲公有，以符實施耕者有其田時公私持分承租人各實際管耕情形，但不爲鄭榮宗接受。蓋由於實施耕者有其田辦理徵收放領當時，有關機關只准其受領被徵收放領之一〇一、四五四、四五四—二等三筆土地權利持分二分之一補償地價，而其餘各筆公私共有耕地既未列入徵收清册辦理徵收放領，亦未受領足額補償地價，而土地登記簿尚明確載有其土地權利持分，自應依照土地登記簿所載而維護其私有土地權利，乃拒絕蓋章，並附呈有關證件，提出異議，桃園縣政府在處理上發生疑義，遂以五五、八、一七桃府地用字第三六二五八號，函報臺灣省地政局核示。

六、臺灣省政府乃以五五、一二、一五府民地甲字第九五八五六號報奉行政院五六、二、二四臺五十六內一三四六號令核示，略以本案公私共有耕地雖然事實上係分筆管理使用，但於實施耕者有其田辦理徵收放領時，原應將各筆公私共有耕地全部列入徵收清册，註明私有持分二分之一予以徵收放領，始爲正辦，唯經核卷附徵收清册，僅列明一〇一、四五四與由四五四號分割所編之四五四—二號，其餘各筆公私共有耕地，並未列册徵收，同時亦未註明徵收持分面積，顯屬辦理錯誤，應由臺灣省政府依法予以糾正。省府於接獲院令後，以案涉共有耕地部份自耕保留，部份徵收放領辦理移轉登記之執行技術問題，幾經研究會商，迄至五十九年四月二十二日桃園縣政府催請核復，方以五九、五、二五府民地技字第四四八九八號令將院令意旨轉促桃園縣政府遵照院令依法予以糾正。唯於延轉院令期間，一〇一地號耕地已於五十七年八月三十日移轉登記予第三人張玉玲所有，而四五四—二地號耕地亦於五十七年十一月二十一日移轉登記予第三人周秀娟等所有。地政機關雖然明知該等系爭耕地案懸未定，仍然准予移轉登記與第三人，致令本案之處理培增困難。

七、五十六年二月間院令省府對本案系爭耕地辦理徵收放領錯誤，應予依法糾正，而經省府研商於五十九年四月間令轉桃園縣政府遵照院令處理去後，大溪地政事務所經於六十一年十一月三十日又依據工業用地證明書件核准四五四、四五四—五地院兩筆耕地移轉登記與長興電機公司作工業使用，而四五四—一二地號耕地亦於六十二年九月七日經該所核准移轉登記為周文裕所有。桃園縣政府感於本案之難於處理，遂以六三、一〇、一八府地籍字第七八五七八號函省府，省府據以六三、一二、二四府民地巳字第一三七七〇三號函轉報內政部，正在內政部核議待決之際，四五四—二、四五四—一二地號又於六十四年一月二十七日由周秀娟、周文裕等經大溪地政事務所核准，再移轉登記與德隆紙業公司供工業使用。本案由於大溪地政事務所曲意製造處理阻力，至令原為地政機關辦理錯誤之處，難再改正。

八、內政部於接得臺灣省政府函報請核釋後，幾經研商，決定該部人事查核部門，派科長張一之、地政司派技正林中森，臺灣省地政局派專員林孝宇會同於六十四年四月八日起進行調查，並將調查結果以六四、五、二八臺內地字第六四〇一七九號函臺灣省政府略以：玆據調查人員提出調查報告，其所提列之四項意見，經核尚稱允當，除請貴府依照該四項處理意見切實查處報核外，又本案桃園縣政府於五十五年八月即將全案報請貴省地政局核示，案經貴府報奉行政院核示處理原則，惟貴府延至五十九年四月間經桃園縣政府函催復，始將院令核示意旨轉促桃園縣政府照辦，當時已造成無法補救之違失後果，其違失責任亦請一併查明議處。並檢附調查報告抄件，促請省府查處報核，惟迄至本院調查時省府尚未將處理結果函報內政部。

九、陳訴人鄭榮宗委請律師代理申辦公私共有耕地繼承登記遭主管機關批駁後，心不甘服，六十九年一月間逕自向大溪地政事務所聲辦分割，該所無法處理，乃函桃園縣政府核示，並於同年四月間函復陳情人本案業已轉呈省府核辦中，俟核下後當依核示辦理。陳訴人鄭榮宗（已於六十九年四月二十日病故）之妻鄭陳賠乃分向本院及省地政局陳情，並向調查局檢舉大溪地政事務所舞弊，有塗改地籍底册之嫌，案經調查局所屬工作單位函請該所據實答辯進行了解中，於此同時，詹紹榮之子詹英彥亦向省議會請願，要求轉飭地政機關逕為辦理其先父承租之公私共有耕地的公有部份，因實施耕者有其田時所遺漏應辦公有持分權利變更登記為國有，塗銷私有持分人之持分繼承登記，並補辦放領，變更其所承領耕管權利範圍為實地所耕部份全部，亦層轉大溪地政事務所查報，該所以（六九）溪地二字第二二七五號函敍難於處理情形，並擬就處理意見三項，報請桃園縣政府核示，雖經該府多次通知權利關係人調解，但無結果，在本院進行調查時，本案仍在桃園縣政府研議可行處理辦法再行報省核處中。

乙、理　由

一、查本案公私共有耕地座落於桃園縣大溪鎭埔頂段一〇一、一三八—一、一三八—二、一三八—三、四五四地號等五筆，地目旱，十八等則，面積共爲三·〇一八一公頃，其私有權利二分之一爲鄭榮宗（已故）之先父鄭三所有，由簡木錦承租，租金交與鄭三收取。公有權利持分二分之一爲國省共有，其中四五四地號之公有權利持分部份（二分之一約一·四四七〇甲）由詹紹榮承租，租金繳交桃園縣政府。民國四十二年政府實施耕者有其田時，地政機關經就其分耕分管情形，逕將原四五四地號分割爲四五四、四五四—一、四五四—二、四五四—三地號等四筆耕地，其中四五四、四五四—二由簡木錦管耕，辦理徵收放領之時，未曾顧及土地登記簿所載公私持分實情，而僅就簡君所管耕之四五四、四五四—二、一〇一地號面積一·五〇〇三公頃列入徵收清册，悉數放領與簡君承領，但亦未註明私有權利持分二分之一予以徵收放領。因此該三筆耕地所有權全部移轉登記爲簡君所有，而其餘各筆耕地均未列入徵收清册，在土地登記簿上仍明載爲公私共有權利持分各二分之一，致令被徵收人鄭君請求領取補償地價時，大溪地政事務所及桃園土地銀行，均依據其所出具之所有權狀所載明被徵收三筆土地權利持分二分之一，而僅准其領受二分之一補償地價。如主管機關於實施耕者有其田辦理徵收放領當時，依照規定將各筆公私共有耕地全部列入徵收清册，並註明私有權利持分二分之一予以徵收放領，則被徵收人已領取全部補償地價，已無權請求就其持分部份分割繼承過戶登記等諸問題，故辦理本案之主管機關起始卽犯錯誤，此應糾正者一。

二、政府於五十三年辦理公地放領，公有耕地承租人詹紹榮管耕之各筆耕地，因土地登記簿記載公有權利持分爲二分之一，因此亦僅就其所管耕之各筆耕地持分二分之一放領與詹君承領，承領面積約爲〇・六五四七公頃。惟據內政部地政司、省地政局（現爲地政處）等機關派員會同調查本案，據其閱據卷附「桃園縣辦理國省有耕地調查表」所載，承租人詹紹榮對其所管耕之四五四－一地號耕地未有農作物收成，且有醫院收入年約四萬元，由是觀之，詹君未曾從事該筆耕地之耕作，而主管機關桃園縣政府仍然核定准其承領該筆耕地，顯有疏失。由於詹君所承領公私共有耕地之面積，僅爲其管耕之半數，其繼承人詹英彥於民國五十三年三月間陳情請將另二分之一私有權利持分部份，亦就其管耕情形核定准其承領。桃園縣政府對本案之處理發生疑義，乃以五五、八、一七桃府地用字第三六二五八號函報省地政局核示，案經臺灣省政府五五、一二、一五府民地甲字第九五八五六號函報奉行政院五六、二、二四臺五十六內一三四六號令核示本案辦理顯屬錯誤。應由臺灣省政府遵令依法予以糾正。省府接奉院令後，研商數年，迄至五十九年四月間桃園縣政府催請迅予核復時，方以五九、五、二五府民地技字第四四八九八號令轉院令核示意旨，促桃園縣政府遵照院令辦理。由於院令被延誤下達，至令公私共有耕地中之一〇一、四五四－二地號二筆耕地已於五十七年間先後移轉登記爲第三人所有，使本案之處理更增困難，此應糾正者二。

三、大溪地政事務所於本案公私耕地處理發生疑義層報上級機關請示期間，竟於五十七年間先後核准其中一〇一、四五四—二地號兩筆耕地之所有權移轉登記與第三人，不顧懸案未決，顯有疏失，迨行政院令示本案係實施耕者有其田辦理徵收放領之錯誤，應由臺灣省政府依法予以糾正，並經省府於五十九年五月間令桃園縣政府遵照院令辦理後，而該大溪地政事務所竟又罔顧院令之規定，於六十一年十月間核准四五四、四五四—一地號耕地移轉登記予第三人，六十二年九月間又核准四五四—一二地號耕地移轉登記爲第三人所有，更屬荒謬。該所於省府將本案報請內政部，而由內政部於六十四年元月間邀函各有關機關研商處理辦法並通知桃園縣政府派員列席說明案情，竟又於六十四年一月二十七月核准四五四—二、四五四—一二地號兩筆耕地之所有權由第三人再度移轉登記爲德隆紙器公司所有，核其所爲，如非該所主管及經辦人員有徇私貪瀆情節，斷不至置上級命令於不顧。再就處理本案土地所有權移轉登記一再有意疏失以言，該主管及經辦人員亦有行政重大過失之咎責，此應糾正者三。

四、桃園縣政府對本案之處理發生疑義，經層轉臺灣省政府報請內政部核示，於內政部派員會同省地政局派員在六十四年四月間調查後，內政部卽以六四、五、三〇臺內地字第六四〇七一九號函臺灣省政府請依照函列說明二，及隨函檢送之調查報告內列之處理意見切實辦理報核，惟迄今已逾五年，待本院進行調查時，不但懸案未曾辦結，而臺灣省政府亦未將對本案之處理函報內政部，實屬非是，此應糾正者四。

綜上情節，本案自民國四十二年政府實施耕者有其田辦理徵收放領錯誤，未能及時改正，稽核迄今，已逾二十七年，詳核本案之所由發生及各級地方政府辦理本案之經過情形，均有重大違失，爰依監察法第二十四條之規定提案糾正，送請行政院迅謀改善，並對失職人員予以查處見復。

提案人：張　國　柱

六十九年九月十一日

本案經內政委員會十月十三日第五〇六次會議，審議通過後由院函請行政院迅飭改善，並對失職人員查處見復。

地方議會議員言責問題

關於地方議會議員在會議時發言責任問題，自民國三十六年七月二日行政院爲湖北省政府請示縣參議會組織暫行條例第十九條之規定，函請司法院統一解釋起，至六十九年杪，歷三十餘載，迭經辯解乃得結論。經過情形，列敍於後：

㈠司法院於民國三十六年十二月二十二日函復行政院以行政院三十六年七月二日函據湖北省政府請示縣參議會組織暫行條例第十九條請解釋見復，經大法官統一解釋法令會議，決議：「縣參議員在會議時所爲無關會議事項之不發言論，仍應負責」。

㈡監察院於民國五十六年九月二十五日函司法院爲大法官會議議決釋字第一二二號解釋關於

縣議員在會議時發言責任一案，聲請再為解釋。

㈢司法院於六十九年九月十七日函監察院以五十六年九月二十五日（五六）監臺院議字第二三四二號函為大法官會議議決釋字第一二二號解釋關於縣議員在會議時發言責一案，聲請再為解釋案，經大法官會議六十九年九月十二日第五六三次會議議決通過釋字第一六五號解釋。除依法公布外，函送該釋字第一六五號解釋令副本，復請查照。

抄大法官會議議決釋字第一六五號解釋

司法院令　中華民國六十九年九月十二日

茲將本院大法官會議議決釋字第一六五號解釋公布之　此令

解　釋　文

地方議會議員在會議時就有關會議事項所為之言論，應受保障，對外不負責任。但就無關會議事項所為顯然違法之言論，仍難免責。本院釋字第一二二號解釋，應予補充。

解釋理由書

憲法第七十八條規定：「司法院解釋憲法，並有統一解釋法律及命令之權。」中央或地方機關就職權上適用憲法、法律或命令，對於本院所為之解釋發生疑義聲請解釋時，本會議得依司法院大法官會議法第四條或第七條之規定再行解釋，業經本會議第一一八次會議決議在案。本件前經監察院以本院「院解字第三七三五號對縣參議員發言責任之解釋及內政部依據該項解釋所爲之釋示，顯屬違憲，且不應適用於行憲今日之臺灣省議會及各縣市議會議員。」函請予以解釋。經以釋字第一二二號解釋後，監察院依上開決議，聲請補充解釋，應予受理，合先說明。

憲法第三十二條、第七十三條及第一百零一條，對於國民大會代表、立法委員及監察委員在會議時或院內所爲之言論及表決，分別特設對外不負責任之規定，旨在保障中央民意代表在會議時之言論及表決之自由，俾能善盡言責。關於地方民意代表言論之保障，我國憲法未設規定，各國憲法亦多如此。未設規定之國家，有不予保障者，如日本是（參考日本最高裁判所昭和四十二年五月二十四日大法廷判決），有以法規保障者，如我國是。地方議會爲發揮其功能，在其法定職掌範圍內具有自治、自律之權責，對於議員在會議時所爲之言論，並宜在憲法保障中央民意代表言論之精神下，依法予以適當之保障，俾得善盡表達公意及監督地方政府之職責。惟上項保障，既在使地方議會議員順利執行職務，自應以與議案之討論、質詢等有關會議事項所爲之言論爲限，始有免責之權，如與會議事項無關，而爲妨害名譽或其他顯然違法之言論，則係濫用言論免責權；而權利不得濫用，乃法治國家公法與私法之共同原則，即不應再予保障。故地方議會議員在會議時就有關會議事項所爲之言論，應受保障，對外不負責任。但就無關會議事項所爲顯然違法之言論，仍難免責。本院釋字第一二二號解釋應予補充。

註：日憲法第五十一條承認國會議員言論免責權，但其現行自治法規則未規定地方議會議員之言論免責權，

憲法雖對於國會議員議院內之發言賦予言論免責權，但仍不得以之爲根據，應將其理論逕行適用於地方議會，解爲地方議會議員之發言，亦受有免責權之憲法上保障，日最高裁判所大法廷著有判例（最大昭四二、五、二四，刑集二一卷四號五〇五頁）。

院長　黃　少　谷

本案經監察院六十九年十月十四日第一六二九次會議，決定：㈠本案交內政、司法兩委員會研究後提報院會。㈡各委員所發表之意見，併交內政、司法兩委員會。嗣經內政、司法兩委員會聯席會議，決議：推請黃尊秋、張一中、張國柱、熊在渭、葉時修等五委員研究後，提報院會。茲將我等研議決定意見錄後：

研究報告

一、院會交議，對於司法院釋復關於縣議員在會議時發言責任問題，應否聲請再爲解釋，經決定交內政、司法兩委員會研究後提報院會一案，內政、司法委員會第八十一次聯席會議決議，推請葉時修、張一中、張國柱、黃尊秋、熊在渭五委員研究，由黃委員召集。

二、委員等蒐集有關資料，詳加研究，經會商結果，對於司法院大法官會議議決釋字第一六五號關於地方議會議員在會議時發言責任之解釋，毋庸再請補充解釋，惟今後地方議會議員若因在會議時發言而被控涉嫌刑責，各級偵審機關亟應愼重處理，以免影響地方自治之實施，擬函請司法院轉知注意辦理。

前項研究報告，提經內政、司法兩委員會聯席會議，審議通過，報經監察院院會決議照辦。

增額中央民意代表選舉

國家安全會議於六十九年六月十一日決定：本年進行增額中央民意代表選舉，並擴增名額達二百零五人。

十二月六日，臺北市、高雄市、臺灣省、福建省，同日舉行增額中央民意代表選舉，選出國大代表七十六人，立法委員七十人。十二月二十七日，臺北市、高雄市、臺灣省選舉增額監察委員。㈠臺北市議會選出：陳瑞卿、許炳南、林純子、傅王遜雪、趙純孝等五人。高雄市議會選出：洪俊德、朱安雄、施鐘響、李存敬、林孟貴等五人。臺灣省議會選出：林榮三、李炳盛、許文政、謝崑山、張文獻、黃尊秋、陳時英、黃光平、周哲宇、林亮雲、尤清、郭吳巧合等十二人。以上共計二十二人（其中李存敬、黃尊秋、黃光平、林亮雲等四人係連任）。㈡僑選增額監察委員：⑴東北亞地區李海天。⑵港澳地區梁瑞英。⑶亞洲其他地區馬經武。⑷北美洲地區梅培德。⑸中美洲地區陳華權。⑹歐洲地區張大勇。⑺非洲地區嚴諾。⑻大洋洲地區曾積。⑼不分區王爵榮、張敦華。共計十人。

監察委員增選總額爲三十二人。民國七十年二月初全行報到。監察院新舊委員共計七十五名

（國民黨五十七名、青年黨四人、民社黨三人，無黨籍者十一人）。

展望美國對華政策

美國大選，共和黨隆納德雷根當選爲美國第四十任總統，將於一九八一年一月二十日就職。他在競選時，誓言要爲美國開創復興的新時代，保證支持盟邦，遵守承諾，促進互惠關係。關於對華政策，觀其於一九八〇年八月二十五日的聲明，以及將爲其佐理大政的要員對於中國問題一系列表示，可知雷根總統的對華政策，將是在「民間形式，實質官方」的模式下，徹底執行臺灣關係法，推進與改善今後中美之間的友好關係。雷根心目中，臺灣關係法雖與上海公報及所謂建交公報，具有政治的連鎖性，但並無直接的衝突或矛盾，可以並行不悖：

㈠臺灣關係法是美國的法律，公報只是行政首長的協議，不具條約的屬性，未經國會的審議同意，故前者優於後者，美國總統必須將之澈底執行。

㈡無論是「上海公報」或「建交公報」，雖皆認爲臺灣是中國的一部份，但其所指之中國，乃爲臺灣海峽兩岸中國人所稱之一般性「中國」，並未賦予特定的形容詞，所以建交公報中儘管以「中華人民共和國是中國唯一合法政府」，唯此並不賦予其對臺灣的管轄權，中共並不因其與美國的建交，而對臺灣擁有主權。

㈢臺灣海峽均勢的穩定，臺灣本身安全的維護，不只攸關臺灣人民的福祉，對於東北亞和西太平洋地區的穩定，乃至美國本身的國家利益，均有無比的重要，故美國必須執行臺灣關係法，確保臺灣的安定與安全。

臺灣關係法因此在第二條第一款中，明確說明立法的目的，在於維護西太平洋地區的和平、安全與穩定。在第二條的第二款中，更是具體列舉維護臺灣和西太平洋地區和平、安全與穩定的方策（計有六項）。

前述安全條款，有人認爲，比中美協防條約的規定，更爲明確詳盡，若能忠誠執行，當可略爲彌補廢棄協防條約的缺失，確保臺灣和西太平洋地區的和平與安全。但是卡特總統不惟漠視這些安全條款，對臺灣片面禁售武器一年；對於整個臺灣關係法的執行，更是處處遷就中共，看中共的眼色，以致中美之間的關係，並未在臺灣關係法的基礎上，有所發展，對於中華民國的權益，造成重大的損害。舉其要者，例如：

卡特政府因應中共要求，擅自廢除中美兩國一九五四年簽訂的民航空運協定。臺灣關係法明定，除協防條約外，其他中美間的條約協定，一律繼續有效。

臺灣關係法明定，美國不宜「支持排除或驅逐臺灣在任何國際金融機構或其他國際組織之會籍」，但卡特政府却聽任國際貨幣基金會及國際銀行之排除中華民國會籍。並應中共之要求，剝奪我國參加國際奧會冬季運動會的合法權利。

國務院禁止國家科學基金的負責人員訪問臺灣，實地檢討科學研究與發展的情形，妨礙中美科學合作的發展。

臺灣關係法保證中華民國在原設之十四個辦事處，可以繼續保留，但卡特政府却只許保留九個辦事處。

禁止印有「中華民國出產」之商品入口美國，後因國會議員之激烈反對，禁令方行取消。

雷根總統在競選時期，對此特以嚴詞抨擊，聲言他一旦執政當權，絕不在臺灣關係法之外，另行設限，限制中美新關係的發展。我認爲雷根總統不會受外力干擾，其對華政策，將可忠誠而澈底有效的執行臺灣關係法，同時基於世界戰略形勢的考慮，繼續發展其與中共的關係，兩者謹愼安排，可以並行不悖。

世人對卡特與雷根的器識和才能有這樣的批評：

㈠卡特，有如組織不健全的小店經理，手忙脚亂。其處理國政，優柔寡斷，矛盾百出，舉棋不定，敵友不分。

㈡雷根，重道義，重然諾。治國方針一貫、可靠、平衡。知人善任，政通人和，其一貫的領導方式，有如大公司的董事長。

七、卷後語

我自審生平，尤悔滋多，言行事績平凡，對國家社會無大貢獻，似無資格撰刊自傳，惟為感念先慈淑德，且我一生由帝制而民國，內憂外患，交相煎迫，復經世界空前大戰，抗戰強鄰，屢經滄桑，飽嘗喪亂，數十年來的見聞與奮鬥生活經歷，不可不記，以示後昆。而以才識淺陋，又困於時間與資料，家事國事均過疏略，抱憾之餘，謹以我的立身處世見解與經驗，來結束我的這篇自述。我的生活信念：

第一，勤能補拙，誠可動天。先賢以日月運行，四季代謝，故勉人「天行健，君子以自強不息」。易經說：「君子終日乾乾，夕惕若厲」。書經說：「君子為善，唯日不足」。此即生命銳氣，以生命的銳氣，對付人生，始能確定目標，區分步驟，脚踏實地，悉力以赴。

第二，自我努力，竭誠助人。寧犧牲自己以為他人，絕不損及別人以利自己。

第三，讀書人應有自己獨特的風格，切忌隨波逐流。應該有所爲，有所不爲。處人處世，要辨別是非，公私分明。既不應作大言以譁衆取寵，亦不當唯唯否否阿諛取容。

第四，樂觀安分，順應自然，不患得患失，不怨天尤人。胸襟修養寬濶，到處都感樂趣。

第五，勿以豪華爲有福氣，勿以吝嗇爲有節制，勿以與人爭長短爲有丈夫氣，勿以動輒對人發怒爲有威嚴。要始終服膺爲善與自愛信條。爲善目的，不在企求任何報答；勸人爲善，亦非因此而可沽名釣譽。暗中行善，不若公開行善，以之激動鼓勵更廣大的人心。

第六，人生最大意義，在於克盡職責；最大罪惡，是放棄人生責任，人能向善去惡，改邪歸正，化黑暗爲光明，純由責任心使然。

以上所述，是我數十年來立己勵人、應世接物的見解與體驗，以此稍補本書的內容，期能達成促進青年們的生活興趣，與鼓舞其教育意志的目的。

八、附錄

明史：先德張俊公列傳

張俊，宣府前衞人，嗣世職爲本衞指揮使，累擢大同遊擊將軍。弘治十二年以功進都指揮同知。火篩入大同左衞大掠八日，俊遣兵三百邀其前，復分兵三百爲策應，而親禦之荆東莊，依河結營，擊却三萬餘騎。帝大喜，立擢都督僉事。未幾，總兵官王璽失事被徵，卽命俊代之。其冬以寇入戴罪，尋移鎭宣府。中官苗逵督師延綏，檄大同宣府卒爲探騎，俊持不遣，逵遂劾俊。帝宥俊而命發卒如逵言。武宗初立，寇乘喪大入，連營二十餘里。俊遣諸將李稽、白玉、張雄、王鎭、穆榮各帥三千人分扼要害，俄寇由新開口毀垣入，稽遽前迎敵，玉、雄、鎭、榮各帥所部拒於虞臺嶺，俊急帥三千人赴援，道傷足，以兵屬都指揮曹泰，泰至鹿角山被圍。俊力疾益調兵五千人，持三日糧馳解泰圍，復援出鎭，又分兵救稽、玉，稽、玉亦潰圍出，獨雄、榮阻山澗援絕死，諸軍已大困，收兵還，寇追之，行且戰，僅得入萬全右衞城，士馬死亡無算，俊及中官劉清、巡撫李進皆徵還，御史郭東山言俊扶病馳援，勸懲不宜偏廢，乃許贖罪。正德五年起署都督同知典神威營操練。明年六月，賊楊虎等自山西十八盤還破武安，掠威、曲周、武城、清河、故城、景州轉入文安，與劉六等合，都指揮桑玉屢敗，僉事許承芳請濟師，乃命俊充副總兵，與參將王琮統京軍千人討之，往來近畿數月，不能創賊，已朝議調邊軍協守，賊遂連敗。明年三月劉六、劉七、齊彥名、龐文宣等敗奔登萊海套，陸完檄俊軍萊州合諸將李鋐等邀之，賊遂北走轉掠寶坻、香河、玉田，俊急偕許泰、郤永遏之，帝喜勞以白金，賊由武清西去，未幾得疾召還。後賊平，實授都督同知。久之卒，俊爲邊將，持廉有謀勇，其歿也，家無赢資。

（明史卷一百七十五　列傳十二）

滄海叢刊已刊行書目（四）

書名	作者	類別
累廬聲氣集	姜超嶽	中國文學
苕華詞與人間詞話述評	王宗樂	中國文學
杜甫作品繫年	李辰冬	中國文學
元曲六大家	應裕康 王忠林	中國文學
林下生涯	姜超嶽	中國文學
詩經研讀指導	裴普賢	中國文學
莊子及其文學	黃錦鋐	中國文學
歐陽修詩本義研究	裴普賢	中國文學
清眞詞研究	王支洪	中國文學
宋儒風範	董金裕	中國文學
紅樓夢的文學價值	羅盤	中國文學
中國文學鑑賞舉隅	黃慶萱 許家鸞	中國文學
浮士德研究	李辰冬譯	西洋文學
蘇忍尼辛選集	劉安雲譯	西洋文學
印度文學歷代名著選(上)	糜文開	西洋文學
文學欣賞的靈魂	劉述先	西洋文學
現代藝術哲學	孫旗	藝術
音樂人生	黃友棣	音樂
音樂與我	趙琴	音樂
爐邊閒話	李抱忱	音樂
琴臺碎語	黃友棣	音樂
音樂隨筆	趙琴	音樂
樂林蓽露	黃友棣	音樂
樂谷鳴泉	黃友棣	音樂
水彩技巧與創作	劉其偉	美術
繪畫隨筆	陳景容	美術
素描的技法	陳景容	美術
都市計劃概論	王紀鯤	建築
建築設計方法	陳政雄	建築
建築基本畫	陳榮美 楊麗黛	建築
中國的建築藝術	張紹載	建築
現代工藝概論	張長傑	雕刻
藤竹工	張長傑	雕刻
戲劇藝術之發展及其原理	趙如琳	戲劇
戲劇編寫法	方寸	戲劇

滄海叢刊已刊行書目（三）

書名	作者	類別
知識之劍	陳鼎環	文學
野草詞	韋瀚章	文學
現代散文欣賞	鄭明娳	文學
藍天白雲集	梁容若	文學
寫作是藝術	張秀亞	文學
孟武自選文集	薩孟武	文學
歷史圈外	朱桂	文學
小說創作論	羅盤	文學
往日旋律	幼柏	文學
現實的探索	陳銘磻編	文學
金排附	鍾延豪	文學
放鷹	吳錦發	文學
黃巢殺人八百萬	宋澤萊	文學
燈下燈	蕭蕭	文學
陽關千唱	陳煌	文學
種籽	向陽	文學
泥土的香味	彭瑞金	文學
無緣廟	陳艷秋	文學
鄉事	林清玄	文學
余忠雄的春天	鍾鐵民	文學
卡薩爾斯之琴	葉石濤	文學
青囊夜燈	許振江	文學
我永遠年輕	唐文標	文學
思想起	陌上塵	文學
心酸記	李喬	文學
離訣	林蒼鬱	文學
孤獨園	林蒼鬱	文學
托塔少年	林文欽編	文學
北美情逅	卜貴美	文學
女兵自傳	謝冰瑩	文學
抗戰日記	謝冰瑩	文學
孤寂的廻響	洛夫	文學
韓非子析論	謝雲飛	中國文學
陶淵明評論	李辰冬	中國文學
文學新論	李辰冬	中國文學
分析文學	陳啓佑	中國文學
離騷九歌九章淺釋	繆天華	中國文學

滄海叢刊已刊行書目（二）

書名	作者	類別
國家論	薩孟武譯	社會
紅樓夢與中國舊家庭	薩孟武	社會
社會學與中國研究	蔡文輝	社會
財經文存	王作榮	經濟
財經時論	楊道淮	經濟
中國管理哲學	曾仕强	管理
中國歷代政治得失	錢穆	政治
周禮的政治思想	周世輔 周文湘	政治
先秦政治思想史	梁啓超原著 賈馥茗標點	政治
憲法論集	林紀東	法律
憲法論叢	鄭彥棻	法律
師友風義	鄭彥棻	歷史
黃帝	錢穆	歷史
歷史與人物	吳相湘	歷史
歷史與文化論叢	錢穆	歷史
中國人的故事	夏雨人	歷史
精忠岳飛傳	李安	傳記
弘一大師傳	陳慧劍	傳記
中國歷史精神	錢穆	史學
國史新論	錢穆	史學
與西方史家論中國史學	杜維運	史學
中國文字學	潘重規	語言
中國聲韻學	潘重規 陳紹棠	語言
文學與音律	謝雲飛	語言
還鄉夢的幻滅	賴景瑚	文學
葫蘆・再見	鄭明娳	文學
大地之歌	大地詩社	文學
青春	葉蟬貞	文學
比較文學的墾拓在臺灣	古添洪 陳慧樺	文學
從比較神話到文學	古添洪 陳慧樺	文學
牧場的情思	張媛媛	文學
萍踪憶語	賴景瑚	文學
讀書與生活	琦君	文學
中西文學關係研究	王潤華	文學
文開隨筆	糜文開	文學

滄海叢刊已刊行書目（一）

書名	作者	類別
中國學術思想史論叢(一)(二)(三)(四)(五)(六)(七)(八)	錢穆	國學
兩漢經學今古文平議	錢穆	國學
先秦諸子論叢	唐端正	國學
湖上閒思錄	錢穆	哲學
中西兩百位哲學家	黎建球 鄔昆如	哲學
比較哲學與文化(一)	吳森	哲學
比較哲學與文化(二)	吳森	哲學
文化哲學講錄(一)	鄔昆如	哲學
哲學淺論	張康	哲學
哲學十大問題	鄔昆如	哲學
哲學智慧的尋求	何秀煌	哲學
老子的哲學	王邦雄	中國哲學
孔學漫談	余家菊	中國哲學
中庸誠的哲學	吳怡	中國哲學
哲學演講錄	吳怡	中國哲學
墨家的哲學方法	鍾友聯	中國哲學
韓非子哲學	王邦雄	中國哲學
墨家哲學	蔡仁厚	中國哲學
中國哲學的生命和方法	吳怡	中國哲學
希臘哲學趣談	鄔昆如	西洋哲學
中世哲學趣談	鄔昆如	西洋哲學
近代哲學趣談	鄔昆如	西洋哲學
現代哲學趣談	鄔昆如	西洋哲學
佛學研究	周中一	佛學
佛學論著	周中一	佛學
禪話	周中一	佛學
天人之際	李杏邨	佛學
公案禪語	吳怡	佛學
不疑不懼	王洪鈞	教育
文化與教育	錢穆	教育
教育叢談	上官業佑	教育
印度文化十八篇	糜文開	社會
清代科舉	劉兆璸	社會
世界局勢與中國文化	錢穆	社會